15초 웃음의 기적

### 15초 웃음의 기적

| | |
|---|---|
| 펴낸날 | 2014년 6월 20일 초판 1쇄 발행 |
| 지은이 | 오혜열 |
| 펴낸이 | 박동주 |
| 펴낸곳 | 도서출판 멘토 |
| 등  록 | 1997년 11월 25일 제12-219호 |
| 주  소 | 서울시 양천구 월정로48길 11 대림타운 502호 |
| | 전화 2608-0797 팩스 2608-0798 |
| | e-mail : pubmentor@hanmail.net |

Copyright ⓒ 오혜열 2014

ISBN 978-89-88152-55-3 (03810)　　printed in Korea

* 책값은 뒤표지에 있습니다.

치유, 희망, 행복을 찾아가는 하하의 웃음이야기

# 15초 웃음의 기적

오혜열 지음

멘토

| 들어가는 글 |

# 『15초 웃음의 기적』을 발간하며

　"인생은 해석, 행복은 선택"이란 급훈과 "일단 웃자!"라는 실천사항으로 출발한 하하웃음행복센터의 웃음행복교실이 벌써 5년을 넘었다.

　그동안 250여 회의 하하웃음행복교실과 13차의 워크숍을 통하여 많은 이들이 웃음과 함께 심신의 치유를 경험하며 건강을 회복하고 삶의 재미와 의미를 찾게 되어 행복한 삶을 살아가게 된 것에 감사를 드린다.

　그리고 더 나아가 많은 이들이 자신의 치유 경험과 하하웃음행복교실에서 배운 것들을 이웃과 함께 나누고 그들을 위해 봉사하며 살게 된 것을 큰 보람으로 느낀다.

　그리고 이미 저술한 1권 『웃음에 희망을 걸다』와 2권 『웃음희망 행복나눔』을 통해 많은 이들이 희망을 찾고 감사하며 새로운 인생을 설계하게 된 것에 큰 기쁨을 누린다.

2014년 4월말 현재 전국에서 1,300여 회의 강의를 통해 많은 이들과 삶의 의미를 함께 나누고 웃음을 전파하면서 너무나 복되고 행복한 삶을 살게 되었다.

무엇보다 더 가정과 직장에서 평화와 행복을 깊이 느끼고 이를 위한 실천적 삶을 살게 된 것이 더욱 풍요로운 삶을 이어가게 하였다. 이들 모두 웃기 시작한 후에 변화된 삶의 열매들이다.

2014년에는 여기에 한 가지 더 새로운 웃음행복공동체를 시작하게 되었다. 암환우를 비롯한 각종 생활습관병 환우들과 자가 면역 질환 있는 분들, 우울증 환우들을 대상으로 "하하웃음행복센터 힐링트래킹"을 하게 된 것이다.

광릉국립수목원에서 함께 웃고, 함께 명상하고, 함께 즐거운 마음으로 걸으면서 육체적 질병과 정신적, 영적 상처들을 치유하는 프로그램을 하게 된 것이다.

이 모든 것이 웃기 전에는 상상조차 하지 못했던 일이다.

"모든 고통에는 영혼의 메시지가 있고 그 메시지의 결론은 언제나 사랑이다"라는 디팩초프라의 말처럼 정말 힘든 고통 속에서 절박한 심정으로 웃어서 축복의 메시지를 발견하였고 이 메시지를 꾸준히 삶의 변화에 적용한 결과 참으로 많은 이들에게 사랑의 마음을 전파하고 또 그들로부터 사랑을 받게 된 것이다.

이제 제3권 『15초 웃음의 기적』을 출간하면서 이 책을 통해 우리 사회가 좀 더 밝아지고, 맑아지고, 아름다워져서 웃음과 희망이 넘쳐 나오며 샘물에서 생수가 솟아나오듯 행복이 솟아나와 온 누리에 퍼져나가길 기대한다.

이 책이 나올 수 있도록 물심양면으로 도와주신 분들께 진심으로 감사드리며 이 책을 읽으실 독자 여러분께도 행복한 마음으로 치유와 회복과 성장의 새로운 삶을 열어 가시기를 기원합니다.

2014년 5월

하하 오혜열

## 차례

들어가는 글 • 5

### 제1부 희망

1. 희망과 용기를 주는 여성 • 13
2. 두 눈은 잃었지만 • 17
3. 오늘 하루 • 21
4. 클레멘타인 • 24
5. 관습과 편견 • 27
6. 평화는 배부를 때 찾아온다 • 30
7. '불구하고'의 감사 • 34
8. 레미제라블 • 37
9. 비정상과 정상 • 40
10. 씨 뿌리는 사람 • 43
11. 영혼의 웃음 • 46
12. 내가 나를 바라보라 • 49
13. 바라보는 대로 되는 인생 • 52
14. 문제아는 없다 • 55
15. 젊어지는 비결 • 59
16. 고통의 문, 희망의 문 • 62
17. 최선을 다하라 • 66
18. 사람을 살리는 사랑과 배려 • 70

### 제2부 행복

1. 웃음은 행복이다 • 75
2. 웃음 선물 • 78
3. 감사의 힘 • 82
4. 가진 것을 지금 누려라 • 85
5. 나를 찾아가는 여행 • 88
6. 인생은 해석 • 92
7. 평생 웬수 • 95
8. 감사의 조건 • 99
9. 슬로시티 Slowcity • 102
10. 사랑과 정의 • 105
11. 디지털 디톡스 • 109
12. 좌뇌를 활성화시키면 행복하다 • 113
13. 비타민 L • 116
14. 어부의 행복 • 119
15. 별은 바라보는 사람의 것이다 • 123
16. 두려움을 이기는 법 • 126
17. 진정한 자유인 • 130
18. 불꽃 같은 삶 • 133

## CONTENTS

### 제3부 치유

1. 보완의학 • 141
2. 면역이 싫어하는 것 • 144
3. 치유를 위한 웃음 • 147
4. 산모가 웃어야 하는 이유 • 150
5. 과식의 원인 • 153
6. 양재천에서 얻은 것 • 156
7. 사랑, 그 위대한 힘 • 159
8. 제2의 뇌 • 162
9. 우울증과 강박충동장애의 치유 • 166
10. 편싸움을 하는 이유 • 169
11. 우주의 마음 • 173
12. 이미지 투사 효과 • 177
13. 불안한 마음 버리기 • 181
14. 알츠하이머 • 185
15. 감정의 감옥 • 190
16. 호저 컴플렉스 • 173
17. 긴장성 근육통 증후군 • 194
18. 숲속의 웃음 치유 • 202

### 제4부 웃음

1. 아기 엄마의 웃음 • 209
2. 소문만복래 • 212
3. 일단 웃자! • 215
4. 너무 행복해 눈물이 난다 • 218
5. 잘됐구나! • 221
6. 대선 후보들의 웃음 • 224
7. 웃음의 서비스 효과 • 227
8. 쉽고 단순하게 살기 • 230
9. 웃음의 가치 회복 • 233
10. 순간의 웃음 • 237
11. 우울증은 누구나 걸릴 수 있다 • 240
12. 아름다운 선물 • 243
13. 비상대책 호르몬 • 247
14. 하이테크 시대의 리더 • 251
15. 자기암시 효과 • 255
16. 웃음 친구 • 259
17. 동행 • 262
18. 무서운 인터넷 • 266

## 차례 CONTENTS

### 부록 체험담

1. 거듭난 생명, 귀한 생명(파킨슨병) _민○식(여, 77세) • 273
2. 웃음을 사랑하라 _박○영(여, 46세) • 275
3. 우울증에서 살 가치와 의미 있는 세상으로 _김○재(여, 72세) • 278
4. 고통이 사라지다(방광염, 우울증) _성○정(여, 71세) • 281
5. 평생 얹혀 있던 마음의 병을 고치다 _이○순(여, 71세) • 283
6. 인생의 숙제를 풀다(불면증, 우울증) _김○원(여, 50세) • 285
7. 새로운 삶으로 출발하며(유방암) _윤○옥(여, 56세) • 287
8. 희망이라는 입구에 도달하다(우울증) _유○재(여, 61세) • 289
9. 조금씩 변하는 내 모습(우울증) _홍○정(여, 48세) • 291
10. 행복한 인생은 웃음으로 _이○진(여, 69세) • 292
11. 웃음은 행복의 문(통증으로 인한 우울증) _박○숙(여, 69세) • 294
12. 내 인생의 활력소(류마티스관절염) _박○옥(여, 55세) • 295
13. 행복한 가정은 웃음으로 _김○희(여, 66세) • 297
14. 점점 좋아지고 있다 _이○희(여, 68세) • 299
15. 감사하는 마음으로(불면증, 위장병) _이○희(여, 64세) • 300
16. 자포자기에서 웃음강사로 _윤○옥(여, 44세) • 301
17. 통증이 많이 줄었어요 _김○옥(여, 59세) • 303

| 제1부 |

희망

오늘 나에게 가장 소중한 것은 살아 있다는 것,
생명이 있다는 것이다.
나의 존귀한 생명이 지금 이 순간 살아 있다는 사실이
축복이고 희망이고 감사인 것이다.
지금 이 순간 나의 삶에 미소를 보내자!

【 이 시는 여러 가지 질병으로 고생하던 아내 조ㅇ희(71세) 씨가 웃음치료 후
달라진 모습을 보고 남편 김형풍 씨가 고마워서 보내온 시입니다. 】

## 병을 고쳐주는 웃음교실

걸풍/김형풍

웃음교실은 모든 병을 고쳐주는 치료실이다
매일 안마를 해줘야만 밤잠을 자던 아내가
웃음교실에 다니면서부터 요즘은 안마를 받지 않는다

웃음교실은 다이어트 하는 치료실이다
70킬로였던 아내가 지금은 64킬로로 몸놀림이 아주 가볍다
꼭 끼던 아내의 옷들이 모두 다 헐렁 거려 수선을 해서 입는다

웃음교실은 마음을 치유하는 치료실이다
우울증으로 고생하던 아내는
한바탕 크게 웃는 것으로 거뜬히 명랑해진다

웃음교실은 가정의 평화를 만들어 주는 치료실이다
화를 낼라야 낼 수가 없다

하 하 하 하, 호 호 호 호,
으아! 하 하 하 하…
눈물이 찔끔 나도록 그냥 크게 웃어 제키면
더 이상 뭐라 할 말이 없다

# 1
## 희망과 용기를 주는 여성

 미국에서는 첫 아프리카계 흑인 대통령이 탄생하더니 우리나라에서는 처음으로 여성 대통령이 탄생했다.

 대다수 국민들은 첫 여성 대통령의 리더십에 큰 관심을 가지고 지켜볼 것이다. 여성이니 만큼 냉정과 단호함을 잃지 않는 범위에서 따뜻한 감성을 가지고 모든 국민들에게 희망과 용기를 주는 대통령이 되기를 바란다.

 미국에서는 44대 대통령이 나왔지만 아직 여성 대통령이 나오지 못한 것을 볼 때 우리나라 여성의 위상이 그만큼 높아진 것은 아닐까? 여성 대통령이 나오지 못한 미국이지만 대통령 부인으로서 대통령 못지 않게 국민에게 희망과 용기를 준 여성이 있으니 그의 이름은 엘리너 루즈벨트이다. 미국 32대 대통령 F. D 루즈벨트 대통령의 부인이다.

 그녀는 여덟 살 때 어머니를 잃었고 아홉 살 때 남동생을 잃었고 열

살 때 아버지를 잃고 고아가 되었다. 그녀는 한 끼 식사를 해결하기 위해 혹독한 노동을 해야 했다.

그녀는 그래서 돈을 '땀과 눈물의 종잇조각'이라고 할 만큼 가난에 대한 시련을 견뎌야 했다. 그렇지만 그녀는 남들이 갖지 못한 자산이 있었다. 그것은 바로 긍정적 인생관이었다. 그녀는 어떠한 비관적 상황에서도 결코 비관적인 언어를 사용하지 않았다.

"당신이 허락하지 않는 한 그 누구도 당신에게 열등감을 느끼게 할 수는 없습니다."

"하나의 어려움을 넘어서면 다음의 어려움도 넘어설 수 있는 것이 아닐까요? 공포와 정면으로 대결을 할 때마다 사람에게는 힘과 용기와 자신감이 생겨나지요. 그리고 이 무서운 것을 넘어섰으니 다음에는 어떤 것이 닥치더라도 아무 문제가 없다고 말할 수 있게 됩니다."

"내가 아마 할 수 없을지도 모르겠다는 두려움과 정면으로 맞설 때마다 당신은 강인함과 자신감과 경험을 쟁취하게 됩니다. 그러니까 자신이 할 수 없다고 생각되는 일에 도전해 보세요."

"다른 사람의 실패로부터 배우세요. 당신은 모든 사람의 실패를 다 겪어 볼 수 있을 정도로 오래 살 수는 없으니까요."

그녀는 자녀 여섯을 낳았으나 자녀 하나가 세상을 떠났을 때에도 이렇게 말했다.

"아직도 내가 사랑할 수 있는 자녀가 다섯이나 있는걸요."

그녀는 뉴욕에서 태어나 1905년 20세 때 프랭클린 루즈벨트와 결혼하여 남편의 정치 생활을 적극 지원하며 여성문제, 인권문제 등에 폭넓은 활약을 하였다. 1921년부터 소아마비로 실의에 빠진 남편을 다시 일으켜 그를 도우며 활력을 불어넣어 주었다.

그녀는 남편이 정치적 관심을 불러일으키도록 자극하기 위해 여성노동조합연맹에 가입하여 여성부의 재정을 총괄하는 책임자가 되기도 하였다.

"스스로를 조절하려면 당신의 머리를 써야 하고, 다른 사람을 조절하려면 당신의 마음을 사용해야 합니다."

"당신은 마음이 옳다고 생각되는 일을 하세요. 왜냐하면 당신이 어느 쪽을 택하더라도 비판을 받을 테니까요."

"만약 누군가가 당신을 한 번 배신했다면 그것은 그 사람 탓입니다. 그러나 그가 당신을 두 번 배반했다면 그땐 당신 탓입니다."

"돈을 잃은 사람은 많은 것을 잃은 것이며, 친구를 잃은 사람은 더 많은 것을 잃은 것이며, 신의를 잃은 것은 모든 것을 잃은 것입니다."

그녀는 12년(1933년~1945년) 동안 대통령 부인으로 유례없는 폭넓은 활동을 하였다. 대통령이 병약해지자 그를 대신해 전국 순방활동을 하며 그의 눈과 귀가 되어 여론을 수렴 보고하는 역할도 하였고, 여성특파원을 위한 백악관 정기기자회견도 정례화하였고, 국민 복지에 많은 관심과 노력으로 호평을 받았으며, 특히 2차 세계대전 시 미군의 사기를 높이기 위해 미군기지, 영국, 남태평양 등을 순회하기도 하였다.

남편은 관절염이 심해 걷지 못하고 휠체어로 다닐 수밖에 없었다. 어느 날 남편의 휠체어를 밀어주고 있을 때 루즈벨트는 쓸쓸한 목소리로 아내 엘리너에게 물었다.

"여보, 당신은 이처럼 불구인 나를 사랑하오?"

엘리너는 따뜻하고 확신에 찬 어조로 대답했다.

"사랑하고말고요. 저는 당신의 다리뿐 아니라 당신의 모든 것을 사랑하지요. 당신의 인생 미래까지도 사랑해요."

인생에는 작은 것 같으나 위대한 것들이 있다. 그 중 하나가 다른 사람에게 용기와 희망을 주는 말이다. 다른 이들도 승리할 수 있게 하고 자신도 인생의 승리자가 되기 위한 방법이 용기와 희망을 주는 일이다.

용기와 희망을 주는 말에는 웃음이 들어가 있다.

웃음은 용기와 희망의 내적, 외적 표현이기 때문이다.

긍정적인 여성, 희망을 주었던 여성, 엘리너 루즈벨트는 말했다.

"어제는 역사이고 내일은 신비이며 오늘은 선물입니다."

신이 우리에게 준 오늘의 선물은 웃음꽃을 활짝 피우는 일이다.

# 2
## 두 눈은 잃었지만

"햇살보다 더 빛나던 예쁜 여대생 누나의 모습, 아직도 기억합니다. 나를 바래다주던 그 여대생. 당신은 하나님께서 나에게 보내주신 날개 없는 천사였습니다. 사랑합니다. 사랑합니다. 사랑합니다. 그리고 고마웠습니다."

장애와 편견을 극복한 시각장애인 희망전도사 강영우 박사가 2011년 말 췌장암 진단을 받고 아내에게 마지막으로 보낸 편지 내용 중 일부이다. 그는 지인들에게도 마지막 편지를 썼다.

"하나님이 주신 축복으로 저는 평생을 참으로 복되고 감사한 마음으로 살아왔습니다. 저의 실명을 통해서 하나님은 제가 상상조차 할 수 없는 역사들을 이루어 내셨습니다.

전쟁이 휩쓸고 지나간 폐허 속에서 어린 시절을 보내고, 부모도 잃고, 누나도 잃고, 두 눈마저 잃은 고아가 지금 이 자리에 서 있을 수 있는 것은 하나님의 인도하심 덕분입니다.

　하나님께서 마련하여 주신 인연들로부터 받은 것이 너무 많아 봉사를 결심할 수 있었고 이를 통해 수많은 이들에게 감동을 전하는 강연들도 하게 되었습니다. 두 눈을 잃고 저는 한 평생을 살면서 너무나 많은 것을 얻었습니다."

　그는 시각장애인으로서는 최초로 미국 백악관 차관보를 역임했다. 그의 장남은 세계적 안과의사로, 차남은 오바마 대통령 특별보좌관으로 일한다. 그는 2012년 2월 23일 세상을 떠났지만 장애와 편견을 극복하고 인간 승리의 모범이 된 그의 스토리는 오랫동안 우리에게 감동과 희망을 전해 줄 것이다.

　그는 1958년 봄, 중학교 3학년이었을 때 축구를 하던 중 공에 눈을 맞아 '망막박리'라는 진단을 받고 실명에 이르게 되었다. 설상가상으로 아들의 실명소식을 들은 어머니는 그 충격으로 인해 뇌일혈로 쓰러져 세상을 떠나고 말았다. 고등학교를 다니던 누나마저 생계를 책임지기 위해 학교를 중퇴하고 평화시장 의류공장에서 새벽 6시부터 밤 10시까지 일하다가 과로로 쓰러져 사망하게 되었다.

　그의 실명은 가정을 풍비박산 냈다. 결국 열세 살짜리 동생은 철물점에서 먹고 자면서 일하는 점원이 되었고, 아홉 살 여동생은 고아원으로 보내졌다. 강영우 박사는 맹인 재활기관으로 보내져 남은 삼남매도 뿔뿔이 흩어지게 된 것이다. 또래보다 5년 늦게 맹아학교에 입학하였고 주위 사람들은 안마사나 점쟁이가 되라고 이야기했다.

　그러나 그는 자신의 꿈을 갖고 별다른 노력을 하기 시작했다. 낮에는 맹아학교에서 안마 등을 배웠지만 저녁에는 검정고시학원을 다녔다. 학원을 다니다가 웅덩이에 빠져 부상을 입기도 하고 시각장애인이라 재수 없다고 버스 차장이 밀쳐내 버스에서 떨어지기도 했다.

그렇지만 그는 포기하지 않았다. 시각장애인이라는 이유로 연세대학교 입학원서 제출도 못하게 했으나 이를 당당히 극복했다.

그의 열정과 끈기는 대학 내내 최고의 학점으로 나타났으며 '장애인은 유학할 수 없다'는 이해 할 수 없는 법조항도 극복하며 선교사의 도움으로 미국 유학을 할 수 있게 되었다. 미국 피츠버그대학교에서 교육학 석사, 심리학 석사와 교육전공 철학박사학위를 받아 한국 최초 시각장애인 박사가 되었다.

그러나 그를 불러주는 곳은 아무데도 없었다. 학생비자는 만료되고 생활비로 사용하던 장학금도 중단되었고 어린아이는 둘이나 있는 상황이었다. 고난의 연속이었지만 그는 포기하지 않고 미국 대학의 문을 계속 두드려 미국 노스이스턴 일리노이대학 교수로 발령받게 되었다.

이후로부터 그의 피눈물 나는 근면과 성실, 그리고 열정은 그를 탄탄대로로 이끌었다. 2001년에는 미국 대통령이 임명하고 상원의 인준을 거치는 고위 공직자 500명 중 한 명인 "백악관 국가 장애위원회 정책차관보"에 임명되어 11년간 미국의 최고 공직자로서 그 능력을 인정받게 되었다. 이외에도 유엔세계장애위원회 부의장, 루즈벨트 재단 고문 등을 역임하며 장애인의 권리 증진을 위해 많은 일을 하였다.

2011년 10월 췌장암으로 시한부 인생을 선고 받은 후 그는 오히려 지금까지 은혜를 주신 하나님께 감사의 고백을 하며 자신의 재산을 정리하여 25만 달러를 국제로타리 평화센터에 장학금으로 기부하였으며 세상을 떠나기 직전까지 장애인 인권선언을 위한 저서를 준비하였다.

시한부 선고에도 온유하고 담담하게 생의 마지막을 정리하며 감사의 삶을 사는 모습은 많은 사람들에게 큰 감동의 여운을 안겨주었다.

"우리가 알거니와 하나님을 사랑하는 자 곧 그 뜻대로 부르심을 입은 자들에게는 모든 것이 합력하여 선을 이루느니라"라는 그가 가장 좋아했던 로마서 8장 25절 말씀대로 그는 정말 선한 열매를 맺고 갔다. 그가 이 세상을 다녀갔기에 이 세상은 더욱 맑고 밝고 아름다운 세상이 되었다. 그의 아내 석은옥 여사는 평생을 그의 옆에서 희생과 헌신으로 도왔으며 그는 『눈먼 새의 노래』라는 저서로 부인과의 삶을 기록하였다. 그는 마지막으로 "두 눈은 잃었지만 그분께 받은 복은 넘쳤습니다"라고 고백했다.

그의 긍정과 희망, 포기하지 않고 끝까지 노력하는 열정, 그리고 삶에 대한 감사는 오랫동안 우리에게 남아 감동을 전해 줄 것이다. 그래서 그의 사진을 보면 항상 웃는 모습이다. 마음씨 좋은 이웃집 아저씨같이 항상 밝게 웃고 있다.

그의 그런 웃음이 상상을 초월하는 모든 고난을 이기고 긍정과 희망, 열정과 감사의 삶을 지탱해 주었을 것이다.

강영우 박사님, 당신과 한 시대에 살아서 행복했습니다.

# 3
## 오늘 하루

　**한** 남자가 병원을 찾아와 의사에게 자신의 고민을 이야기했다.
　"선생님. 저는 하루하루가 재미없고, 의미도 없고 너무 지루하기만 합니다. 아무 의욕도 없고, 살아가야 할 이유도 모르겠어요. 이렇게 사느니 하루라도 빨리 죽고 싶은 심정입니다."
　의사가 대답했다.
　"내가 좋은 방법 하나 가르쳐 드릴까요?"
　"아니, 좋은 방법이 있어요? 그럼 가르쳐 주세요."
　"내가 하라는 대로 꼭 하겠다고 약속부터 해주세요."
　"물론이죠. 왜 실천하지 않겠어요? 약속하지요."
　"그것은 당신이 딱 하루밖에 살 수 없다고 상상하는 것입니다.
　집에 들어갈 때도 '이것이 마지막이구나.',
　침대에 누울 때도 '이것이 마지막이구나.',

잠에서 깰 때도 '이것이 마지막이구나.',

아내와 아이들을 볼 때도 '이것이 마지막으로 보는 것이로구나.',

회사 동료들과 식사할 때도 '이것이 마지막 식사로구나.',

차를 타고 집에 올 때도 '내 생애 이것이 마지막 풍경이로구나.'

이 모습들을 앞으로는 볼 수 없을 것이라는 마음으로 모든 걸 바라보세요. 그렇게 했음에도 불구하고 낫지 않는다면 그때 저를 또 한 번 찾아오세요."

남자는 별로 내키지 않는 듯 시큰둥한 채로 돌아갔다.

'마지막이라? 그래서 어쨌다고?' 그리고 집으로 가기 위해 버스를 탔다. 그런데 막 석양이 질 무렵 노을이 물들고 온통 도시는 노을빛에 붉게 물들어 있었다. 차창으로 물끄러미 이 광경을 보고 있다가 갑자기 의사가 해준 말이 생각났다.

'마지막이라고? 내가 다시는 이 풍경을 볼 수 없다고?'

그렇게 생각이 들자마자 그 풍경은 그에게 의미 있는 모습으로 다가오기 시작했다.

'이 아름다운 풍경을 내일 다시 볼 수 없다면?'

그러자 풍경 하나 하나를 눈여겨보며 그 광경을 마음에 담기 시작했다. 시간이 흘러 어둠이 내려앉고 가로등 불빛이 하나 둘씩 들어오기 시작하자 그 모습도 새로운 의미로 보이기 시작했다.

'몇 십 년 동안 내가 저 가로등에 눈길을 준 적이 한번이라도 있었던가? 그러고 보니 가로등 모양이 새처럼 보이네.'

버스에서 내려 집으로 들어오며 생각했다.

'아내와 아이들하고도 마지막이라면? 그동안 고생한 아내에게 고맙

단 말을 한 번도 못했는데… 아이들도 제대로 안아준 적도 없었는데… 사랑한다고 가족들에게 뽀뽀도 못해 줬는데…….'

인생의 마지막 날이라고 생각하니 못 다한 말, 못 다한 일들이 너무 많았다. 그리고 갖가지 후회할 일들이 물밀 듯이 밀려온 것이다. 그는 집에 도착해서 열쇠로 문을 열지 않고 일부러 초인종을 눌렀다. 대문이 열리고 20년 넘게 생사고락을 함께한 아내와 사랑하는 아이들이 그를 따뜻한 미소로 맞았다. 그는 눈물이 핑 돌았다. 눈물을 글썽이며 사랑하는 아내와 아이들을 오래도록 꼬옥 껴안았다. 그리고 말했다.

"고마워요. 사랑해요."

그리고 마음으로 새롭게 깨닫고 결심을 했다. 나에게 주어진 하루하루 지금 이 순간을 열심히 살겠다고… 무의미하거나 재미없는 인생이 아니라 모든 것이 다 의미 있고 모든 것이 다 흥미진진하다는 것을… 삶은 경이롭고 살 만한 가치가 있다는 것을…….

그의 얼굴은 환한 미소로 매일매일 웃는 인생으로 바뀌었다.

내일 내가 죽는다면……. 나에게 남겨진 인생이 오늘뿐이라면…….

오늘은 나에게 정말 의미 있고 귀한 날이다.

웃으면서 유쾌하고 의미 있게 오늘을 보내라.

어제는 역사이고 내일은 신의 날이다.

오늘만이 나의 삶인 것이다.

오늘 나에게 가장 소중한 것은 살아 있다는 것, 생명이 있다는 것이다. 나의 존귀한 생명이 지금 이 순간 살아 있다는 사실이 축복이고 희망이고 감사인 것이다. 지금 이 순간 나의 삶에 미소를 보내자!

카르페 디엠Carpe diem!

# 4
## 클레멘타인

하하웃음행복센터에서는 동요나 유명한 곡에 맞춰 가사를 개사하여 노래를 부른다. 클레멘타인에 맞추어 부르는 노래도 있다.

"어여쁘고 아름다운 봄꽃송이 내게와
힘든 삶이 젖어있는 내맘위로 해주네
웃으면서 웃으면서 내게오라 그대여
꽃모자를 흔들면서 내게오라 그대여
여름숲은 깊어가고 내사랑도 깊어가
멀고험한 가시밭길 피로한줄 모르네
웃으면서 웃으면서 내게오라 그대여
내영혼에 행복웃음 사랑으로 되었네
풀벌레들 울음소리 별에닿는 가을밤
그리움이 사무치는 아픈가슴 위로해
웃으면서 웃으면서 내게 오라 그대여

소망으로 인도하는 큰 웃음을 웃어봐
소록소록 마른가지 눈 쌓이는 겨울밤
하늘가엔 쌍둥이별 나를 축복 해주네
웃으면서 웃으면서 내게오라 그대여
사랑웃음 가득담아 당신에게 보내리"

개사한 가사가 아름다워 4절까지 적어보았다. 그런데 아름다운 가사 말이라도 곡조가 슬프게 인식되어서인지 개사한 가사의 감흥이 나지 않고 왠지 슬퍼진다.

이 노래는 미국에서 1849년 일확천금의 꿈을 갖고 서부 캘리포니아의 금광을 찾아 헤매며 가혹한 노동에 시달리기도 하고, 인디언의 습격으로 목숨을 잃기도 하고, 먹을 것이 없어 영양실조에도 걸려 죽을 고생을 하는 서부 개척사의 이면을 나타내는 슬픈 노래이다.

금맥을 찾아 헤매는 이들이 1849년을 기점으로 대거 서부로 이동해서 이들을 포티나이너Forty-niner라고 부른다.

"동굴과 계곡에서 금맥을 찾던 포티나이너에게 클레멘타인이라는 딸이 있었네. 그들은 넓고 넓은 바닷가에 오막살이에서 살았지. 아버지는 고기 잡는 어부고 철모르는 딸이었지. 그러나 딸은 젊은 남자를 따라 영영 떠나고 말았어. 내 사랑아 내 사랑아 나의 사랑 클레멘타인아. 늙은 애비 혼자 두고 영영 어디로 갔느냐?"

이 포크송은 가사가 슬펐는데 우리나라에 와서 더 슬픈 가사로 바뀌었다.

"엄마 엄마 나 죽거든 뒷산에다 묻어 주. 비가 오면 덮어 주고 눈이 오면 쓸어 주."

어릴 때 왜 이런 슬픈 노래를 불렀는지. 지금 생각해도 가슴이 짠하다. 금을 찾아 강물을 휘젓고 이름 모를 계곡에서 말없이 죽어갔던 황금의 꿈. 우리나라에서도 노다지를 찾아 삼천리 방방곡곡과 만주벌판을 헤매던 우리 할아버지들이 오버랩 되면서 또 다른 슬픈 감정이 밀려온다. 이런 노래에 아무리 아름답고 웃음의 가사로 사랑, 희망, 행복, 소망을 담아도 밑으로 흐르는 슬픔은 어쩔 수 없나보다.

잘 아는 사람이 뇌출혈로 쓰러졌다. 중국에서 사는 한국 동포인데 돈을 벌려고 한국에 와서 공장에서, 농장에서 궂은일을 열심히 하였다. 그런데 심근경색증이 와서 한국에서 응급수술을 받았고 모아 놓은 돈을 다 써버렸다. 다시 또 회복되어 열심히 돈을 모아 중국으로 돌아간 지 오래지 않아 쓰러지고 만 것이다.

의사는 부정적인 진단을 내린 모양이다. 코리안 드림을 꿈꾸며 한국으로 왔지만 큰 병을 얻어 다시 돌아간 것을 생각하면 가슴이 짠하지 않을 수 없다. 그래서 이 노래가 더욱 가슴에 와 닿는지도 모른다.

아메리카 드림이 한때 우리나라에 열풍으로 불었고, 코리안 드림을 좇아 외국인들이 한국으로 많이 몰려 들어왔고 또 오고 있다. 그들이 모두 꿈을 이루었으면 좋겠는데 현실은 녹녹치 않을 것이다.

다음 웃음교실 시간에도 클레멘타인을 개사한 노래를 다시 불러야겠다.

"웃으면서 웃으면서 내게오라 그대여 소망으로 인도하는 큰 웃음을 웃어봐."

"웃으면서 웃으면서 내게오라 그대여 사랑웃음 가득담아 당신에게 보내리."

# 5
## 관습과 편견

한 젊은이와 그의 친구가 산속으로 사냥을 나갔다. 야생동물을 쫓던 그들은 어느덧 깊은 산중으로 들어갔다. 젊은이의 친구가 잘못해서 늪에 빠지게 되었다. 늪에서 헤어나오려고 발버둥을 쳐 보았지만 점점 더 깊이 그의 몸은 빠져들어 가게 되었다.

친구가 젊은이에게 외쳤다.

"여보게, 내가 지금 늪에 빠져 나갈 수가 없다네. 나는 지금 죽어가고 있는데 자네는 쳐다보기만 할 것인가? 제발, 나 좀 구해 주게."

젊은이는 잠시 생각에 잠기더니 무엇인가 결심한 듯 사냥총을 친구의 머리에 겨누었다. 놀란 친구는 비명을 질렀다.

"아니, 무슨 짓인가? 설마 나를 죽이려고 총을 겨누었나?"

젊은이는 원망의 눈으로 쳐다보는 친구를 향해 비정하게 말했다.

"자네를 구하려다가는 나까지 빠져 죽을 수밖에 없을 걸세. 그렇다고 자네를 그냥두면 점점 공포와 고통 속에서 죽을 수밖에 없을 걸세. 그래서 나는 조금이라도 자네의 고통을 덜어주려고 이 길을 택한 것이니 원망 말게."

이렇게 냉정하게 이야기하고 안전장치를 풀고 친구를 향해 방아쇠를 당기려고 하였다. 그 친구는 죽기 살기로 사력을 다해 총알을 피하려고 몸부림을 쳤고, 그 덕분에 늪 쪽으로 늘어진 나뭇가지를 붙잡게 되었다.

그리고 나뭇가지를 의지해 조금씩 늪에서 빠져 나올 수가 있었다. 늪에서 빠져나온 친구는 원망스럽게 젊은이를 바라보며 내뱉었다.

"자네가 친구라고? 지금까지 자네를 친구로 믿은 내가 한심스럽네!"

그러자 젊은이는 껄껄 웃으며 이렇게 대답했다.

"자네가 조금만 더 노력하면 나뭇가지를 잡을 수 있었는 데도 그렇게 하지 않는 것이 보였네. 내 총은 자네 머리를 겨냥한 것이 아니고 자네 생각이 바뀌도록 겨냥한 것이었네. 결국 자네는 이 총 때문에 살게 되지 않았나?"

이 젊은이는 19세기 독일의 철혈 재상으로 불리는 비스마르크이며 이 이야기는 그의 젊은 시절 일화이다.

관습과 편견은 우리를 죽음의 길로 또는 파멸의 길로 인도할 때가 있다. 무기력, 무의미, 무가치한 삶의 관습과 이에 관련된 편견에 대해 우리는 종종 그것이 바뀌도록 총을 겨눠야 할 필요가 있다.

니카라과 출신의 미국인 토니 멜렌데즈는 어머니가 임신 중에 복용한 약물 부작용으로 태어날 때부터 두 팔이 없는 장애아로 태어났다. 부모는 자녀의 교육을 위해 니카라과에서 미국으로 이민을 결심하고 미국으로 건너갔다. 16세까지 무기력하고 무의미한 삶을 보내던 그에게 이대로는 살 수 없다는 자각이 생기기 시작했다.

그는 아버지가 치다가 구석으로 처박아 놓은 기타를 꺼내 발가락으로 연습하기 시작했다. 상처가 나고 뼈가 삐뚤어지고 골절이 되도록 열심히 연습하여 아름다운 노래와 연주를 할 수 있게 되자 봉사를 시작했다. 그는 자신이 겪었던 고난과 역경, 도전과 희망을 사람들에게 전파하며 연주 여행을 다니고 있다.

토니 멜렌데즈는 나의 인생목표는 희망을 잃은 사람들에게 다시 도전할 수 있도록 용기를 주는 것이라고 말한다.

"발가락으로 연주하는 것은 너무나 힘든 작업이다. 오랜 노력의 산물로 이렇게 좋은 결과를 이룰 수 있었다."

"목표를 설정하고 도전하는 동안 어떤 어려움이 닥쳐도 포기하지 않는 끈기가 가장 중요하다."

"기적이라고요? 내가 보기엔 당신에게 팔이 있다는 것이 기적입니다."

"할 수 없다는 말은 아예 꺼내지도 마세요."

토니 멜렌데즈는 관습과 편견에 대해 정면으로 도전해서 무기력하고 무의미한 삶을 도전과 희망과 용기 있는 삶으로 바꾸었다.

오늘도 하하웃음행복센터에 나오는 많은 이들이 잘못된 관습과 편견에 대항해서 웃음이라는 총으로 인해 생각이 바뀌도록 열심히 웃고 있다.

웃음은 잘못된 관습과 편견을 올바로 잡아주는 나침반이다.

# 6
## 평화는 배부를 때 찾아온다

신용협동조합이 파산이 나자 이사장이었던 그는 빈털터리가 되고 노숙자와 같은 신세가 되었다. 길거리를 방황하던 그는 어느 날 잘 되는 라면집 앞에 손님이 길게 줄을 서서 기다리는 모습을 보게 되었다.

그때 그에게 스쳐가는 생각이 있었다. '사람들이 가게 앞에서 줄서서 기다리지 않고 집에서 간단히 맛있는 라면을 먹을 수 있다면…' 그래서 그는 인스턴트 라면의 개발에 몰두하기 시작했다. 그의 나이 47세였다. 겨우 9.9㎡(3평)짜리 실험실을 마련하고 연구에 몰두했지만 1년 동안 계속 실패의 연속이었다. 라면이 상하지 않게 건조시킬 방법을 찾지 못해 실패는 계속 되었다. 그의 머릿속은 무언가 실마리를 풀 수 있을 것 같았으나 좀처럼 아이디어가 떠오르지 않았다.

어느 날 그의 아내가 튀김하는 것을 도와주다가 다시 한 번 아이디어가 스쳐지나갔다. '기름에 튀겨서 건조하면 어떨까?' 그는 여러 번의 실험 끝에 젖은 면을 기름에 튀기면 밀가루 반죽에 포함된 수분이 급격하게 증발해 빠져나가게 되고 건조해진 면에 뜨거운 물이 다시 들어가면 면이 원래대로 부드럽게 된다는 사실을 알아내게 된 것이다.

결국 그는 1958년 48세 나이로 면을 바로 기름에 튀겨서 건조하는 '순간 유열 건조법'을 세계 최초로 개발해서 인스턴트 라면을 탄생시키게 된 것이다.

즉 일본인들의 입맛에 잘 맞는 닭고기 맛의 국물을 곁들인 '치킨라면'을 탄생시켰으며 이것은 마법의 라면이라는 별명이 붙은 채 값싸고 영양가 높은 대용식으로 삽시간에 전국으로 퍼져나갔다.

그는 라면 사업으로 크게 성공했으며 1971년에는 컵라면을 세계 최초로 만들기도 했다. 그의 이름은 안도 모모후쿠이며 일본 닛산식품의 회장으로 2007년 97세의 나이로 타계했다.

인스턴트 라면은 일본인들이 자기 나라 발명품 중 최고로 꼽고 자랑하는 것이며 전 세계를 통틀어 연간 800억 개나 소비되는 대단한 발명품임에는 틀림없다.

많은 이들이 인스턴트 식품의 폐해를 주장하여 차별 대우를 받기는 하지만 안도 회장은 매일 한 끼 이상 라면을 먹었으며 97세까지 정정하고 건강하게 살았다. 그는 꿈꾸는 소년같이 생각했다. 그의 꿈 중에 하나가 바로 우주인이 먹을 수 있는 라면을 개발하는 것이었다.

"라면을 우주에 가져가고 싶습니다"라고 피력하며 자신의 회사에 10명으로 구성된 프로젝트 팀을 꾸려 우주식의 개발에 착수해서 2005년 스페이스셔틀space shuttle 디스커버리Discovery호의 우주비행사가 먹을 세계 최초의 우주식 라면 '스페이스 라무'를 개발하게 된 것이다.

우주식은 매우 까다롭다. 우주선 내에서 사용할 수 있는 뜨거운 물의 온도는 70℃를 넘어서는 안 되며 무중력 상태에서도 면이 날아다니지 않아야 하는 조건에 맞아야 하기 때문이다.

그들은 밀가루와 전분의 배합을 변경하여 70℃의 물에도 면이 복원되게 하여 간장 맛, 된장 맛, 카레 맛, 돼지고기 맛의 4종류의 우주식 라면을 우주비행선에 실어 보내게 되었다.

그는 우주식을 실어 보내는 날 이렇게 말했다.

"살아 있는 생명체는 어느 곳을 가더라도 항상 먹을 행위가 따라 다닙니다. 우주까지라도… 꿈 같은 우주식 라면을 만들 수 있어서 너무 너무 기쁩니다."

그는 닛산식품을 운영하며 식품회사가 사회에 공헌할 수 있는 3가지 원칙을 제시했다.

첫째, 평화는 사람들이 배불리 먹을 때 찾아온다.

둘째, 현명한 식습관이 아름다움과 건강을 고취시키도록 한다.

셋째, '식품을 창조하는 것이 사회에 봉사하는 것이다' 라고 강조하며 먹는 것이 넉넉해야 세상이 평온하다는 철학을 늘 이야기하였다.

연일 북한은 핵도발로 위협하며 벼랑 끝 전술로 평화를 깨려고 하고 있다. 먹는 것이 넉넉해야 평화로울 텐데. 백성을 굶겨 죽게 하면서까지 핵을 개발하여 체제유지를 위해 모든 수단과 방법을 가리지 않는 북한의 위정자들을 볼 때 북한에는 국민은 없고 오로지 특권층만을 위한 사회가 되어 있음을 안타깝게 생각한다.

식자원의 편중을 막고 함께 잘 먹어야 평화가 온다는 것을 어찌 실천해야 할까?

남한과 북한의 먹을 것을 나누는 시범적인 사업 개성공단도 넓게 보면 남북한 평화에 많은 공헌을 해온 것임에 틀림없다. 개성공단이 크지는 않지만 먹을 것을 나누는 출발점은 되었고 남북경제 협력의 마지막 보루였는데 한때 폐쇄라는 어려움을 겪었다. 그러나 이제 겨우 정상화된 개성공단 협력사업이 앞으로는 더욱 범위를 넓혀가면 좋겠다.

그래서 남북이 함께 웃는 평화의 그날을 그려보며 희망의 웃음을 웃어보자.

# 7
## '불구하고'의 감사

어느 가난한 젊은이가 지방 여행을 하다가 싸구려 여관에서 하룻밤을 묵게 되었다. 그런데 다음날 아침 일어나 보니 자신의 구두가 없어진 것을 알게 되었다. 지난밤 누군가 구두를 훔쳐간 것이었다. 여행 중에 구두를 잃어버렸으니 신발을 사야 하는데 그의 수중엔 신발을 살 돈이 남아 있지 않았다.

"하나님도 무심하시지… 나같이 신발 살 돈도 없는 가난한 사람의 신발을 훔쳐가도록 놔두시다니…" 하며 아무 관련도 없는 하나님까지 원망을 하였다.

여관주인에게 항의하자 여관주인은 창고에서 헌 신발을 꺼내다주면서 아침 식사를 같이 하고 교회를 같이 가자고 하였다. 아침식사를 대접받고 교회로 가긴 했지만 찬송과 기도를 할 마음 상태가 아니었다. 신발을 도둑맞아 기분이 좋지 않았기 때문이다.

그런데 옆에 앉아 있는 사람이 기쁨으로 찬송을 하고 눈물을 흘리며 감사의 기도를 간절히 드리고 있는 것을 보게 되었다. 무심코 그를 살펴보던 젊은이는 자기 눈을 의심할 수밖에 없는 큰 충격을 받았다. 그 사람은 두 다리가 없었다. 그 순간 젊은이는 자신을 돌아보았다.

"저 사람은 신발이 아니라 두 다리를 전부 잃었으니 신발이 있어도 신을 수 없겠구나! 그에 비하면 나는 신발을 잃어버렸으니 다시 사서 신으면 될 텐데 괜한 사람들을 저주하고 하나님도 원망하였구나."

그 후로 이 젊은이는 인생관이 달라졌다. 자신에게 없는 것보다는 있는 것에 더 감사하기 시작했고 이런 습관은 남을 원망하지 않고 매사 긍정적이고 열정적으로 살아가는 사람으로 변화시켜 놓았다. 그는 자신의 앞날의 꿈을 하나씩 실현해 가면서 마침내 독일의 재무장관이 되어 독일의 경제를 탄탄하게 이루어 놓는 인물이 되었다.

그의 이름은 마르티바덴이다. 그는 어려운 문제들을 늘 긍정적으로 풀어가고 늘 감사하는 마음으로 국가를 위해 큰 공헌을 하였고 국민들로부터 존경을 받는 인물이 되었다.

확실히 감사는 인생을 바꾸어 준다. 기적 때문에 감사하는 것이 아니라 감사가 기적을 만든다. 성공했기 때문에 감사하는 것이 아니라 감사하기 때문에 성공한 것이다. 기쁘고 즐거운 일이 있기 때문에 감사하는 것이 아니라 감사하기 때문에 기쁘고 즐거운 일이 생긴다. 행복하기 때문에 감사하기보다 감사하는 마음이 행복을 가져오는 것이다.

감사하는 유형에는 세 가지가 있다.

첫째는 조건적 감사인데 영어 'if' 로 표기되는 '만약에' 의 감사이다.

만약에 내 집이 마련된다면…, 만약 부장까지 승진한다면…
만약 일 억만 저축한다면…, 만약 아이가 S대에 들어간다면…

어떤 일이 이루어지면 감사하겠다는 조건적 감사이다. 이 조건적 감사는 성취되기도 어렵지만 성취되어도 감사의 기간이 그리 길지 못하게 된다. 조건은 새로운 조건을 자꾸 요구하고 조건의 강도도 자꾸 커지기 때문이다.

다음에는 결과적 감사로 영어 'Because'로 표기되는 '때문에'의 감사이다.

아들이 반에서 1등을 했기 때문에…, 남편이 회사에서 이사로 승진했기 때문에…, 자녀가 대학에 합격했기 때문에…, 아파트 값이 많이 올랐기 때문에… 하는 감사이다.

많은 이들이 이 수준에 머무르는 감사를 할 것이다.

세 번째는 무조건적 감사로 영어 'in spite of'로 표기되는 '불구하고'의 감사이다.

"근심 걱정이 있음에도 불구하고……."
"불행한 일이 닥쳐왔음에도 불구하고……."
"자녀의 성적이 떨어져도 불구하고……."
"아들이 대학입시에 낙방해도 불구하고……."
"많은 재산을 잃었음에도 불구하고……."

그럼에도 불구하고 감사를 하기는 쉽지 않다. 매일매일 감사의 훈련을 해야 가능할 것이다. 감사하는 마음은 내면의 웃음이다. 마음웃기는 감사에서 시작된다. 매일매일 감사하는 마음으로 웃어보자.

이렇게 웃다보면 불구하고 감사하는 마음이 생겨날 것이다.

# 8
# 레미제라블

"**난** 꿈을 꾸었었네. 지금 내가 살고 있는 이 지옥과는 아주 다른 인생을 사는 꿈을 꾸었었지. 하지만 삶은 내가 꿈꾸어 왔던 꿈을 죽이고 말았지······."

영화 레미제라블(비참한 사람들, 불쌍한 자들) 중에서 판틴이라는 여인이 아이가 있다는 사실을 숨긴 죄로 공장 직공에서 부당하게 해고되었고 아이 양육비를 벌기 위해 생니 두 개를 빼 팔고 결국은 사창가에 팔려가 비참하게 생을 마감하며 애절하게 부르는 I dreamed a dream(난 꿈을 꾸었었네)의 가사 중 일부이다.

대사 없이 노래로만 이루어진 뮤지컬 형식의 이 영화는 세 시간 가까이나 상영되어 다소 지루할 것이라는 예상을 깨고 많은 감동과 엄청난 몰입을 이끌어 내면서 많은 관객들의 눈물을 흘리게 한 수준급의 작품이었다. 그래서 그런지 공전의 흥행 몰이를 계속해 갔다.

영화의 줄거리는 너무나 잘 알려진 장발장의 스토리이다.

장발장은 빵 한 조각 훔친 죄로 19년 간 수용소 생활을 한 뒤 석방되지만 전과자라는 이유로 끼니조차 해결하지 못한 채 가는 곳마다 박해를 받는다. 그런 와중에 장발장은 자신에게 선행을 베푼 신부의 영향으로 구원을 받고 새로운 인생을 시작한다.

경제적으로 큰 성공을 거두고 시장까지 된 그는 어려운 사람들을 돌보며 지내다가 운명의 여인 판틴을 만나게 되지만 병에 걸려 있던 그녀는 딸 코제트를 장발장에게 부탁하며 세상을 떠난다.

그녀의 딸 코제트를 맡기로 판틴과 약속한 장발장은 자신의 정체를 눈치 챈 자베르 경감의 추격을 물리치고 코제트를 만나게 되고 그녀를 친 딸처럼 돌봐준다.

그러던 중 프랑스에는 시민혁명이 일어나는데 코제트는 시민혁명의 리더였던 마리우스와 사랑에 빠진다. 시민혁명이 실패로 끝나자 코제트와 마리우스는 사랑을 꽃 피우지도 못한 채 이별의 위기에 빠졌으나 장발장의 초인적 자기 희생으로 마리우스를 구해내고 코제트와 사랑을 이루게 해준다.

그러나 세월의 흐름을 이기지 못하고 옛 추억을 회상하며 장발장은 죽어간다. 코제트와 마리우스의 배웅 속에 판틴의 영혼이 찾아와 함께 길을 떠난다.

인생에서 경험하는 사랑, 이별, 패배, 절망, 추억, 죽음 등을 모두 경험할 수 있는 슬픔이 이 영화에는 총 망라되어 있어 감동을 주고 있다. 이 영화는 한국에서 뿐 아니라 할리우드에서도 열기가 뜨거워 제70회 골든글러브 시상식에서 뮤지컬 코미디 부분 작품상과 장발장 역의 휴

잭맨은 남우주연상, 판틴 역의 앤 헤서웨이는 여우조연상을 받았다.

특히 서른 한 살의 여배우 앤 헤서웨이는 11kg을 감량하는 극한의 다이어트를 하고 삭발까지 하며 현장에서 라이브로 노래를 불렀다. 장발장의 인생을 바꾸어 놓는 가련한 여인을 표현하기 위해서 이 같은 열정을 발휘한 것이다.

레미제라블이 우리나라에 처음 소개된 것은 지금부터 약 100년 전 '너 참 불쌍타', '애사', '장발장의 설움' 등의 제목으로 번역되어 소개되었다. 일제 침략의 설움에 공감을 불러일으키며 자베르 같은 일본 순사들의 냉혹한 시선 속에 장발장의 성공은 더욱 더 민족적 감정의 원한들을 승화시켜주는 역할을 하기도 하였다.

그런데 현재에 살고 있는 사람들은 왜 이 영화에 감동할까? 여전히 존재하는 많은 비참한 현실과 그럼에도 이 현실을 뛰어넘어 새로운 역사를 이루어 나가기 위한 간절한 열망 때문에 이 영화에 매료되고 있는 것이다.

영화를 보는 내내 머리에 떠나지 않는 문제가 있었다. 사랑과 양심, 정의와 법의 팽팽한 대결이었다. 그리고 영화가 끝나며 결론을 내렸다. 정의와 사랑이 충돌할 때는 사랑이 이겨야 한다. 양심과 법이 충돌할 때는 양심이 이겨야 한다는 단순한 진리의 결론이었다.

잘 웃는 사람은 사랑과 양심의 편에 서 있기 쉽고 자베르처럼 얼굴이 굳어 있는 사람은 정의와 법의 편에 서 있을 확률이 훨씬 높지 않을까?

# 9
## 비정상과 정상

첫 아이 태어날 때 일이 생각난다. 출산일이 다 되어 태아의 위치를 검사한 결과 거꾸로 있다는 것이다. 그래서 바로 서는 운동을 하라고 하였다. 그러나 그런 운동도 허사였다. 출산 당일 아기가 거꾸로 되어 있어 정상적인 분만이 어렵다고 했다. 태아의 위치가 비정상적이라 그렇다는 것이다.

정상 분만을 원했기 때문에 강력히 주장하고 다행히 아기 체중이 작으니 한 번 시도해 보자는 것이다. 초산이고 비정상 위치였기에 고생은 너무나 심했다.

대부분 아이들은 모두 아랫니가 먼저 나온다. 그러나 송곳니부터 나오는 아이들도 종종 있다. 어느 치아부터 나오든 다 정상이다. 그러나 우리는 송곳니부터 나오는 것을 비정상으로 취급한다. 그리고 우리는 왼손잡이를 비정상으로 취급한다. 개개인의 특성인 데도 말이다.

우리나라 산부인과의 제왕절개 분만율은 전 세계에서 가장 높다고 한다. 실제로 어느 병원 제왕절개 분만율은 60%를 넘어선 경우도 종종 있다. 정상 분만에 대한 의료수가가 너무 낮아 제왕절개 분만으로 유도하거나 환자 자신이 고통을 받기 싫어 제왕절개를 강력히 요구하는 경우 등은 정상적인 분만으로 볼 수 없다. 분만의 경우 90% 정도는 정상, 10% 정도는 비정상으로 보는 것이 타당한 것인데 우리나라는 비정상의 도가 너무 높다.

사회과학에서는 '유의도 수준'이라 하여 95% 정도를 정상, 5% 정도를 비정상으로 구분한다. 예를 들어 학생들의 지적수준을 비교했을 때 상위 2.5%를 영재, 하위 2.5%를 지적장애로 간주한다는 것이다. 그리고 95%의 아이들은 모두 정상으로 인정하는 것이다.

심리학자들도 사람의 공격성에 대한 비교평가에서 상위 2.5% 사람들은 비정상적으로 공격적인 사람, 하위 2.5%를 비정상적으로 비공격적인 사람으로 분류를 하기도 한다. 그래서 95%의 사람들은 공격성에서 정상적인 사람으로 분류되고 있다.

우리 사회는 이런 소수의 비정상적인 사람들에 대해 편견을 갖고 무시하는 경향이 너무 높다. 그래서 비정상적이라는 이름을 갖게 되면 사회에서 설 자리가 없어지는 것이다. 그리고 비정상의 비율이 미국에 비해 너무 높다.

비록 56년의 짧은 인생을 살고 갔지만 스티브 잡스의 인생은 비정상의 이름으로도 이렇게 멋진 인생을 살 수 있구나 하고 교훈을 얻게 된다. 그는 대학을 다닐 수 없어 중퇴하고 자기 자식을 거부하고, 남의 아이디어를 훔치고 2조원이 넘는 돈을 12년 만에 다 까먹어 파산지경에 이르렀고, 컴퓨터 제작자에서 갑자기 만화 제작자로 변신하고, 엘리베이터에 같이 탄 직원에게 제품에 대해 질문한 뒤 대답을 하지 못하면 그날로 해고해버리는 이상한 삶을 살았지만 그는 엄청난 제품들을 개발해냈다. 스마트폰은 그의 아이디어와 삶을 잘 대변해 주는 제품인 것이다. 그는 비정상적인 사람이었기 때문에 정상적인 사람들이 못 만드는 제품을 만들어 냈던 것이다.

우리나라와 같이 모두 같은 교육을 제도권에서 시키고 같은 걸 먹이고 같은 사고와 행동을 요구하며 그들의 90%가 대학을 가고 비슷한 사고방식으로 인생을 살도록 강요받는 우리나라에선 스티브 잡스가 나올 수 없을 것이다.

비정상을 잘 인정하지 않는 우리 풍토에서는 그렇다는 것이다. 웃음에는 정상, 비정상이 없다. 99.999%가 정상이다. 뫼비우스 증후군 같은 질병으로 웃을 수 없는 경우를 빼면 누구나 웃을 수 있다.

혹시 웃음에 과대한 열정을 가져 비정상으로 보는 경우도 있을 수 있으나 그들도 삶의 방식이 긍정과 열정과 희망이 지나치다보니 그렇게 보이는 것이지 삶은 지극히 정상이다. 편견부터 없애야 한다.

많이 웃는 이를 바보 같다느니 복이 나간다느니 하며 웃는 사람을 비정상적으로 보려고 했던 과거의 유교주의적 생각을 버려야 한다.

웃는 것은 이젠 큰 장점이고 큰 매력이다.

대통령들이나 정치가들이 이를 이용하여 항상 웃는 모습을 연출하는 것도 웃음이 그들의 이미지에 큰 도움을 주기 때문이다.

웃음에는 비정상이 없고 정상이 있을 뿐이다.

# 10

## 씨 뿌리는 사람

54세의 한 남자가 있었다. 결혼도 하지 않아 노총각이다. 그래서 자녀도 없다. 부모도 없고 친척도 없이 고아로 자라났다. 공부할 수 있는 기회도 없었다. 그의 직업은 오토바이를 타고 자장면을 배달하는 중국 음식점 직원이다.

한 달에 70만 원씩 받는 것이 그의 소득의 전부이다. 혼자 겨우 살 수 있는 1평짜리 쪽방에서 잠만 자고 아침부터 밤까지 배달만 한다. 그러던 그가 2011년 9월 23일 배달하던 중 강남구 일원동 교차로에서 승용차와 충돌하였다. 그리고 병원에 실려간 지 25일 만에 세상을 떠났다. 그러나 그의 죽음은 온 세상 사람들의 관심을 끌었다.

대통령과 영부인, 정계 거물들도 조문을 하였다.

무슨 이유가 있었을까?

그는 2006년부터 어렵게 살면서도 매월 5만 원에서 10만 원씩 소년

소녀가장을 돕기 위해 어린이재단에 기부했다. 그리고 보험 4,000만 원짜리를 들어 자신이 죽으면 그 돈을 수령해서 어린이들을 돕는 데 써달라고 하였다. 그의 영정 앞에는 그의 도움을 받은 많은 어린이들의 편지가 쌓였다.

"아저씨의 뜻을 가슴에 안고 희망을 가지고 당당하게 살아가겠습니다."
"아저씨의 사랑과 격려, 잊지 않겠습니다."
어린이재단 홈페이지에도 기부가 꼬리를 이었다.
"천사 중국집 배달원 아저씨의 뜻에 감동해 기부를 시작하겠습니다."
대통령도 고인의 앞에서 말했다.
"고인은 가진 것을 나눔으로써 그것이 더욱 커지고 누군가에게 힘이 되는 진정한 나눔의 삶을 실천으로 보여주었습니다."
영부인도 영정 앞에서 말했다.
"기부나 봉사는 돈이 있다고 하는 것이 아닌 것 같습니다. 고인의 마지막 길을 잘 보살펴 드립시다."

그의 장례는 어린이재단 후원회장 최불암 씨가 상주가 되어 장례를 주도하였다. 그의 이름은 김우수이다. 김우수 씨는 초등학교 중퇴로 일곱 살에 보육원에 입소하였다가 열두 살에 가출하였다. 갈 곳이 없던 그는 노숙, 구걸로 연명하다 잠깐의 실수로 교도소를 가게 되었다.

그곳에서 고아 소년소녀 가장 어린이들이 쓴 가슴 아픈 수기를 읽게 되고 이에 크게 감동을 받아 평생 어려운 아이들을 돕기로 결심을 하게 되었다고 한다.

그는 죽은 후 장기 기증도 하였고 사망 후 2011년 12월 제6회 자원봉사자의 날에 대통령 표창도 받았다. 그의 삶을 그린 소설 '철가방을

든 천사'도 발간되었다. 그의 삶을 그린 영화도 만들어져 최수종 씨가 출연료도 없이 재능기부로 영화 '철가방 우수氏'의 주인공 역할로 참여하였고, 다른 배우들과 가수 부활의 김태원, 의상디자이너 이상봉 씨 등 많은 이들이 줄을 이어 재능기부로 참여하게 되었다.

대학생들도 뭉쳤다. 김우수 나눔정신 확산운동 대학생 추진위원회를 발족하고 생전에 그가 보여준 진정한 나눔의 실천을 다짐하였다. 나눔은 많이 가져서가 아니라 없어도 나눌 수 있음을 김우수 씨는 보여주었다. 그래서 그는 희망의 씨를 뿌리는 사람이다.

하하웃음행복센터에는 암, 당뇨 합병증, 고혈압 합병증, 우울증 환자들이 나와 함께 웃다가 웃음 봉사를 다니게 된다.

오늘도 기꺼이 시간을 내어 봉사를 다녀오며 감동과 감사를 느낀다. 그들은 암울했던 시간들을 마치 보상이라도 받듯 열심을 내어 봉사한다.

웃음도 훌륭한 나눔의 재산인 것을 그들은 알게 되었다. 그리고 웃음의 나눔이 질병을 치유하고 상처를 회복하고 행복을 증진시키는 좋은 방법인 것을 몸소 깨닫게 되었다.

자신이 지금 인생의 힘든 겨울을 만나 버티고 있다고 하더라도 희망의 씨는 뿌려야 한다. 인생의 겨울, 웃음을 나누자. 그러면 희망의 씨를 뿌리는 사람이 된다.

금년의 마지막 날도 웃음의 씨 뿌리는 사람이 되어 희망을 전한다.

# 11
## 영혼의 웃음

40년간 금실 좋은 부부가 있었다. 어느 날 남편이 집으로 들어오는데 비틀거리며 안색이 매우 안 좋았다. 부인은 걱정이 되어 병원에 가자고 하였으나 남편은 괜찮다며 푹 자고 일어나면 좋아질 거라고 말하고는 쓰러져 잠이 들었다.

아침에 일어나보니 남편의 숨소리가 들리지 않았다.

"여보! 일어나요! 일어나!"

흔들어 깨웠지만 의식을 회복하지 못했다. 남편의 몸은 점점 차가워졌다. 부인은 황급히 남편을 병원응급실로 옮겼다. 의사는 진찰을 하더니 "사망하셨습니다"라고 사망선고를 내렸다.

호흡도 하지 않고 심장박동도 멈추고 뇌파도 뛰지 않는 상태여서 객관적으로 사망을 선고할 수밖에 없는 상황이었다. 의사는 부인을 불러 마지막 작별인사를 하라고 하였다.

"사람이 죽을 때 마지막까지 남는 감각이 청각이지요. 귀에 대고 마지막 작별인사를 하세요."

아내는 울부짖으며 귀에다 대고 말했다.

"가면 안 돼. 당신만 믿고 살았는데… 당신 없이 내가 살 수 없다는 것 당신도 알잖아요… 사랑해요."

아내가 작별인사를 하고 나가려는데 놀라운 일이 벌어졌다. 심장박동기계가 삑삑 소리를 내며 다시 작동하기 시작했다. 의사도 깜짝 놀랐다. 급히 소생조치를 취하고 부인에게 물었다.

"대체 뭐라고 하셨는데 남편이 살아난 거죠?"

남편의 심박동과 뇌파, 호흡이 점점 좋아져 일주일쯤 지나자 정상 수치로 돌아오게 되었다. 아내의 말 한마디에 사망선고 받은 사람이 되살아났다는 뉴스가 TV를 통해 보도되었던 실화이다.

벨기에에 롬 호우벤Rom Houben이라 불리는 남자의 이야기는 너무 유명하다. 그는 23년간이나 식물인간으로 뇌사상태에 빠져 있었다고 했다. 대학 2학년 때 교통사고를 당한 그는 뇌의 기능이 정지되었고 의사들은 소생할 가능성이 전혀 없다고 의학적 소견을 피력했다.

"뇌파가 전혀 뛰지 않아요. 뇌가 줄어 있는 상태죠. 회복 가능성은 전혀 없습니다."

그러나 그의 어머니는 희망을 버리지 않았다. 언젠가는 의식을 되찾을 수 있다고 굳게 믿고 있는 어머니를 보며 의사들은 동정의 눈길을 보낼 수밖에 없었다. 간호사 출신인 어머니는 매일 정성스럽게 돌보며 믿음을 버리지 않고 간절히 기도했다.

의사들이 소용없는 일이라고 호흡기를 떼는 것이 어떠냐고 물어도 요지부동이었다. 무려 23년의 세월이 흘렀는데 기적이 일어나기 시작했다. 어머니의 직감은 아들이 살아난다는 것을 느끼고 있었다.

며칠 후 어머니는 아들의 뇌파를 다시 검사해 줄 것을 요청했다. 다시 검사에 들어간 의사들은 깜짝 놀랐다. 의식이 되살아나고 있었다. 그리고 그는 실제로 깨어났다.

그런데 놀라운 사실은 그가 그간 있었던 많은 일들을 기억해냈다는 것이다. 9년 전 자신을 돌보던 아버지가 세상을 떠난 것, 의사들의 포기 권유에도 어머니의 사랑, 헌신, 믿음 때문에 떠나지 못했다고 했다. 의사들이 병실에서 한 이야기도 많이 기억해냈다. 누가 언제 무슨 색깔의 옷을 입고 병문안 온 것도 기억해냈다.

23년 간 그의 뇌파는 잠자고 있었고 뛰지 않았다. 그렇지만 매일 밤 어머니가 그의 귀에 대고 속삭이며 간절히 기도한 내용을 알고 있었다. 신비스럽게도 참 나는 육신이 아니고 영이며, 영체 속에 참 생명이 있는 것이다. 이 영체는 내 육체를 떠났다가도 다시 돌아올 수 있는 것이다. 진실로 사랑하는 사람이 불러주고 믿음을 갖고 기다려 줄 때…….

오늘도 진정한 나를 위해 사랑을 베풀고, 나누고, 나 자신의 영혼을 사랑하는 마음으로 웃어보자. 영혼의 웃음은 사랑이다.

12
## 내가 나를 바라보라

캐나다의 요크대학 교수 배스캐스Noelia Vasquez는 대학생들을 두 그룹으로 나누었다. A그룹에게는 자신이 많은 청중들 앞에서 연설하는 모습을 상상하며 3분간 실제로 연설 리허설을 실시하라고 하였다.

B그룹에게는 자신이 많은 청중들 앞에서 연설을 하되 청중석에 내려와 앉아 다른 청중들과 함께 자신이 연설하는 모습을 상상하며 3분간 연설 리허설을 하라고 하였다.

즉 A그룹은 리허설 동안 상상으로 청중을 바라보며 연설을 했고, B그룹은 리허설 동안 상상으로 연설하는 자신을 객관적인 청중 입장에서 바라보게 했다.

리허설이 끝난 후 연설 성공에 대한 자신감을 1에서 10점까지 매겨보라고 하였다. A그룹은 평균 5점이 나왔고 B그룹은 평균 9점이 나왔다. 다수의 청중들이 자신을 바라보는 상상을 하며 리허설을 할 경우 자신감이 껑충 뛰어오르는 것을 알 수 있다.

이 결과를 가지고 배스캐스 교수는 이렇게 분석했다.

"한 사람이 한 가지를 볼 때 변화가 일어난다면 여러 사람이 한꺼번에 바라볼 때는 더 큰 변화가 일어납니다. 지켜보는 사람들이 많아질수록 자신을 더욱 더 객관적으로 바라볼 수 있게 되지요."

이런 실험 결과는 2008년 베이징 올림픽에 참가했던 미국 올림픽 선수들의 심상훈련에 그대로 적용하였다.

자신이 금메달을 따서 많은 이들의 환호 속에 시상대에 올라가 국기가 올라가고 국가가 울려 퍼지는 상상을 하며 훈련에 임할 때 더 의욕과 자신감이 올라가고 성과도 좋다. 올림픽에 임하는 운동선수들에겐 이런 이미지 트레이닝은 필수적이다.

필자는 강연을 다니기 시작한 초창기에는 매번 이런 상상 속 이미지 트레이닝을 하였다. 즉 목욕탕에서 좌욕을 하면서 이번 강연에 와서 함께할 청중들을 떠올리고 실제로 그들 앞에서 연설하는 자신을 바라본다. 그래서 처음부터 끝까지 상상 속에서 리허설을 하고 청중 입장에서 미흡한 부분들은 보완해 가며 다시 또 연설을 시작한다.

한 다섯 번 정도 하면 대략 기본적인 틀이 완성되고 세부적인 면을 다듬어 가기 위해 다섯 번 정도 더 되풀이한다. 그러면 어느 정도 자신감 있는 강연 내용을 리허설을 할 수 있게 된다. 이 정도 연습하면 떨리는 감은 없어지고 어서 빨리 청중 앞에 서고 싶은 마음으로 설레게 되며 기대와 기쁜 마음으로 청중 앞에 설 수 있게 된다.

미래의 행동에 선명한 이미지를 그릴수록 떨리지 않고 자신감으로 충만케 된다. 선명한 이미지는 완벽한 리허설이 만들어 낸다.

링컨 대통령의 유명한 게티즈버그 연설도 그의 이미지 리허설 속에서 나왔고 존 F. 케네디 대통령도 머릿속으로 연단에 올라선 자신의 모습을 바라보면서 잠자리 들기 전에 상상 속 연설을 계속하였다고 한다.

연설 내용뿐 아니라 객관적인 청중 입장에서 바라보며 청중들의 환호하는 모습, 자신이 취해야 할 제스처, 미소, 웃음, 목소리 톤까지 세세히 머릿속에 그리며 리허설을 하였다. 나를 남처럼 바라볼 때 나를 객관적으로 바라볼 수 있고, 이미지가 더욱 선명해진다. 이미지가 선명할수록 제대로 바라볼 수 있고 현실화될 수 있는 가능성은 더욱 높아진다.

웃음도 남처럼 나를 바라보고 웃을 때 더욱 효과가 커진다.

그래서 거울을 보고 웃는 것이 제일 좋다.

거울 속 자신을 남의 입장에서 바라볼 수 있기 때문이다.

거울 속 자신을 보고 웃으면 웃음의 지속성이 훨씬 더 길어지게 된다.

거울을 볼 때마다 웃으며 꿈을 상상하자.

그러면 그것이 길수록 더욱 선명해지고 불원간 현실로 나에게 다가올 것이다.

# 13
## 바라보는 대로 되는 인생

"**너**는 음악을 얼마나 오래 할 거지?"

심리학자 맥퍼슨Gary Mcpherson이 악기 연습을 시작하기 전 157명의 아이들에게 던진 질문이었다. 이에 대해 아이들의 대답은 대략 세 가지로 나뉘었다.

"전 1년만 하다가 그만둘 거예요."

"전 고등학교 졸업할 때까지만 할 거예요."

"전 평생하며 살 거예요."

연습 시작 후 계속해서 아이들의 실력을 비교하며 관찰하였다. 그런데 9개월 후부터 아이들의 실력이 크게 벌어지기 시작했다.

평생하겠다는 아이들의 실력이 1년만 하겠다는 아이들보다 무려 4배나 더 높게 나타났을 뿐 아니라 평생하겠다는 아이들이 일주일에 불과 20분씩만 연습해도 다른 아이들 한 시간 반씩 연습하는 실력과 비숫하게 나타난 것이다. 왜 이런 일이 발생했을까?

자신을 어떻게 바라보느냐에 대한 차이인 것이다. 평생하겠다는 아이들은 자신을 음악가라고 생각하는 반면 1년만 하고 그만두겠다고 한 아이들은 자신을 음악가라고 생각하지 않는다. 자신을 음악가라고 생각하는 아이들은 남들보다 적게 연습해도 마치 훌륭한 음악가가 된 것처럼 더 집중해서 특출한 재능을 발휘하는 것이다.

자신을 음악가로 바라보는 아이들은 음악에 대한 마음을 활짝 열어놓고 음악을 받아들일 자세가 이미 되었지만 1년만 하다가 그만둘 것이라고 대답한 아이들은 마음의 일부만 열어놓고 온전히 음악을 받아들일 자세가 되어 있지 않았던 것이다. 그래서 4배도 넘는 실력의 차이가 발생하게 된 것이다. 자신을 어떻게 바라보느냐는 삶의 성취를 이루는데 매우 중요한 인자이다.

한 초등학교 교사가 빈민지역의 성적이 매우 좋지 않은 학교에 부임했다. 그는 1학년 아이들을 담당하며 아이들을 '학자'라고 불러주기 시작했다. 그리고 아이들에게 자신을 학자라고 생각하고 바라보게 훈련시켰다. 그는 외부에서 손님이 방문하면 아이들을 모두 학자라고 소개시키기도 하였다. 그리고 아이들 자신들이 학자가 무슨 뜻인지 직접 설명해 주도록 교육시켰다.

"여러분은 학자지요? 학자는 뭐하는 사람이라고 했죠?"

"학자는 배우는 걸 즐거워하고 더 새로운 것을 배우는 사람이에요."

"맞아요. 여러분은 학자니까 그날 배운 것을 집에 가서 가족들에게 가르쳐 주세요. 학자는 남에게 가르쳐 주는 것도 좋아하거든요."

공부는 늘 뒷전이었던 아이들이 달라지기 시작했다. 배움을 즐거움으로 여기기 시작했고 성적은 급격히 올라 몇 달 만에 실력이 2학년 수준으로 올라 있었다. 선생님은 1학년 수료식을 몇 달 만에 열어주었고 모두들 자신들은 2학년이라고 즐거워했다. 그리고 1학년 끝날 때쯤 아이들은 90% 이상이 벌써 3학년 수준을 뛰어넘는 읽기 능력을 갖게 되었다. 그 지역에서 가장 문제학교였고, 가장 공부를 못했던 아이들이 9개월 만에 가장 공부 잘하는 우등학교로 탈바꿈하게 된 것이다.

역시 나를 어떻게 바라보느냐에 따라 삶은 매우 달라진다. 필자는 웃음으로 각종 통증 및 질병의 치유를 경험한 후 평생 웃음치유사의 길을 걷기로 결심한 후 홀로 나만의 오솔길을 걷기 시작했다. 마음속으로 현대인들의 상처와 질병으로부터 회복되는 방법으로 웃음을 넣어주고 생활화 시키는 치유자로서의 소망을 늘 마음속에 그리며 걸어온 것이다.

이제는 하하웃음행복센터 공동체에 100여 명의 공동체원들이 늘 함께 길을 걷고 있다. 그동안 이곳을 통해 함께 길을 걸었던 사람들도 1,000여 명에 달한다. 한두 번의 강의를 통해 웃음을 소개받는 인원들만도 약 7~8만 명은 족히 될 것이다. 전혀 생각치도 않았던 책도 두 권이나 쓰게 되었다. 나 자신을 웃음치유사로 바라보기 시작한 후부터 나에게 일어난 기적 같은 일이다. 지금까지 세상살이가 재미없고 실패하였다고 생각하는 이들은 그 이유가 자신을 그렇게 바라보았기 때문이다.

나 자신을 바라보는 시각을 바꾸어 보자.
자신이 꿈꾸었던 사람으로 다시 자기를 바라보자.
꿈꾸었던 대로 될 것이다. 인생은 바라보는 대로 이루어진다.

# 14
## 문제아는 없다

"**조**용히 못해! 너만 보면 골치가 아파!"

선생님들도 포기할 정도로 골칫덩어리인 소녀가 있었다. 숙제를 안 해오기 일쑤이고 해와도 글씨도 알아보기 힘들 정도로 엉망이었다. 수업시간에 안절부절 못하고 몸을 이리저리 뒤틀고 책가방에 있는 것 다 꺼내 놓았다가는 다시 집어넣기를 반복하기도 하고 벌떡 일어나 소리를 지르기도 했다. 시험을 치면 반에서 늘 꼴찌를 도맡아 하였다.

참다못한 담임선생님은 부모를 호출했고 면담이 이루어졌다.

"주의력 결핍증세가 너무나 심합니다. 우리 학교에서는 도저히 교육을 시킬 수가 없군요. 병원에 가서 치료를 받으면서 특수학교를 보내세요."

이 소녀의 상태는 요즈음으로 이야기하면 주의력결핍 과잉행동장애 ADHD였던 것이다.

소녀의 어머니는 심리학자를 찾아가 상담하였고 그는 그녀의 문제에 대해 아이를 직접 보고 이야기해 보자고 하였다.

엄마는 소녀에게 가장 멋진 옷을 갈아입히고 구두를 신겼다. 머리도 정성스럽게 빗어 내렸다. 그리고 손을 잡고 함께 갈 데가 있으니 같이 가자고 했다. 소녀는 겁이 났다.

"엄마, 나 특수학교에 넣으려고 데려가는 거지! 나는 특수학교에 가기 싫단 말야!"

엄마는 특수학교가 아니라 멋진 곳에 함께 가자고 한 후 심리학자의 사무실로 데리고 갔다.

"너는 여기 조용히 앉아 있어라."

엄마가 명령한 후 검은 뿔테 안경을 쓴 심리학자와 오랫동안 이야기를 나눴다. 심리학자는 대화 도중 간간히 소녀의 행동과 표정을 살펴보았다. 마침내 심리학자가 엄마와의 대화를 끝내고 일어나 뚜벅뚜벅 걸어와서 소녀 옆에 앉았다.

"애야, 지루했지? 그런데도 용케도 잘 참았네! 참 너는 대단하구나."

계속해서 소녀에게 이야기를 했다.

"네 엄마랑 더 이야기할 것이 있는데 너 혼자 좀 있어라. 옆방에서 좀 더 이야기하고 있을게. 몇 분이면 돼. 금방 돌아올게."

소녀에게 이야기한 후 책상 위의 녹음기에 잔잔한 음악을 틀어놓았다. 그리고 엄마와 심리학자는 밖으로 나갔다. 복도에서 심리학자가 말했다.

"이 벽에 작은 구멍이 뚫려 있는 거 보이시죠. 이 구멍으로 따님이 어떻게 행동하나 살펴보세요."

엄마는 작은 구멍을 통해 안을 드려다보았다. 소녀는 가만히 있지 못하고 일어나더니 몸을 움직이기 시작했다. 그리고 음악의 선율을 따라 물결이 흐르듯 우아하게 춤을 추는 것이었다. 어린아이가 그렇게 자연스럽게 춤을 추는 것이 신기했다. 심리학자가 어머니에게 말했다.

"따님은 문제아가 아닙니다. 정말 타고난 댄서예요. 댄스 학교로 보내세요."

어머니는 딸을 댄스 학교로 보냈다. 댄스 학교에 들어가자마자 그 소녀는 하늘로 비상하기 시작했다. 그녀는 그때의 상황을 이렇게 이야기했다.

"댄스 학교에 처음 들어갔더니 모두 나하고 같은 사람들만 있었어요. 몸을 움직이지 않으면 좀이 쑤셔서 못 견디는 사람들 말이죠. 몸을 움직이지 않으면 아무 생각도 못하는 사람들만 있던 거예요."

그 소녀는 신바람이 났다. 학교에서도 집에서도 쉬지 않고 춤을 추었다. 혼자 새벽에 일어나 동작이 완벽해질 때까지 피나는 연습을 하였다.

마침내 런던 왕립발레학교로 진학하여 실력을 인정받고 후에 왕립발레단에 들어가 솔로이스트로 세계적인 명성을 날리게 되었다. 나이가 들어 현역에서 은퇴 후엔 뮤지컬 극단을 창립해서 런던 및 뉴욕에서 성공을 거두었다.

우리에게도 너무나 잘 알려진 오페라의 유령The phantom of opera, 캣츠cats, 캉캉CanCan 등 수십 편의 불후의 명작 오페라가 그녀의 안무로 탄생할 수 있게 되었다. 그녀의 이름은 질리언 린(Gillian Lynne. 1926~ )이다.

누구나 자기만의 재능을 가지고 태어난다. 보편적인 관점에서 문제아로 보이지만 한 사람 한 사람에게는 보석 같은 재능을 가지고 있는데 그것을 발견하지 못하는 것이다. 웃는 재능은 바보를 따라갈 수 없다.

지금 우리 아이들 학교에서도 기회를 준다면 재능의 날개를 펴고 하늘로 비상할 수 있는 아이들이 문제아라는 꼬리표를 달고 좁은 교실 안에서 질식해 가고 있는 것은 아닌지 염려된다.

학교 교육이 성적에 매달리는 교육이 아니라 한 학생 한 학생 재능을 찾아내는데 총력을 기울이는 시스템이 되었으면 좋을 것이다. 그래서 문제아들의 감춰진 재능을 찾아내 기회를 줄 수 있다면 정말로 올바른 교육의 목적을 달성할 수 있을 것이다.

질식시키는 교육이 아니라 아이들을 많이 웃게 만드는 교육이 되었으면 한다.

# 15

## 젊어지는 비결

M방송국에서 '말의 힘'이라는 제목으로 다음과 같은 실험을 하였다. 20대 남녀 피실험자들 12명에게 단어들을 제시한 후 짧은 문장을 만드는 실험이라고 하였다.

먼저 A 그룹 6명에게는 "늙은, 황혼의, 은퇴한, 힘없는, 해질녘, 뜨개질, 예의바른, 노후자금, 쓸쓸한, 회색의, 보수적인…" 등의 낱말이 적힌 카드를 보여주고 언어 능력을 테스트한다고 설명해 주었다. 그리고 짧은 문장을 완성한 후에 실험실 밖으로 나가 대기실까지 걸어가는 시간을 몰래 측정했다.

대기실에서 실험실로 들어올 때 걸린 시간에 비해 5초나 느려진 사람도 있었고 6명 평균 2초 32나 늦게 걸어간 것으로 조사되었다.

그 후 B그룹 6명에게는 "스피드 있는, 도전적인, 스포츠, 승진, 부지런한, 신입사원, 승리, 청바지, 열정적인…" 등 젊음을 나타내는 낱말이 적힌 카드를 보여주고 짧은 글을 완성하게 한 후 실험실을 나와 대기실까지 가는데 걸린 시간을 역시 몰래 측정했다.

B그룹 피실험자들은 걸음걸이가 활기차고 빠르게 움직였고 대기실에서 실험실로 들어올 때 걸린 시간에 비해 2초 46이나 빨라졌다.

노인과 관련된 단어를 본 젊은이들은 비록 짧은 시간이나마 40여 년 후 은퇴한 시절을 연상해 걸음걸이가 느려지고 몸도 지쳐 보이는 모습으로 걸었고 젊음과 관련된 단어를 본 젊은이들은 더욱 활기차게 걸은 것이다.

이 실험은 심리학자 존 버그가 대학생들을 대상으로 이미 실험한 것을 M방송국에서 다시 한 번 확인 실험을 한 것이며 결과는 모두 같은 현상이 나타났다. 무의식 속의 생각이 그들을 늙게 만든 것이다.

1979년 하버드대학의 랭거 교수는 뉴햄프셔 주에 있는 한 마을을 20년 전인 1959년과 똑같은 모습으로 꾸며 놓고 75세 이상 된 노인들을 모셔다가 일주일간 살게 했다.

모든 생활이 20년 전으로 돌아가 생활하던 노인들은 일주일 후 의사들의 검진 결과 몸에 활기가 살아나고 특히 손가락 길이가 확연히 길어진 것을 발견했다.

"사람은 30대 후반부터 조금씩 척추 디스크가 닳아 버리면서 키도 줄어들어요. 손가락 마디에 관절염이 생기며 손가락 길이도 짧아지지요. 그런데 불과 일주일 사이에 손가락 길이가 이렇게나 늘어나다니 정말 놀라운 일이네요."

30년 후 2010년 9월 영국 BBC-TV가 랭거 교수와 비슷한 실험을 하였다. 20~30년 전의 인기 스타들을 한 곳에 모아놓고 옛날처럼 행동하고 생각하고 말하게 하였다. 물론 그들은 모두 꼬부랑 노인들이었다. 일주일이 지난 후 놀라운 변화가 생겨났다.

뇌졸중으로 쓰러져 휠체어를 타고 다녔던 팔순의 여배우는 휠체어를 버리고 혼자서 걸어 나왔고, 거동이 불편했던 배우는 무대에서 젊은이 같은 탭댄스를 추었다. 지팡이에 의지해 다니던 방송국 앵커는 지팡이 없이 뚜벅뚜벅 무대 계단을 걸어서 올라갔다.

의사들이 출연자들의 몸을 검진해 보니 실제로 젊어진 것으로 나타났다. 머릿속을 온통 젊은 이미지들로 꽉 채워버리니 몸도 저절로 젊어진 것이다. BBC-TV의 "The Young Ones"라는 제목으로 방영된 프로그램이다.

우리의 시각만 바꾸면 몸도 얼마든지 변할 수 있다.

나도 젊어질 수 있다는 의식만으로도 젊음이 스며들게 할 수 있다는 것이다. 우리가 늙는다고 생각하면 몸도 빨리 노화가 진행되고 젊어진다고 이미지를 떠올리고 생각하면 활력이 솟아오르게 된다. 우리 몸은 바라보는 대로 현실화가 되는 것이다.

마찬가지로 우리 머릿속에 얼마나 긍정적이고 희망적인 정보를 입력하는가에 따라 우리 인생은 매우 달라진다.

웃는다는 것은 긍정과 희망을 우리 머릿속에 입력시키는 강력한 수단이며, 젊고 활력 넘치는 삶으로 안내하는 매우 중요한 실천 방법이다.

웃으면 피부도 젊어지고 생각도 젊어지고 생체 나이도 젊어진다.

# 16
# 고통의 문, 희망의 문

영국의 한 왕이 도자기 공장을 방문했다. 그곳에는 두 개의 꽃병이 특별히 전시되어 있었다. 한 개의 꽃병은 단단하고 빛이 나며 윤기가 흐르는 생동감이 있는 꽃병이었으나 또 한 개는 투박하고 윤기도 없어 마치 만들다 포기한 꽃병 같았다.

왕은 왜 두 개의 꽃병이 같이 전시되어 있는지를 물었다. 도자기 공장 관리인은 이렇게 대답했다.

"전하, 두 개의 꽃병은 같은 재료, 같은 사람이 만들었지요. 그렇지만 한 개는 불에 구웠고 또 하나는 불에 굽지 않은 것입니다. 단지 그 차이지만 하나는 예술품이 되고 하나는 볼품없는 작품이 된 것입니다. 시련과 고통은 인생을 윤기나는 예술품으로 만들고 생동감이 넘치는 아름다운 것으로 만들어 준다는 것을 보여주기 위해 특별히 전시해 놓은 것입니다."

"가난하다고 탓하지 말라.
나는 풀잎과 들쥐를 잡아먹으면서 살아남았다.
배운 게 없다고 탓하지 말라.
나는 내 이름도 쓸 줄 몰랐지만 남의 말에서 현명해지는 법을 배웠다.
현실이 너무 캄캄해서 포기하겠다고 말하지 말라.
나는 목에 칼을 쓰고도 탈출했고 뺨에 화살을 맞고도 살아났다.
작은 나라에서 태어났다고 원망하지 말라.
나와 나의 병사들은 적들의 백분의 일, 이백분의 일밖에 되지 않는 병력으로 세계를 정복했다."

워싱턴 포스트지가 지난 천 년 동안 가장 위대한 인물로 선정한 칭기즈칸의 말이다. 칭기즈칸은 1155년 몽골평원이 약육강식의 대혼란 시기에 태어났다.

그의 아버지 예수게이는 자신이 죽인 적장의 이름을 따서 테무친이라는 이름을 자기 아들에게 붙여주었다. 테무친의 아버지가 독살 당하자 어린 생명은 끊임없는 위협을 받고 초원을 숨어 다녔다.

소년기를 거치며 자신의 힘을 키우기까지 그는 가혹한 시련을 겪으며 이를 이겨내는 지혜를 터득했다. 그는 어떤 시련에도 굴하지 않고 어떤 난관 앞에도 좌절하지 않는 긍정의 리더십을 발휘하며 한 부족 한 부족을 합병해 나갔다.

드디어 그는 동으로는 태평양 연안에서 서로는 동유럽까지, 남으로는 걸프 만에서 북으로는 시베리아에 이르는 방대한 글로벌 제국을 건설하게 된 것이다. 칭기즈칸이 정복한 땅은 약 777만 제곱킬로미터로 알렉산더, 나폴레옹, 히틀러가 정복한 땅을 모두 합한 것보다 넓었다.

이것도 20여 년의 짧은 세월 동안 이루어졌다는 것이다.

그는 20년 동안 매년 평균 25회 이상의 전쟁을 치렀고 2개 이상의 국가를 굴복시켰다. 그것도 100분의 1, 200분의 1밖에 안 되는 군사력으로 승리를 이루어갔다. 그리고 그가 세운 국가는 100년 이상을 지속했다.

칭기즈칸은 신속한 판단력과 용기 있는 과감한 결단력을 갖춘 글로벌 리더십을 갖춘 시대의 영웅이었다. 그의 이런 리더십은 죽을 정도의 좌절과 시련과 고통을 통과하면서 체득된 것이다.

윌리엄문은 뜻하지 않은 사고로 시각장애인이 되었다. 절망이 엄습했다. 그제야 그는 말썽만 일으키고 다녔던 자신의 과거를 후회하며 하나님을 찾았다.

"하나님 왜 저에게서 빛을 빼앗아 갔습니까? 왜 하필 저입니까?"

한 동안 원망과 한탄만 하던 그는 새로운 사실을 깨닫게 되었다.

"이 세상에는 나 말고도 시각장애인이 참 많구나. 나의 재능으로 이들을 위해 무언가 할 수 있다면……."

그는 시각장애인들의 특별한 감각에 대해 연구하기 시작했다. 그리고 드디어 "점자책"을 만들어 냈다. 그가 절망과 고통을 통해 위대한 창조 작품을 만들어 낸 것이다. 그래서 수많은 시각장애인들에게 빛을 전해 준 것이다.

과거나 현재나 세상은 그렇게 만만하지가 않다.

혹독한 시련과 고통은 수시로 우리 앞에 닥쳐온다.

여기저기서 좌절에 빠져 아우성치는 소리가 들려온다.

이럴 때 일수록 젖 먹던 힘을 다해서 다시 맨주먹 불끈 쥐고 새로운 각오로 헤쳐 나가야 한다.

  조개 속에 진주가 생기기 위해서는 모래가 들어가야 한다. 부드러운 조갯살 속에 까칠까칠한 모래가 들어가 아프고 쓰라림을 주어야 한다. 그러면 고통스런 조개는 몸의 진액을 짜내어 모래알을 싸면서 고통을 이겨낸다. 한 해, 두 해 계속해서 쓰라린 고통이 아름답고 영롱한 진주를 만들어 내는 것이다.

  아무리 절망과 고통 가운데도 희망은 있다.

  한쪽 문이 닫히면 다른 문이 열린다.

  문은 하나가 아니라 여러 개가 있다.

  절망 가운데 주저앉지 않으면 반드시 다른 문은 열린다.

  고통과 시련을 통과하고 있는가?

  웃으면서 열려진 다른 문을 살펴보자.

  안 열려 있으면 웃으면서 반대편 문을 열고 나가자.

  웃으면 희망의 문이 쉽게 보인다.

# 17

## 최선을 다하라

"6개월밖에 못 산다니······."

그는 절망의 소리를 내며 산비탈 낭떠러지를 향해 차를 몰았다. 차와 함께 인생을 끝내기 위해서였다. 그때 자신이 코치로 있는 에스펜초등학교 육상부 아이들이 머리에 떠올랐다.

"최선을 다하라."

"최선을 다하지 못했으면 결코 받아들이지 마라."

"결승점에 도달하기 전에는 절대로 주저앉지 마라."

절대 포기하지 말고 끝까지 최선을 다하라고 늘 강조했던 자신이 자살한다면 아이들이 어떻게 받아들일까? 아이들의 삶에 매우 실망스럽고 악영향을 자신이 끼치게 될 것 같은 생각이 강하게 들었다.

그는 급브레이크를 밟았다. 그 후 마음을 돌려 얼마 남지 않은 기간이지만 죽는 날까지 최선을 다해 에스펜초등학교 육상부 아이들을 돌보기로 결심했다.

그는 암수술을 받고 쉬라는 가족들의 만류에도 다시 학교로 나가 헌신적으로 아이들을 돌보기 시작했다. 암에 걸린 것을 아이들에게 숨긴 채 선수들뿐 아니라 운동 능력이 뒤처지는 아이들도 열심히 돌보았다.

만성기관지염을 앓는 앤서니라는 아이를 '트랙 담당 부코치'로 임명하고 왼쪽 팔이 짧은 장애아 빌에게 '공식 장비 관리자' 책임을 맡겼고 휠체어에 의지해 생활해야 하는 바비에게는 출발신호용 '호루라기를 부는 책임자'로 임명해서 육상부에 모두 참여하게 하였다.

그는 학생들과 부모들에게 이렇게 말했다.

"힘든 일을 하는 것, 실패를 경험해 보는 것, 절대 포기하지 않는 것, 그래서 다시 일어서는 것을 배워서 인생에서 긍정적인 삶을 이끌어 갈 수 있는 힘을 습득하는 것이 우리 육상부팀의 목적입니다."

그는 몸이 점점 쇠하고 암으로 인한 시한부 인생은 막바지에 이르러 에스펜초등학교를 떠나게 되었다.

그는 아이들 한명 한명과 눈을 맞추며 이렇게 이야기했다.

"우리가 서로를 존중하고 사랑하고 격려하며 주어진 일에 최선을 다한다면 바로 너희들이 챔피언인 것이다. 여기 있는 너희들 모두는 챔피언이다."

기진맥진한 몸으로 그는 마지막으로 앨버커키 소재 소녀 육상팀 '듀크시의 질주자들'의 코치를 맡아 마지막으로 헌신적인 지도를 하였다.

"항상 최선을 다해라."

"이기는 것이 중요한 것이 아니라 최선을 다하는 것이 더 중요하다."

"최선을 다한 사람이 1등한 사람이다."

"오늘 빼먹은 훈련시간은 여러분 인생에서 다시 오지 않는다."

그는 달리기만 가르친 게 아니라 인생의 자세를 열심히 가르쳤다. 그는 이렇게 기도하였다.

"하나님, 제발 시합 때까지 만이라도 살아 있게 해주십시오. 마지막으로 사랑하는 저 아이들이 시합하는 모습을 보고 싶습니다."

그가 지도한 육상팀 '듀크시의 질주자들'이 뉴멕시코 주 대표로 세인트 루이스에서 열리는 미국 아마추어 연합전국육상대회에 출전하게 되었을 때 그가 한 기도였다.

시합 출전을 위해 육상팀이 공항에 모였지만 그는 공항에 모습을 나타내지 못했다. 1970년 시합 이틀 전 추수감사절 날 26세의 나이로 세상을 떠난 것이다. 그가 남은 생을 불살라 가르쳤던 선수들은 시합에 나가 죽는 순간까지 최선을 다한 선생님을 생각하며 죽을 힘을 다해 달렸고 결국 우승을 차지했다.

창단 2년 만에 무명 팀에서 전국대회 우승을 한 것이다. 소녀들은 트로피를 치켜들고 이틀 전 세상을 떠난 자신들의 코치 이름을 외쳤다.

"존 베이커 코치님을 위해! 존 베이커 코치님 만세!"

그가 열성적으로 육상팀을 지도했던 에스펜초등학교 학생들은 누가 시킨 것도 아닌데 자신들 학교 이름을 존 베이커초등학교라고 부르기 시작했다. 점점 많은 학생들과 학부형들, 주민들이 그렇게 부르기 시작하였다. 결국 학교 당국은 학교 이름을 바꾸기로 결정하고 학부모 투표를 제안하였다. 520명의 학부모들이 전원 투표에 참가해서 찬성 520표, 반대 0표로 에스펜초등학교가 존 베이커초등학교로 이름이 바뀌게 된 것이다.

존 베이커는 고등학교 때 뉴멕시코 주에서 가장 잘 달리는 선수 중 한 명이 되었고 많은 육상 대회에서 우승을 하였다.

그는 에스펜초등학교 체육 교사로 재직하면서 뮌헨올림픽에 출전하려고 연습 중에 복부를 찌르는 통증을 느끼며 쓰러졌다. 진단결과는 악성 고환암이었고 전이가 빨리 진행되어 6개월밖에 못산다는 시한부 선고가 내려졌지만 마지막 생을 불살라 후배들을 위해 최선을 다해 희생적으로 지도하며 생을 마쳤던 것이다.

그가 자살하려다 마음을 돌이킨 후 그의 마음은 완전히 달라졌다. 그가 급브레이크를 밟고 나서 엔진을 끄고 좌석 깊숙이 박혀 아이들을 생각하며 한참을 우는 동안 그의 내면으로부터 상상을 초월한 평화가 찾아왔고 그날부터 생을 마치는 순간까지 그의 얼굴에서는 미소가 사라지지 않았다.

원래 미소가 없던 그였지만 그 후로는 마음속으로부터 우러나오는 참다운 미소를 가지고 아이들을 지도하였다. 그의 미소는 생의 마지막 순간까지 최선을 다하고 불행에 처해 있는 많은 이들에게 용기와 지혜를 주는 값진 미소였다.

# 18
## 사람을 살리는 사랑과 배려

히말라야 첩첩산중에 매서운 추위를 안고 두 사람이 길을 걷고 있었다. 그들은 한참이나 눈길을 걷다가 눈 속에서 죽어가는 행인을 발견했다. 한 사람이 같이 부축해 가자고 하자 동행하던 한 사람은 "나도 지금 얼어 죽을 지경일세. 이 판국에 남을 돌볼 여유가 어디 있나?" 하면서 홀로 길을 떠나 버렸다. 할 수 없이 혼자서 그 얼어 죽어가는 사람을 둘러업고 젖먹은 힘을 다해 길을 재촉했다.

시간이 흘러 마을 입구까지 다다랐을 때 한 사람이 눈길에 쓰러져 있었다. 자세히 살펴보니 혼자 먼저 떠난 동료였고 추워서 얼어 죽어 있었던 것이다. "나 혼자만 살아서야 되나? 같이 살아야지" 하며 행인을 업고 온 사람은 서로 체온을 의지하고 더욱 힘들여 오는 바람에 땀이 날 정도로 힘을 쏟아서 두 사람 다 얼어 죽지 않고 살아서 마을에 도착하게 된 것이다. 힌두교 신자에서 기독교로 개종해 많은 저서를 남긴 인도의 썬다 싱 자신의 이야기이다.

극심한 혹한이 몰아치는 남극, 한겨울의 기온은 영하 50도에서 70도 정도까지 내려간다. 이런 남극에 맹추위가 다가올 때쯤이면 펭귄들은 무리를 지어서 수십 킬로미터를 뒤뚱대며 추위가 가장 극심한 극점 쪽으로 이동하기 시작한다. 보통 생태계의 일반적인 원칙은 추위를 피해 따뜻한 곳으로 이동하는 것이지만 펭귄은 반대로 더 추운 곳으로 대장정을 시작한다는 것이다.

왜냐하면 가장 추운 곳에는 강풍이 불지 않기 때문이다. 극점에 도달한 펭귄들은 서로 몸을 바짝 밀착한 채 촘촘히 포개 앉아 서로 위치를 바꾸어 가며 추위를 막아주고 서로의 체온으로 서로를 얼지 않게 도와주며 가혹한 추위를 극복한다.

남극기지에 파견된 각국 사람들도 추위 속에서 견디는 훈련을 할 때 눈보라 속에서 이 펭귄 대형을 유지하며 서로의 체온을 잃지 않도록 훈련한다. 서로 간 자리 다툼을 하지 않고 서로 위치를 바꾸어 주며 똘똘 하나로 뭉치는 펭귄의 생존 전략의 지혜를 인간이 배운 것이다.

모 방송국 창사 50주년 특별기획 다큐멘터리에 소개된 장면이다.

어느 날 목마른 호랑이와 사자가 동시에 같은 샘에 도착해서 서로 물을 마시려고 하였다. 서로 자기가 먼저 마시겠다고 으르렁댔다. 호랑이와 사자는 서로에게 먼저 물 마실 기회를 주느니 차라리 죽는 게 낫다고 생각하며 양보를 하지 않았다. 서로 분노가 치밀어 오르고 둘은 드디어 앞발로 차며 물어뜯고 치열한 싸움을 벌이기 시작했다.

한참을 싸운 후 몸에 깊은 상처들을 입고 기진맥진해서 쓰러져 하늘을 보았다. 그때 독수리들이 하늘을 맴돌며 자신들이 죽기를 기다리고 있는 것을 보았다. 그들은 안간힘을 쓰며 깊은 상처를 입은 채 자신들의 숲으로 되돌아갔다. 서로가 사이좋게 양보를 하였으면 충분히 물을 마시고 갈증을 해소한 후 상처도 입지 않은 채 자신의 숲으로 들어갈 수 있었을 텐데……

꽃게철 시장에 가면 꽃게들이 팔려나가길 기다리며 활기를 띤다. 그런데 꽃게들을 담은 바구니는 뚜껑을 덮어 놓지 않는다. 바구니에 한 마리만 있다면 혼자서 바구니를 기어 나올 수 있지만 두 마리 이상이면 기어 나올 수 없기 때문이다.

한 마리가 기어 나오려고 하면 다른 게가 끌어내리고 또 끌어내리고 이 현상이 끊임없이 되풀이되기 때문에 두 마리 이상이면 결국 아무도 탈출할 수 없게 된다. 그래서 덮개가 없어도 탈출해서 도망갈 염려는 하지 않아도 된다.

사랑, 배려, 나눔은 사람을 살리고 시기, 질투, 다툼은 사람을 죽이는 결과를 가져온다. 남을 이용해서 자신의 성공만을 추구하는 잘못된 사고방식이 팽배해 있는 것이 우리나라 현실이다. 자신을 희생해서 남을 살리는 교육이 필요한 시대이다.

사랑, 배려, 나눔의 표현은 웃음이다.

웃으면 사랑, 배려, 나눔의 마음이 생겨난다.

| 제2부 |

# 행복

우리 모두 다 같이 행복하려면
자기의 주장에 앞서 다른 이를 이해하고 배려하고
사랑으로 감싸주는 마음이 먼저 필요하다.
사랑과 정의가 충돌하면
항상 사랑이 이기도록 해야 한다.

### 너무 행복해 눈물이 난다

걸풍/김형풍

내가 지금 잠꼬댈 하고 있나 꿈을 꾸고 있나
어디 한 번 꼬집어 보자,
분명 아픈 것을 보니 꿈은 아닌 듯싶다

이른 새벽 눈 뜨면서
두 발은 하늘을 향해 차올리고
두 팔은 번쩍 올려 손목 흔들며,

아아, 하 하 하 하  하 하 하
으아, 하 하 하 하  하 하 하
눈물이 찔끔 나도록 한바탕 웃어 제킨다

척추관협착증으로 열 발작도 걸을 수가 없어 성당도 못 다니던 아내가
눈 내리는 미끄러운 산길을 타고 해발 198m의 효자봉 약수터를
자일과 두 스틱을 의지하여 거뜬히 올라 다닌다

분명 하늘이 어여삐 여기시어
착하디 착한 아내가 축복을 받은 것이다
이렇게 행복해도 되는 것인지, 너무 행복해 눈물이 날 지경이다

더 바랄 게 뭐가 있겠는가
더 이상 욕심 내지 말고 늘 요즘만 같아라
감사한 마음으로 기도를 올린다

【 이 시는 여러 가지 질병으로 고생하던 아내 조ㅇ희(71세) 씨가 웃음치료 후
달라진 모습을 보고 남편 김형풍 씨가 고마워서 보내온 시입니다. 】

# 1
## 웃음은 행복이다

어느 범죄자가 경찰에 쫓기다가 죽음을 당했다. 그는 예상과 달리 천국으로 가게 되었고, 어떤 소원이든지 다 들어주겠다는 천사가 그의 앞에 나타났다. 그는 평생 죄를 짓고 산 자신이 천국에 왔다는 사실이 믿어지지 않았다.

"무엇인가 잘못된 것이 틀림없어. 내가 천국에 오다니… 무언가 착오가 일어났을 거야. 그렇지만 얼마나 행운인가. 나는 정말 운이 좋은 사람이군."

그는 이왕 천국에 온 것이니 천국 생활을 마음껏 누려보자고 생각했다. 그는 천사에게 소원을 이야기했다.

"내가 세상에서 살 때 가난해서 힘든 생활을 했으니 펑펑 쓸 수 있는 돈을 주었으면 좋겠소."

그렇게 말하자마자 돈벼락이 떨어졌다. 그는 다시 소원을 말했다.

"내가 도망 다니느라고 맛있는 음식 마음 놓고 먹지 못했는데 맛있는 음식을 매끼마다 먹었으면 좋겠소."

그러자 매끼마다 정말 먹고 싶었던 맛있는 음식이 산해진미로 차려져 나왔다. 그는 욕심을 내 소원을 또 이야기했다.

"이왕이면 아름다운 여인들을 보내주면 좋겠소."

그러자 미인들이 나타나 시중을 들기 시작했다. 그는 너무 기분이 좋아 '정말 죽기를 잘했구나' 라는 생각이 들기도 했다.

그러나 시간이 흐르면서 계속되는 쾌락의 탐닉은 점점 싫증나기 시작했다. 노력하지 않고 무엇이든 얻는 생활은 점점 지루해져 갔다. 무료함과 나태함은 더 없이 깊어져 갔고 그럴수록 그의 마음엔 일을 하고 싶은 마음이 생겨났다. 그는 천사에게 또 소원을 이야기했다.

"너무 지루해서 못 살겠소. 뭐 일할 수 있는 것 없겠소?"

"이곳에서는 원하는 것은 말만하면 무엇이든지 다 얻을 수 있지만 일해서 얻을 수는 없습니다."

그는 매일매일을 무료하게만 지내는데 염증을 느껴 천사에게 다시 주문했다.

"천국이 이런 곳인 줄 몰랐소. 차라리 지옥으로 보내주시오."

그러자 마자 천사의 얼굴이 점점 변하기 시작하더니 무서운 악마의 얼굴로 변해 가는 것이었다. 그리고 악마로 변한 천사가 으스스한 웃음을 지으며 이렇게 말했다.

"여기가 바로 거기다!"

그가 천국이라고 착각한 곳이 바로 지옥이었던 것이다.

많은 이들이 억대 로또복권에 당첨이 되면 행복해질 것이라고 생각하고 있다. 그러나 큰 액수의 복권에 당첨된 이들의 그 후 삶을 추적해 보면 대부분 불행하고 비참하게 되는 것으로 조사되고 있다. 노력 없이 무위도식을 추구하는 쾌락주의는 결코 행복해질 수 없다.

재물은 많아질수록 더 갖게 되려는 욕망이 작용하고 그로 인해 그의 삶은 더욱 더 불행해지기 쉽다. 만석지기 부자는 늘 쪼그리고 자고 다리 밑 거지는 두 다리 쭉 뻗고 잔다는 말이 있다.

남들이 보기에 저 사람은 재물도 많고 학식도 많아 부족한 것 없이 행복할 거라고 생각되는 사람들도 실제 내면을 보면 많은 아픔과 상처와 고민 가운데 살고 있다. 자신이 노동을 하지 않고 많은 하인들을 부리기만 하면 되고 호의호식하며 지내는 것 같지만 그들도 훨씬 더 많은 고통과 번민 속에 사는 경우가 많이 있다.

결국 행복은 외부로부터 오는 것이 아니라 마음의 자족에서 오고 희망을 꿈꾸는 데서 온다. 그리고 세상을 향해 의미 있는 나눔을 실천하는 데서 오는 것이다.

웃음교실에 나오는 이들 중엔 웃다보니 마음의 평화를 얻었고 새로운 꿈을 갖게 되어 도전하게 되었고 봉사를 열심히 다니며 나의 가진 것을 이웃과 함께 나누는 행복한 삶을 고백하는 이들이 많다.

물론 자신의 질병이 치유되는 일도 많지만 더 크고 아름다운 일은 그들이 행복해지는 것이다. 이런 모습들을 보면서 역시 웃음은 신이 우리에게 행복을 주기 위해 우리 유전자 속에 심어 놓은 기막힌 선물이라는 것을 느낀다.

땀 흘려 일하고 다른 이들과 함께 사랑과 배려의 웃음을 나눌 수 있다면 당신은 진정 행복한 사람이다. Thanks God!

# 2
## 웃음 선물

스즈키 히데코 수녀는 성심수녀회 소속으로 문학과 심리요법으로 말기 중환자들의 내적 치유를 돕고 있다. 그녀는 자신의 저서『힘들 땐 그냥 울어』에서 어느 노부인의 행복해진 삶을 소개하고 있다.

세계적으로 유명한 밀턴 에릭슨이라는 심리학자가 여행을 하고 있을 때 부자인 어느 노부인을 만나게 되었다. 노부인은 불평 섞인 목소리로 이렇게 이야기했다.

"저는 웬만큼 돈도 있고 크고 화려한 저택에 살고 있어요. 이탈리아에서 들여온 고급 가구가 집안을 장식하고 솜씨 좋은 요리사가 만든 맛있는 음식도 매일 먹지요. 집안 모든 일은 집사가 알아서 다 해결하고 저는 그냥 적은 시간 정원 가꾸는 일로 소일을 한답니다. 그런데 마음은 늘 공허하고 불행하다는 생각이 들어요. 그리고 무엇보다 외로워서 견딜 수가 없군요."

말없이 노부인의 푸념을 듣던 에릭슨 박사는 그녀에게 질문했다.

"음… 그러시군요. 혹시 교회는 다니세요?"

"네. 그저 가끔요."

"그럼 제가 권유해 드리는 대로 해보실래요?"

"네. 그러지요."

"먼저 부인께서 다니시는 교회 교인들 명단을 작성하세요. 그리고 생일도 적으세요."

이어서 에릭슨 박사는 또 질문했다.

"부인께서 정원 가꾸시는 일을 하신다고 하였는데 가장 좋아하는 꽃은 뭐죠?"

"아프리카 제비꽃이에요. 정성을 좀 많이 쏟아야 하지만 오랫동안 키워봐서 잘 가꿀 수 있지요."

노부인은 조금 더 밝은 표정으로 대답했다.

"그렇다면 집에 가셔서 하실 일이 있습니다. 아까 말씀드린 교인들 명단을 보고 생일 맞은 사람들에게 부인이 직접 가꾼 제비꽃을 선물하세요. 생일을 축하하는 예쁜 카드도 넣어서 말이지요. 단, 누구도 모르게 하셔야 합니다. 그렇게 하시다 보면 부인께서는 세상에서 가장 행복한 사람이 되어 있을 겁니다."

노부인은 마음에 크게 내키지는 않았지만 에릭슨 박사의 주문대로 실행해 보기로 했다. 그달에 생일을 맞는 교인들을 차례대로 정리하고 깨끗한 화분에 제비꽃을 옮겨 심고 예쁜 축하카드도 끼워 넣었다. 그리고 아무도 모르게 생일날 새벽 3시에 일어나 생일 맞는 사람들 집 앞에 화분을 갖다놓았다.

몇 달이 지나자 소문은 점점 퍼졌고 노부인은 에릭슨 박사에게 전화를 걸었다.

"아무도 모르게 숙제를 잘하고 있어요."

"정말 잘하셨네요. 이제 부인의 기분은 어떠세요? 아직도 불행하신가요?"

"예? 불행하다고요? 제가요?"

부인은 뜻밖의 질문에 당황했다.

"부인이 몇 개월 전 처음 만났을 때 부인만큼 불행한 사람은 없을 거라고 말씀하셨지요? 돈도 많고 멋진 주택도 있지만 외로워서 견딜 수 없다고 하신 거 기억 안 나세요?"

노부인은 잠시 생각에 잠기더니

"어쩜! 그 일을 까맣게 잊고 있었네요."

얼마 후 크리스마스가 다가왔다. 노부인의 집 문 앞에 정원사가 크리스마스 트리를 장식해 놓았는데 그 트리 밑에 선물이 잔뜩 쌓여 있었다. "누가 갖다놓았을까?" 노부인은 궁금하기도 하였지만 마음은 너무 행복했다.

노부인에게 선물 보따리가 쌓인 사연은 이러했다. 마을에 85세가 되는 할머니가 한 분 계셨는데 여든 다섯 번째 생신이 지나고 나면 마을을 떠나 양로원으로 가도록 가족들이 합의했고 할머니도 동의했다. 그렇지만 속마음은 영 내키지 않았다. 생일날 아침 가족들이 모여 잔치를 하는데 테이블 가운데 아름다운 제비꽃을 할머니가 보게 된 것이다.

"이건 못 보던 화분이구나."

"아, 예. 이름 모를 천사가 생신 선물로 보낸 거예요."
"그가 누군지 모르겠니?"
"동네 사람들 모두 천사가 보낸 거라고 해요."

그러자 할머니는 정말로 천사가 보낸 것으로 생각했다. 그리고 양로원에 가도 자신을 아껴주는 천사가 있을 것으로 생각되어, 새로운 믿음과 용기가 생겨났다. 그래서 가기 싫던 양로원을 가기로 결심했다.

"나도 이젠 정말 양로원 생활을 해보고 싶구나. 너희들 말고도 이렇게 나를 돌봐주는 천사가 있으니 나는 행복한 사람이야."

가족들은 감동을 받고 그 선물을 준 사람을 찾기 시작했다. 오래지 않아 대저택에 살고 있는 노부인이라는 사실을 알고 조용히 마을 사람들에게 알렸고 크리스마스 때 마을 사람들이 노부인이 좋아하는 선물을 정성껏 장만하여 드린 것이다.

노부인은 감동으로 울먹이며 에릭슨 박사에게 전화했다.

"제 인생에 이토록 기쁜 크리스마스는 한 번도 없었답니다."

"부인은 선물을 받을 자격이 충분합니다. 부인께서 뿌린 씨가 꽃이 되어 부인께 돌아온 것이지요. 그동안 작은 씨앗을 듬뿍 마을 사람들에게 뿌린 것이 크리스마스에 아름다운 꽃으로 되어 되돌아온 것이죠."

오늘도 웃음의 씨를 뿌리는 하루가 되었으면 좋겠다. 오늘 내가 뿌린 웃음의 씨는 세상 속에서 평화와 행복과 희망이 되어 나에게 돌아올 것이다.

# 3
## 감사의 힘

   **어**느 날 하늘에서는 마귀대표단 회의가 열렸다. 어떻게 하면 인간들을 멸망시킬까 하는 회의였다. 이 회의에서 마귀나라 특임대표로 씨앗을 관장하는 마귀가 인간세계에 파견되었다.

  그는 내려오자마자 큰 창고를 짓고 그 속에서 각종 씨앗을 보관했다. 미움의 씨, 슬픔의 씨, 절망의 씨, 두려움의 씨, 욕심의 씨, 시기·질투의 씨, 불안의 씨, 분노의 씨, ……. 수많은 씨앗을 보관하였다가 어느 날 사람들 마음속에 뿌리기 시작했다. 이 씨앗들은 사람들 마음속에서 무럭무럭 자라 수확을 하기 시작했다. 서로 분쟁과 다툼과 미움과 분노가 세상을 뒤덮기 시작한 것이다.

  그런데 어느 날 한 동네에서 많은 씨가 자라지 못하고 말라버렸다. 다시 씨앗을 뿌려도 아무 소용없이 또 말라죽었다. 특사 마귀는 이 동네를 방문하고는 깜짝 놀라 도망쳤다. 이 마을은 바로 감사의 마을이었던 것이다. 매일매일 감사하면서 살고 즐거운 일에나 슬픈 일에나 힘든 일이나 고통스런 일에도 늘 감사하면서 살기 때문에 마귀의 씨는 싹을 트지 못하고 메말라버린 것이었다.

영국의 군인이자 혁명가였던 크롬웰은 엄격한 청교도 가정에서 교육을 받고 명문 캠브리지대학에서 공부했다. 그는 청교도 혁명을 승리로 이끌어냈고 17세기 중반 영국에서 처음으로 공화제를 선포하고 대대적인 개혁정책을 펼쳐 영국을 근본적으로 뒤바꾸어 놓은 인물이다.

1642년 의회파와 왕당파 사이에 영국 내전이 일어났다. 크롬웰은 그의 고향인 헌팅던에서 기병대를 조직하여 에지힐 전투에서 전공을 세우며 군사 지도자로 두각을 나타내기 시작했다.

그의 기병대는 철기대라는 별명을 얻으며, 각종 전투에서 계속 승리하여 왕당파의 찰스 1세를 체포 처형하고 귀족원을 폐지하고 공화국을 세웠다. 공화국에서 국무회의 의장이 된 크롬웰은 왕당파들의 중심지였던 아일랜드와 스코틀랜드의 새로운 왕 찰스 2세를 격파하고 영국 내전을 완전히 종식시켰다. 그리고 종래에는 의회마저 해산시키고 무소불위의 권력을 행사하여 법률개혁과 교육진흥 등의 사회 개혁을 추진하였다. 그런 그도 60세 나이에 병으로 세상을 떠났고 웨스트민스터 대수도원에 묻혔으나 왕정복구 후 그의 무덤은 파헤쳐지고 그의 시신도 거리에 내걸려졌다.

그에 대한 평가는 크게 엇갈리는데 일부 학자들은 그가 내전 이후 정치적 안정을 빠르게 회복했고 통치 장전Instrument of Government을 제정하여 입헌주의 발전에 기여했다고 평가를 하고 있으나 군사독재자로서의 평가는 부정적 이미지를 주고 있다. 그런 막강한 권력을 휘

두른 크롬웰이었지만 그는 늘 이렇게 말했다고 한다.

"나의 모든 힘은 감사하는 마음에서 나옵니다."

"이 세상 사람들 중에는 음식이 있어도 식욕이 없는 사람이 있습니다. 그리고 식욕이 있어도 음식이 없는 사람들도 있습니다. 저에게 식욕과 음식을 모두 주신 하나님께 감사를 드립니다."

그는 식사할 때나 모든 일을 할 때 감사 기도를 했고 감사가 그의 큰 힘의 원천이 된 것이다.

우리는 살아가면서 감사의 힘을 많이 보고 느끼며 살아간다. 인간관계에서 감사는 매우 긍정적 능력을 발휘하게 된다. 주위 사람들에게 감사의 마음을 가지는 사람들은 인덕이 있는 사람들이다. 인덕이 있기 때문에 주위 사람들에게 감사를 표현하기보다는 감사하는 마음이 먼저 있기 때문에 인덕이 있다고 칭찬을 듣게 되는 것이다. 고맙고 감사하다는 말을 듣게 되면 주는 사람도 기쁠 것이고 기회가 되면 그 사람에게 또 도움을 주고 싶어할 것이다.

또 감사를 하게 되면 감사해야 할 일들이 자꾸 생기고 인간관계가 좋아질 것이다. 우리가 사는 사회에서 감사를 모르는 사람과는 소원해지고 결국 인간관계가 끊어질 수밖에 없다. 세상은 대부분 이렇게 주고받는 '기브 엔 테이크give and take'의 사회이다. 그래서 감사의 마음을 주고받는 것이 일반적인 인간관계일 것이다. 감사하는 마음은 웃음의 기본적인 마음이다. 감사한 마음을 갖게 되면 감사할 일들이 자꾸 생기는 것처럼 웃는 생활을 하다보면 웃을 일이 자꾸 생긴다. 웃음은 나누어 주는 것이다. 그래서 내가 먼저 가지고 있어야 한다. 웃음을 많이 나누어 주고 또 많이 받는 사회는 저절로 건강해질 것이다.

# 4
# 가진 것을 지금 누려라

어느 부자가 비싼 값에 그림을 구입했다. 그는 그 그림을 거실 중앙에 걸어놓고 작가의 이름과 그림의 가격표를 코팅해서 그림 밑에 붙여놓았다. 그는 흐뭇했고 방문하는 손님에게 그 그림을 자랑했다. 그린 작가의 이름과 비싼 가격을 빼놓지 않고 말했다. 그 부자의 머릿속에는 그림이 주는 강한 끌림은 관심밖에 있었다. 작가 이름과 가격표에만 관심을 가지고 자아만족하곤 했다.

그의 집에 가정부 한 사람이 있었다. 그녀는 일을 하다가 그 그림이 눈에 들어오기 시작했고 그림이 주는 강한 매력에 빠져들기 시작했다. 거실 청소를 하다가도 넋을 잃고 그림을 감상하며 자신의 세계에 몰입하는 버릇이 생겼다. 그녀는 그림을 보며 넓은 상상의 나래를 펴고 두둥실 하늘을 나는 기분에 젖을 때도 있었고 아련한 고향의 추억을 떠올리며 자신만의 즐거운 세상으로 여행을 하기도 하였다. 그 그림의 진짜 주인은 그 가정부였고 부자는 가격표의 주인이 된 것이다.

어느 해 겨울 간암 말기의 70세 환자가 호스피스 요양원으로 큰 가방을 들고 찾아왔다. 그는 원장 앞에 가방을 내려놓으며 말했다.

"아무리 길어야 6개월밖에 못 산다고 합니다. 여기 머물며 이 가방 안에 있는 돈만이라도 다 쓰고 죽었으면 합니다."

그는 어려서부터 신문팔이, 껌팔이, 구두닦이 등등 안 해본 것이 없었고 결국 화장품 장사로 많은 돈을 벌었다. 고생만 했던 아내를 먼저 하늘나라에 보내고 자식들 키워 시집, 장가보냈는데 그만 덜컥 간암에 걸린 것이다. 하지만 자식들은 아버지 재산에만 눈독을 들이며 재산분배 문제로 싸우는 모습을 보고 "내가 돈 버느라 자식들을 잘못 키웠구나" 하며 뼈저린 후회도 하였다.

오랜 생각 끝에 변호사를 통해 전 재산을 사회에 환원하기 위해 학교 재단에 기탁 서명을 한 뒤 현금 오천만 원만 남겨 가방에 싸들고 생의 마지막을 보낼 곳을 찾아온 것이었다. 모든 것을 정리하고 새롭게 맞는 봄은 너무 아름다웠다. 진달래, 개나리, 벚꽃들이 이렇게 아름다운지 처음 느꼈다. 삶의 마지막장을 진정 존재 지향적인 삶으로 받아들이게 된 것이다.

강남에 큰 빌딩을 가지고 일밖에 모르던 같은 요양원의 40대 위암환자도 세상의 아름다움을 처음 느낀다며 다음과 같은 말을 남기고 꽃과 함께 이 지구별을 떠나갔다.

"저는 일하느라 눈, 비, 구름, 태양도 보지 못하고 지금껏 살아왔어요. 세상의 아름다운 것들은 전혀 모르고 살아왔지요. 저는 지금까지 돈 빌리러 오는 사람과 돈 받아올 사람만 만났고 그 외는 누구도 만나지 못했어요. 이제 꽃도 눈부시게 마음으로 들어오고 새 소리는 아름답다가도 슬프게 들리기도 하네요."

40대가 먼저 세상을 떠난 2개월 후 70대 간암 환자도 저 세상으로 떠났다. 평생을 모으는 것만 연습하다가 5,000만 원도 얼마 쓰지 못하고 간 것이다. 행복을 위한 말 중에 없는 것에 욕심내지 말고 있는 것을 제대로 즐기라는 말이 있다. 자기 재산은 지금까지 자기가 쓴 것만이 자기 재산이다. 사용한 것 말고 가지고 있는 것은 자신의 재산이 아니라는 것이다.

스테판 폴란은 자신의 책 『다 쓰고 죽어라』에서 "최고의 자산 운영이란 자기 재산에 대한 성공을 과시하기 위해서 트로피처럼 모셔두지 않고 행복을 위한 일에 쓸 줄 아는 것"이라고 하였다.

모셔두기 위해 비싼 그림을 산 부자보다 그 그림을 제대로 감상하며 즐기고 그림 속에 빠져들었던 가정부처럼 지금 이 순간을 행복하고 진짜의 삶으로 누려보자. 아무리 많은 재산도 가져갈 수 없으니 쓸 만큼만 쓰고 죽어야 한다. 혹자는 가진 것이 없다고 말할지도 모른다.

그러나 주위를 둘러보라. 비싼 그림과는 비교도 할 수 없는 우주와 지구촌 구석구석은 생명의 경이로 가득한 생동하는 그림이다. 우주와 세상을 마음속에 품은 사람은 누구보다 찬란한 기쁨과 행복을 소유한 부자이다. 우리의 몸과 마음, 정신을 예쁘고 아름답고 고귀하고 의미 있게 사용해야 한다. 이것이 병든 가정과 사회를 치유하고 행복한 자신과 사회를 이루어 나가는 방법 중 하나이다.

웃음도 지금 가진 것을 누리는 도구 중 하나이다. 웃으면 지금 행복하다. 웃으면 지금 욕심과 집착을 내려놓을 수 있다.

# 5
## 나를 찾아가는 여행

**암**으로 고생하다가 사경을 헤매던 여인이 신에게 질문을 받았다.
"너는 누구냐?"
"저는 민이와 은이의 엄마입니다."
"네가 누구의 엄마냐고 묻지 않았다. 너는 누구냐?"
"저는 A고교 교장의 아내입니다."
"네가 누구의 아내냐고 묻지 않았다. 너는 누구냐?"
"저는 중학교 교사입니다."
"너의 직업이 뭐냐고 묻지 않았다. 너는 누구냐?"
"저는 크리스천입니다."
"네 종교에 대해 묻지 않았다. 너는 누구냐?"
"저는 학생들을 열심히 가르쳤고 아이들을 잘 보살폈으며 남편 내조도 잘했다고 자부합니다."

"네가 무엇을 어떻게 했느냐고 묻지 않았다. 네가 누구냐고 물었다."

신의 물음에 제대로 답하지 못한 여인은 사경에서 헤매다 다시 세상으로 돌아왔다. 그녀는 자신에 대해 곰곰이 생각해 보았다. 그리고는 달라지기 시작했다. 정말 자신이 원했던 일을 시작했다. 산과 들로 아름다운 자연을 만나고 자연을 공부하고 자연 속에 자신을 던지며 생활했다. 병도 나았고 정말 자기 자신으로 세상을 살게 되었다. 걱정, 근심, 불안, 고통에서 벗어나 정말 자기 인생의 주인으로 새 삶을 살게 된 것이다.

하하웃음행복센터에 6개월 이상 열심히 나와 같이 웃고 나날이 삶의 모습이 달라져가는 70세를 조금 넘은 여성이 있다.

그녀는 자신을 약사라고 소개했다. 결혼했을 때 친정어머니와 같이 살 수밖에 없어 시댁과 남편에게 평생 미안한 마음을 가지고 살아왔다고 했다. 그러면서도 친정어머니에게 잘 해드리지 못하고 불편한 마음으로 살아온 것에 대해 늘 죄스럽게 생각하고 있었다.

그래도 젊었을 때는 돈 벌고 자식 키우고 남편 뒷바라지 하느라 정신없이 시간을 보냈다. 그래서 마음의 괴로움을 일하는 것으로 잊으려고 더 열심히 달려왔다.

약국을 정리하고 일에서 해방될 무렵 구십 중반의 친정어머니가 쓰러졌다. 고관절 수술을 받아야 했고 폐렴은 생명을 위협했다. 다행히 생명은 구했으나 거동할 수 없는 어머니의 병 수발을 드느라 또 정신없이 보냈다.

어머니를 요양병원에 보내고도 그간 죄스러운 마음에 열심히 찾아뵙고 수발을 들었다. 그러던 와중에 남편도 뇌혈관 질환으로 쓰러졌다. 다행히 남편도 생명은 구했으나 거동이 자유롭지 못한 중풍환자가 되었다. 양쪽으로 병 수발을 들면서 인생에 대한 회의가 찾아오기 시작했고 자신은 우울증에 빠져들었다.

정신과 입원도 하고 통원치료도 하며 매일매일 삶의 의욕을 잃어가고 있을 때 지인의 소개로 하하웃음행복센터를 찾아오게 된 것이다. 처음에는 자기 같은 사람이 웃는다는 건 사치로 생각했다. 그리고 웃음이 나오지 않았다. 원장을 따라하며 겨우 조금씩 웃어가기 시작했고 『웃음에 희망을 걸다』(오혜열, 도서출판 멘토)를 읽으며 자신의 문제를 성찰하기 시작했다.

그리고 깨달았다. 평생 자신의 삶은 단 하루도 없었다는 것을······. 70년 이상 자신은 누구의 딸, 누구의 엄마, 누구의 며느리, 누구의 아내, 약사, 교회 권사로만 살아온 것을 깨닫게 된 것이다. 그리고 결심을 하게 되었다. 남은 기간이라도 진정 자기 자신으로 살아보겠다고. 자신의 정체성을 찾고 감사의 조건들을 매일매일 찾으며 내면의 기쁨이 솟아오르는 것을 발견하게 되었다.

웃음도 자연스럽게 나오기 시작했다. 정신과 약도 많이 줄이게 되었다. 동창회도 나가게 되었고 힘들게 사는 친구들에게 오혜열 원장의 책을 나눠 주면서 자신의 이야기를 해주기도 하였다. 그녀는 진정 자신을 찾은 기쁨을 하하웃음행복센터 모든 이들에게 공개하고 삶을 나누기도 했으며 봉사자, 강사 양성 코스에도 참여해 열정적으로 자신의 삶을 찾아가고 있다.

누구나 진정 자기 자신의 삶을 살기를 원한다. 그래야 가족 구성원이나 친구들도 행복해질 수 있다. 그렇지만 진정으로 자신의 삶을 살아가는 사람들이 많지 않다. 그리고 자신을 둘러싼 모든 환경과 여건이 그렇게 만든다고 생각한다.

어떤 이들은 자신만의 굴을 깊게 파고 그 속에서 안주하며 밖으로 나오려 하지 않는다. 그러다가 인생의 큰 위기를 겪으면서 자신을 발견하고 한 단계 성숙된 인격과 의식 레벨을 높여 가기도 한다.

하하웃음행복센터를 운영하면서 많은 이들과 늘 함께 신나게 웃는다. 그런데 이 웃음은 그냥 단순한 웃음이 아니다. 근심, 걱정, 시기, 질투, 미움, 불안, 분노, 슬픔, 고통, 두려움, 절망 등을 이겨내고 진정 자기 자신을 찾아갈 수 있도록 자존감을 높여주는 진정한 나를 찾아가는 여행으로의 웃음인 것이다. 그래서 자신을 찾은 이들은 기쁨이 충만하고, 감사가 충만하고, 각종 질병을 치유하고, 힘든 상처들을 회복하고 있다.

웃음이라는 간단한 수단과 방법이 이리도 많은 기적을 가져올 줄은 하하웃음행복센터를 시작할 때까지만 해도 잘 몰랐었다. 해가 거듭될수록 웃음의 힘은 더욱 멋진 결실을 맺게 하는 에너지가 되고 있다. 웃음은 진정한 나를 찾아가는 여행이다.

# 6
## 인생은 해석

미켈란젤로가 어느 날 저녁 몇몇 친구들과 함께 이야기하며 한가로운 시간을 보내고 있었다. 서로서로 참석하지 않은 사람의 좋지 못한 습관이나 말버릇, 명예롭지 못한 면을 들추어 화제로 삼기 시작했다.

도마에 오른 사람은 인격이 난도질 당하고 본인이 들으면 큰 상처를 입을 만한 뒷담화가 오가고 있었는데 미켈란젤로는 이 담화에 끼어들지 않고 조용히 생각을 하고 있었다. 그러자 친구가 물었다.

"자네는 우리 대화에 관심이 없는가?"

"나는 그림에만 관심이 있다네."

친구들은 미켈란젤로의 그림에 관심을 갖고 보았다. 그는 열심히 그림을 그렸는데 이상하게도 흰 물감으로만 화폭에 가득 칠하는 것이었다.

"아니 무슨 그림인데 흰 물감만 화폭 가득 칠하나?"
그때 미켈란젤로는 아주 조그맣게 까만 점 하나를 찍었다.
"자네들은 내 캔버스에서 무엇을 보나?"
친구들은 한참 진지한 눈빛으로 캔버스를 쳐다보다가 말했다.
"우리들은 저 조그만 까만 점을 보고 있네."
미켈란젤로가 대답했다.
"나는 자네들이 까만 점만 보리라고 짐작했네. 내가 보는 것은 까만 점을 뺀 넓고 하얀 부분이라네."
우리도 마찬가지로 우리 인생의 오점이나 부끄러운 점, 다른 이의 단점이나 잘못, 세상의 어두운 면에 초점을 맞춰 바라보고 있지 않을까? 어느 곳을 바라보느냐에 따라 그 사람의 행복과 불행은 선택되는 것이다.
어느 여름 날 가난한 젊은이가 배가 고파서 햄버거 가게에 가서 햄버거를 사들고 밖에 있는 등나무 그늘 밑 벤치에 앉아 햄버거를 먹고 있었다.
그때 고급 승용차 한 대가 길옆에 멈추어 섰다. 그리고는 비서인 듯한 젊은 여성이 햄버거 가게에 들어가 햄버거를 사다가 차 속에 있는 남자에게 주는 것이었다.
젊은이는 이런 생각을 했다. '나도 멋진 비서가 사다주는 햄버거를 저런 고급 승용차 안에서 편하게 먹는다면 얼마나 좋을까? 이 더운 날 땀 흘리며 벤치에 앉아 햄버거를 먹는 내 신세가 처량하구나.'
그런데 차 속에서 햄버거를 먹던 남자도 이 젊은이를 바라보면서 이렇게 생각했다. '나도 저 젊은이처럼 다리가 건강해서 내 손으로 햄버거를 사 먹을 수 있다면 얼마나 좋을까? 탁 트인 공원 벤치에 혼자 걸어가서 앉아 점심을 먹을 수 있다면 행복할 텐데…….'

두 사람은 서로의 처지를 몰랐기 때문에 서로 부러워하고 있었다. 상대방을 알게 된다면 자신은 불행하다고 한탄하지 않았을 것이며 오히려 감사하는 마음이 들었을지도 모른다.

그래서 우리는 역지사지로 생각해 보는 습관이 필요하다. 자기에게 주어진 현실에 대해 늘 감사하는 습관과 연습이 필요하다. 이것이 자신을 행복하게 하는 비결이다.

하하웃음행복센터의 급훈은 "인생은 해석, 행복은 선택"이다. 세상의 어느 면을 바라보고 어떻게 해석하는가 하는 것은 개인의 주관적 선택사항이다.

미켈란젤로의 친구들이나 햄버거를 먹고 있는 두 남자처럼 부정과 어두운 절망을 바라보고 세상 모든 사건을 그렇게 해석할 수 있다.

우리는 우리가 바라보고 해석하는 쪽으로 걸어가게 된다. 그러나 부정과 절망에 초점을 맞추면 긍정과 희망에는 초점을 맞출 수 없다.

그래서 하하웃음행복센터에서는 아무리 어렵고 고통스러운 일이 나에게 오더라도 무조건 긍정적이고 희망적인 해석을 하도록 훈련한다. 이런 훈련을 통해 자신의 삶을 바꾸어 보는 것이다. 그래서 우울증에서 벗어나기도 하고 많은 생활습관병으로부터 치유되는 기적이 나타난다.

바라보는 대로의 인생, 해석하는 대로의 인생, 이왕이면 긍정과 희망으로 인생과 세상을 바라보자. 그래서 행복을 늘 선택하며 살자.

# 7
## 평생 웬수

아주 오래전에 할머니, 할아버지 부부들이 나와서 서로 질문하고 답을 맞히는 퀴즈 프로그램이 있었다. 그곳에서 할아버지가 먼저 질문했다.

"당신하고 나하고 사이를 뭐라고 그라지?"

제시된 답은 잉꼬부부였던가?

그러자 할머니가 지체 없이 대답했다.

"웬수."

할아버지가 다시 물었다.

"당신과 나의 관계. 네 글자로……."

할머니는 주저하지 않고 대답했다.

"평생 웬수!"

남녀가 서로 사랑하여 결혼을 할 때 검은머리가 파뿌리 될 때까지 아니 죽음이 우리들을 갈라놓을 때까지 서로 아끼고 사랑하겠다는 열렬한 서약을 하며 결혼생활을 시작한다.

그러나 현실은 녹녹치 않다. 신혼여행이 끝나기도 전 그 서약이 깨지는 성격 급하고 개성이 강한 부부도 있다. 사랑의 유효기간은 생리학적으로 그리 길지 않다.

미국의 리처드 루커스 교수팀(미시간주립대)이 이 만여 명의 부부들을 15년에 걸쳐 조사한 결과 결혼으로 부풀어 오른 행복감은 결혼생활에 돌입하며 바람이 빠지기 시작하여 평균 2년이 지나면 본래 원점으로 돌아온다고 한다.

살다보면 자신의 생활습관과 다른 모습이 보이고 단점들이 보이기 시작하며 잔소리가 늘어가게 되고 작은 말씨 때문에 서로 불만이 늘어간다. 그리고 그 불만은 배우자를 무시하고 험담하고 비난하고 서로에게 상처를 주는 말들로 발전해 간다.

그런 모습이 반복되면 서로를 신뢰할 수 없게 되고 결국은 무관심과 대화의 단절로 이어지게 되어 가장 가까워야 할 부부가 웬수가 되어 이혼을 생각하고 참고 살다보면 평생 웬수가 되어 한탄과 자조 속에 삶을 살게 되는 것이다.

그래서 원만한 결혼생활을 위해서는 사랑의 행복감에서 멀어지기 전에 결혼 초기에 가졌던 정열과 애정을 동반자로서 보살펴주고 따뜻한 온정을 베풀며 동지적 의식으로 승화시켜 나가야 계속적인 사랑을 지속할 수 있다는 것이 루커스 교수팀의 결론이다.

그러나 그렇지 못해서 이혼을 감행하는 커플들이 점점 늘어나고 있다. 2011년 우리나라에서는 32만 9,000쌍이 결혼을 하였는데 그해 이혼한 쌍은 11만 4,300쌍이나 달했다. 세 쌍이 결혼하면 다른 한 편에서는 한 쌍 이상이 이혼하는 형국이 된 것이다.

그리하여 우리나라 이혼율이 세계 최고라는 불명예를 나타내고 있다. 인구 1,000명 당 2.3명으로 세계 최고 이혼율이다. 특히 남자 55세 이상의 황혼 이혼율은 매년 가파르게 증가하여 과거 일본의 현상을 뛰어넘어 증가하고 있는 추세이다.

이는 우리나라가 생존경쟁에 너무 내몰려 치열한 삶을 살아오면서 부부생활에 대한 기본 교육이 전무하였고 특히 인간의 행복에 대한 지식과 교육이 전혀 없었던 결과이기도 하다.

지금부터라도 늦지 않았다. 모든 부부들을 대상으로 또는 예비부부들을 대상으로 가정과 행복에 대한 교육을 국가적 차원에서 필수적으로 행하여야 한다.

구소련에서 태어나 미국으로 귀화한 캘리포니아대 행복심리학 교수인 소냐 류보머스키는 간단한 행동 지침만으로도 이혼을 많이 줄일 수 있다고 한다. 즉 매일매일 5분 동안만이라도 배우자를 기분 좋게 해줄 수 있는 말이나 행동을 생각하고 이를 실천에 옮기면 행복한 결혼 생활을 유지할 수 있다는 것이다. 그녀는 이를 '5분의 기적'으로 표현하였다.

거창한 이벤트나 고백이 필요한 게 아니다. 따뜻한 말 한 마디, 무시하지 않고 잘 들어주기, 어깨 감싸주기, 등 두드려주기, 안마해주기, 손잡기 등 우리나라 남편들이 소소해서 잘 하지 못하는 것들이 부부생활의 행복을 지켜주는 열쇠라는 것이다.

고트만이라는 심리학자는 한 번 부정적인 말을 하였을 때 최소 다섯 번 이상의 긍정적인 말이나 행동을 하여야 상쇄 된다고 주장한다.

그러나 모든 것의 시초는 따뜻한 미소로 전하는 부드러운 눈길이다. 부부관계가 소원하였던 사람들이 웃음을 배우고 나서 새롭게 부부관계가 좋아지고 웃다보니 행복한 가정으로 변화되는 것을 많이 보게 된다.

그래서 남편들로부터 감사의 인사를 받는 일도 늘어나고 하하웃음 행복센터의 어떤 이는 "웃음 바다"라는 시를 써서 부인이 웃고 난 후 달라져 집안이 웃음 천국이 된 것을 감사하는 메일을 보내주기도 한다.

평생 웬수에서 다시 한 번 잉꼬부부로 새롭게 태어나는 비결은 웃음에 그 열쇠가 있다.

웃자! 웃자! 웃자! 일단 웃자! 하하…….

# 8

# 감사의 조건

군대 시절 부산 ○○지역에 문서 마이크로 필림화 작업 때문에 파견근무를 한 적이 있다. 오륙도 섬이 보이는 절경의 장소라서 파견 간 순간 황홀했다.

중식 후 바닷가로 내려가 볼 심산으로 걸어가는데 누가 크게 소리를 지르며 무어라고 한다. 얼굴을 돌려 쳐다본 순간. 아뿔싸, 코가 없이 콧구멍만 두 개 보인다. 흔드는 손에는 손가락이 보이지 않는다. 한센씨병에 걸린 환우였다. 그곳에서 그들은 집단생활을 하며 양계를 하여 생계를 꾸려가고 있는 것이었다.

근래에 들어 코 모양이 마음에 들지 않아 불만인 사람들이 많다. 조금만 더 높았으면… 조금만 더 길었으면……. 그래서 코를 고치려고 성형외과를 찾는 여성들이 많다.

한센씨병에 걸린 이들이 보면 얼마나 웃기는(안타까운) 처신들일까?

납작코든 매부리코든 있는 것만으로도 얼마나 감사한 일인가?

시각장애인센터에 가서 웃음 치료로 봉사할 기회가 여러 번 있었다. 보이지 않아 따라하지 못하기 때문에 일일이 말로 설명하느라 힘이 훨씬 더 든다. 그러나 열심히 따라 하려는 그들의 모습은 더욱 숙연하고 열심을 다해야겠다는 다짐을 다시 한 번 하게 된다.

그들이 선천적으로 시각장애인이 된 경우는 적다고 한다. 살다가 사고나 질병 등으로 인해 시각장애를 입게 된 것이다. 대개의 경우 2년 정도는 밖으로 나올 생각을 하지 못한다. 그 충격이 너무 커서 삶을 포기하려고 하는 이들도 많다. 새롭게 마음먹고 살아가려고 나오는데 걸리는 시간이 보통 2년이라고 한다. 그 2년간 가족들은 살얼음판을 걷는 삶이 계속된다.

노안이 와서 불편함을 호소하는 이들이 많아진다. 눈이 작거나 다른 불만이 있어 쌍꺼풀 수술을 하는 이도 많다. 그러나 볼 수 있다는 것만으로도 얼마나 큰 축복을 받고 사는 인생인가?

젊었을 때 우리는 사중창단을 만들어 병원에 이브닝콰이어로 봉사한 적이 있다. 13층에서부터 지하 재활병동까지 각 층마다 2곡씩 20여 곡을 불러야 끝이 났다.

가끔 중환자실을 지날 때면 입으로 음식을 먹지 못해 식도에 구멍을 내고 알맞은 온도의 미음을 부어 위까지 공급하는 이들을 볼 수 있었다. 그들에게 입으로 씹어서 먹을 수 있다면 얼마나 축복된 일일까?

길을 가다가 또는 전철 안에서 청각장애인들이 수화로 이야기를 나누는 모습을 보기도 한다. 성대를 움직여 입으로 말을 할 수 있다면 얼마나 축복된 일인가?

병원에 가면 흔히 걷지 못해 휠체어에 의지해 남이 밀어줘야만 움직일 수 있는 이들을 보게 된다. 사람은 누구나 자다가 눈을 뜨면 걷는 것이 당연한 줄 알았다는 어느 가수의 말이 생각난다. 자신이 뇌졸중으로 쓰러지고 나서 걸을 수 없다는 사실을 깨닫고 자기 발로 걷는 것만 해도 이것은 너무나 귀한 축복임을 알았다고 했다.

웃음 치유 암 환우들 중엔 수술을 20번 넘게 해서 정상적인 배변활동을 할 수 없는 이들이 있다. 그래서 용변을 호수와 주머니를 통해 배출하고 있다. 대장을 통해 직장을 통해 정상적으로 대변을 보는 것만으로도 축복받은 인생이다.

장애인 올림픽을 보면 한쪽 팔이나 한쪽 다리를 잃고 육상경기나 수영에 도전해 좋은 성적을 거두는 이들을 보게 된다. 그런 장애를 딛고 그들은 희망의 메시지를 전하고 있다.

그러나 우리 가운데는 두 팔, 두 다리를 멀쩡히 가지고도 자신의 삶을 비관하고 열등의식에 사로잡혀 자신을 학대하는 이들도 많다. 두 팔, 두 다리, 손가락, 발가락 다 있다는 것이 얼마나 큰 축복인가?

감사에는 조건이 없다. 주어진 모든 것에 무조건 감사할 따름이다. 조건 때문에 감사하는 것이 아니다. 살아 있다는 존재만으로도 감사하기에 충분하다. 웃다보면 ~때문에 감사하는 것에서 존재로서의 감사로 바뀌게 된다. 조건을 보자면 감사 못할 조건은 하나도 없다.

나와 너의 존재, 세상 만물이 각자의 위치에 존재하는 것에 대해 감사하게 될 때 참된 행복이 찾아올 것이다.

웃는 데는 조건이 필요 없다. 그냥 살아 있기 때문에 웃는 것이다.

# 9

## 슬로시티 Slowcity

터키 서해안에서 48km 떨어진 작은 섬, 인구는 1만 명 정도이고 이 섬의 이름은 이카리아이다. 그리스에 속한 이 섬이 장수촌으로 유명해졌다. 인구 1만 명 중 100세 이상이 75명인데 이는 미국의 90세 이상 노인 비율보다 2.5배나 많다고 한다.

이 섬이 알려지기 시작한 것은 내셔널 지오그래픽의 지원을 받아 세계 장수 지역을 연구 중에 있는 댄 뷰트너Dan Buettner 기자가 『블루존(BlueZone 세계의 장수마을)』이란 저서를 발간하면서부터이다.

어떤 이는 미국에 살면서 1976년 10명의 의사로부터 "폐암으로 9개월밖에 못 산다"는 진단을 받고 고향인 이곳 이카리아 섬으로 돌아왔다. 그는 이카리아식으로 삶을 바꾸어 살면서 현재 97세이며 정정하게 살고 있다.

그가 미국에 방문할 기회가 있어 자신을 진단했던 의사들을 찾았으나 10명 모두 죽고 없더라고 했다. 그는 미국에서 돌아오자마자 동네 친구들과 자정까지 도미노 게임을 즐기면서 늦게 자고 늦게 일어나기를 하며 밤낮없이 이웃과 어울려 지냈다.

돈 버는 욕심은 아예 버리고 자신이 먹을 만큼만 농사를 지어 연간 1,500ℓ 정도의 와인을 생산한다. 자기 집은 자기가 고치고 사생활은 없이 이웃에 참견하고 수다를 떠는 생활을 하였다. 식사는 와인 반주를 곁들여서 염소젖, 산채, 자신이 생산한 감자, 콩 그리고 올리브 오일과 집 근처에서 생산된 벌꿀, 요거트 정도가 먹을거리의 대부분이었다.

그는 손수 재배한 신선한 야채와 올리브 오일과 적당량의 와인을 대화를 즐기면서 여유 있게 먹는 습관을 장수의 비결로 꼽았다. 그들은 전형적인 슬로우 생활을 즐긴다. 그래서 시계를 차고 다니는 사람도 거의 없고 점심 초대를 하면 손님이 오전 10시에 올지 오후 6시에 올지 알기 어렵다.

"우리는 돈을 중요시 하지 않아요. 우리는 서로서로 나누며 살죠. 음식과 와인을 사는 돈을 빼곤 거의 다 가난한 이들과 나누며 살죠."

이카리아 섬은 '내 섬'이라는 개념보다 함께 어우러져 사는 '우리 섬'이다. 그들에겐 사생활이라는 것이 없다. 이웃집에 숟가락이 몇 개 있는지 시시콜콜한 것도 다 알고 지내며 옆집 아이도 자기 아이처럼 서슴없이 대하며 칭찬도 하고 꾸짖기도 하며 참견을 한다. 섬 주민 모두가 가족처럼, 감시자 역할을 하고 있으니 범죄율도 매우 낮다. 그들의 여유 있고 함께하는 소속감이 장수촌을 만든 것이다.

슬로시티Slowcity의 전형적인 모델이다. 슬로시티는 공해 없는 지역

속에서 그 지역에서 나는 음식과 그 지역의 문화를 공유하고 자유로운 옛날 농경시대로 돌아가자는 느림의 삶을 추구하는 국제 운동이다. 슬로시티로 지정받기 위해서는 인구 5만 명 이하이어야 하고, 전통적인 수공업과 조리법, 고유의 문화유산을 지키고 자연 친화적 농법을 사용해야 한다.

현재 영국, 호주, 독일, 이탈리아 등 전 세계 16개국 116개의 도시가 가입되어 있으며 아시아에서는 유일하게 대한민국의 완도군 청산도, 담양군 창평면, 신안군 중도면, 장흥군 장평면이 선정되어 있다.

마음의 여유를 가지고 느리게 사는 삶의 미학, 한 번 각자의 삶에 적용할 만한 가치가 있을 것이다. 현대 사회에서 우리는 너무나 급하게 앞뒤를 돌아보지 않고 바쁘게 달려왔다. 이제는 뒤도 돌아보고 달팽이처럼 느리게 살면서 자신이 진정 추구했던 가치가 무엇인지 뒤돌아볼 때이다. 자신이 살아가는 목적과 이유가 무엇인지 곰곰이 되새겨볼 필요가 있다.

웃다보니 삶의 의미를 깨닫게 되었다. 웃다보니 진정한 행복이 무엇이고 어떻게 해야 행복해지는지 알게 되었다. 웃다보니 지금까지 자신이 추구했던 많은 것들이 중요하지 않음을 깨닫게 되었다.

꼭 장수하기 위해서만 슬로시티의 삶을 닮아가라는 것은 아니다. 삶의 의미와 가치를 재점검 해보기 위해 슬로시티적 삶이 필요하다.

웃으면 장수한다.

웃으면 초조하던 삶이 한층 여유로워진다.

슬로시티적 삶을 사는데 웃음은 필수적이다.

# 10
## 사랑과 정의

아프리카 콩고 지방에 다음과 같은 우화가 전해 내려온다. 항상 친구로 남아 있자고 굳게 약속한 소꿉친구가 있었다. 그들은 커서 각각 결혼 후에도 서로 옆집에 살며 돕고 그들의 농장도 작은 길을 경계로 마주보고 있었다.

어느 날 심술 많은 요술쟁이가 마을에 내려와 그들의 우정을 시험해 보고 싶었다. 요술쟁이는 그들이 열심히 일할 때 가운데 길을 걸어갔다. 요술쟁이가 입은 옷은 오른쪽은 빨간색, 왼쪽은 파란색으로 된 외투였다. 자신이 걸어간다는 것을 두 친구가 알도록 크게 휘파람도 불고 노래도 부르며 지나갔다.

하루가 저물고 일이 끝나자 한 친구가 다른 친구에게 물었다.

"아까 빨간색 외투 입고 지나가는 사람 봤어?"

"빨간색이 아니고 파란색 아니었어?"

한 친구가 다른 친구에게 대답했다.

"아니야, 분명 빨간색이었다구."

"아닌데, 분명 파란색이었는데……."

"내가 분명히 봤다구. 빨간색이었어."

"나도 분명히 봤다니까 파란색 입고 가는 걸."

먼저 친구가 소리쳤다.

"너, 나를 바보로 보는 거야? 분명히 빨간색 맞다고!"

"너야말로 나를 바보로 보는구나. 분명히 파란색 맞아!"

"빨간색!", "파란색!", "빨간색!", "파란색!"

급기야 그들은 서로 주먹다짐을 하고 싸우기 시작했다. 그때 요술쟁이가 다시 나타났다.

"이제 너희들 우정은 끝난 거야."

자신의 외투를 보여주며 바보같이 싸운 그들의 우정을 비웃었다. 그러자 두 친구가 요술쟁이에게 대들었다.

"우리는 지금껏 형제처럼 살아왔다. 오늘 이렇게 싸우게 된 것은 모두 요술쟁이 네 탓이야! 당신이 우리 사이에 싸움을 붙인 거라고."

요술쟁이가 대답했다.

"너희들 싸움을 내 탓으로 돌리지마. 나는 너희들이 싸우도록 만들지 않았어! 너희들은 자신의 관점에서만 보고 주장한 거야. 내가 싸우게 만든 것이 아니고 너희들이 서로 옳다고 자기 주장만 한 것이 싸움의 원인이야."

젊은 엄마가 유치원쯤 다닐 만한 두 아들을 데리고 음식점에 들어왔다. 그녀는 음식을 주문한 뒤 멍하니 창밖을 응시하고 있었다. 두 아들은 슬슬 돌아다니며 장난을 치기 시작했고 옆 테이블의 물 컵을 쏟아 버렸다. 젊은 엄마는 관심도 없는 듯 멍하니 창문 밖만 쳐다보고 있었다. 손님들은 수군거리고 비난하기 시작했다.

"뭐 저런 엄마가 다 있어?"

"아이들 단속 좀 해요."

"요새 젊은 엄마들은 아이들 예절교육은 빵점이라니까."

"지새끼들만 최고인 줄 안다니까요."

그래도 젊은 엄마는 실성한 듯 창밖만 쳐다보고 있었다. 참다못한 음식점 직원이 와서 "손님" 하고 정색하며 부른 후에야 직원을 쳐다봤다.

"손님, 어디가 편찮으세요?"

그러면서 손을 붙잡아 주었다. 그제야 젊은 엄마는 정신이 드는지 아이들을 쳐다보면서 이렇게 이야기했다.

"저 아이들을 어쩌죠?"

"암이래요. 말기… 조금 전 의사선생님이 그랬어요. 3개월밖에 못 산대요."

젊은 엄마의 눈에 눈물이 그렁그렁 맺혔다. 그 순간 젊은 엄마를 향해 비난을 하던 손님들의 마음이 갑자기 측은과 연민의 마음으로 바뀌었다.

"어머, 그것도 모르고……."

"그런 사정이 있을 줄이야."

"아이고 저 어린 것들은 어쩌누?"

우리가 살면서 가장 쉽게 빠질 수 있는 좋지 못한 습관 중의 하나가 다른 사람을 비판하는 습관이다. 다른 사람에게 어떤 사정이 있는지, 어떤 상처가 있는지, 어떤 아픔과 고통이 있는지 알아보려 하지도 않고 나만의 불편을 앞세우고 나만의 잣대로 판단해서 비판을 가하는 것이다. 물론 자신의 주장이 옳다고 생각하기 때문에 비판한다.

그러나 옳은 것이 중요한 것이 아니라 서로 행복한 것이 중요하다는 것을 잊고 있다. 우리 모두 다 같이 행복하려면 자기의 주장에 앞서 다른 이를 이해하고 배려하고 사랑으로 감싸주는 마음이 먼저 필요하다.

사랑과 정의가 충돌하면 항상 사랑이 이기도록 해야 한다.

암! 그럴 수도 있지! 우하하하~~~~

그럴 수도 있지 웃음을 계속 연습하고 습관화하면 비판이나 옳은 주장을 앞세우는 것을 넘어 행복하게 존재하는 비결을 터득하는 것이다.

# 11

## 디지털 디톡스

학원에서 수업 중 스마트폰으로 문자를 보내든지 SNS를 하는 학생들을 종종 보게 된다. 스마트폰을 3,000만 명이 사용하는 시대에 접어들었고 스마트폰 중독이라는 새로운 현상이 순식간에 유아로부터 청장년에게까지 폭넓게 나타나게 되었다.

10대들은 밥 먹으면서도 문자 보내기에 빠져 있고, 20대 연인들은 서로 만나도 폰 갖고 놀기 바쁘며, 30대는 직장 회의 때도 몰래 주식을 하며, 40대는 트위터나 페이스북에 빠졌고, 50대 주부들은 카카오톡으로 수다 떨기에 바쁜 시대이다.

스마트폰은 대한민국 국민의 일상 풍경을 송두리째 바꾸어 놓았다. 과거에 컴퓨터 앞에 앉아야 연결되던 인터넷 세상이 이제는 손바닥 안으로 들어온 것이다. 청소년들이나 청년들은 미친 듯이 문자를 주고받는다. 지하철 안에서도, 학교에서도, 길을 걸으면서도 주고받는다.

중장년들도 카카오톡, 카카오스토리, 트위터, 페이스북 등에 등산을 가면서도, 산책을 하면서도, 지하철로 이동 중에도 소셜 네트워크 서비스SNS에 빠져 살고 있다.

30대 후반인 여성 직장인 L씨는 퇴근 뒤에도 잠들기 전까지 스마트폰에 빠져든 지 꽤 오래 되었다. 남편과 함께 침대에 누워서도 각자 뉴스 검색, 인터넷 쇼핑, 트위터, 영화 등을 즐긴다. 그러다가 옆에 있는 남편에게 카카오톡을 보내기도 한다. "지금 뭐해?" 남편은 말도 하지 않고 카카오톡으로 대답한다. "트위터 보는 중" L씨가 재미있는 유튜브 동영상을 남편에게 보내주면 킥킥 웃다가 소셜 커머스 사이트에서 발견한 괜찮은 가전제품이나 공연 티켓 등의 정보를 카카오톡으로 알려준다. 여기에 대해 아내 L씨는 "별로네" 또는 "괜찮은데" 등의 반응을 카카오톡으로 보낸다. 그러다가 각자 스마트폰에 또 다시 집중하게 된다.

이런 스마트폰 중독은 집에서나 초·중·고교, 대학, 직장에서도 만연되어 있다. 2011년 여성가족부가 전국의 초등학교 4학년 이상부터 고교생까지 6,514명을 대상으로 실시한 조사결과에 따르면 2010년 5.8%에 불과했던 스마트폰 보유율이 1년 사이 6배나 증가해 36.2%를 기록했다. 이 중 스마트폰이 없으면 불안하다는 응답을 한 학생이 24%나 차지했으며 11%는 스마트폰이 울린다는 착각을 자주한다고 답했다. 스마트폰 중독률은 8.4%로 인터넷 중독률 7.7%보다 높았고 이 중 10대 중독률은 11.4%나 되는 것으로 조사되었다.

미국 시카고대학의 호프만 교수는 스마트폰 중독성이 담배나 알콜보다 더 강할 수 있다는 연구 결과를 발표했다. 호프만 교수는 중독성이 높은 이유를 최근 소식을 즉각 확인하고 싶은 사회적 관계의 욕구 때문이라고 해석하였다. 또한 매끄러운 터치 등의 새로운 기능들도 중독을 부추기는 데 한 몫을 하고 있다고 한다.

하버드대 정신의학과 존 레이티 부교수는 휴대전화가 소리를 내며 반짝일 때 그것을 보는 사람들은 도파민 호르몬의 세례를 받는 것이라고 말했다. 도파민은 뇌에서 쾌락을 불러일으키는 신경전달 물질이다. 스마트폰 중독은 처음에는 재미있고 궁금해서 반복하던 행동에 뇌가 익숙해지는 것이다.

필자도 시간이 날 때마다 스마트폰을 쥐고 꽃이나 풍경, 호기심이 발동하는 것 등을 카메라로 담아 카카오스토리에 올리는 것에 빠지는 것을 보아 더 열중하면 중독이 될 것 같아 요새는 출근해서 30분, 퇴근해서 30분만하기로 정하였다.

사이버대학의 한 상담심리학 교수는 "상처받기 싫어하고 의존적인 성향의 사람이 직접적 대화를 피해 간접적인 인간관계를 맺으려는 경향이 있다"고 하였다. 그래서 현대인들은 점점 스마트폰에 빠져드나 보다.

우리 일상생활에서 스마트폰을 빼보자는 운동이 해외에서 일어나고 있다. '디지털 디톡스' 운동이다.

미국의 호텔들은 휴가철을 맞아 '디지털 디톡스 프로그램'을 실시하고 있는데 이것은 숙박객들이 스마트폰, 노트북, 태블릿 PC를 가져오지 않거나 체크인할 때 보관 요청을 하면 객실료 15%를 깎아주는 할인 혜택을 시작했다. 아예 '디톡스 룸'이란 곳을 만들어 TV를 갖다놓지 않고 보드게임이나 고전 책들을 구비해 놓고 있다.

미국 비영리 예술인 단체 리부트는 3년 전부터 3월 23일을 "디지털 없는 국경일"로 정해 24시간 컴퓨터나 스마트폰을 사용하지 않는 운동을 하고 있다.

그곳의 서약문은 다음과 같은 내용들로 채워져 있다.

"컴퓨터나 휴대전화를 꺼라. 끊임없이 보내는 E-mail과 문자메시지를 멈춰라. 세상 돌아가는 것을 알아내려고 시간을 보내는 트위터나 페이스북을 관둬라. 사랑하는 사람과 연락하라. 건강을 돌봐라. 밖으로 나가라. 보답하라. 함께 밥을 먹어라."

우리나라도 스마트폰에서 해방되는 날이나 시간을 정해 각자 이를 지키는 노력이 필요하다. 그렇지만 개인의 노력만으로는 한계가 있다. 사회적 운동이나 국가적 차원의 정책으로도 함께 실시해야 할 것이다. 그리고 올바른 SNS 문화에 대한 끊임없는 교육이 필요하다.

세계적 네트워크인 구글 회장 에릭슈밋도 이렇게 말했다.

"컴퓨터를 꺼라. 휴대전화도 꺼라. 그러면 주위에 사람들이 있다는 것을 발견하게 될 것이다. 첫발을 떼는 손자 손녀의 손을 잡아주는 것보다 더 소중한 순간은 없다."

인터넷이나 스마트폰으로 행복해 하는 사람들도 물론 많다. 결코 디지털이 나쁜 게 아니다. 문제는 중독이며 균형의 상실이다. 하루 30분만 나가서 걷고 만나는 사람들에게 웃음을 보내면 이런 문제들은 저절로 해결될 수 있다.

디지털에서 잠시 벗어나 웃어보자. 사람과 사람 사이에 스마트폰을 잠시 거두고 웃음을 집어넣어 보자. 휴대폰은 잠시 꺼둬도 좋다.

오늘도 웃어서 행복하라.

# 12
## 좌뇌를 활성화시키면 행복하다

등산을 하다 보면 종종 예기치 못한 환경에 노출되는 경우가 있다. 필자는 20년 가까이 야간 등산을 하였지만 예상치 못한 일기에 가끔은 곤란을 겪는다. 도봉산에서 밤 10시를 조금 넘겨 휴식을 취하고 있을 때였다. 빗방울이 떨어지는 듯하여 나무와 나무 사이에 우의를 걸쳐 비를 피하려고 했다. 그런데 갑자기 돌풍이 불며 빗방울은 우박으로 변했다. 판초 우의는 비바람에 날아가고 손가락은 시려오다 못해 얼어붙어 움직이기도 힘들었다. 온몸은 벌써 다 젖었고 우박으로 얼굴을 들기조차 어려웠다. 짐도 꾸릴 수 없어 양손에 닥치는 대로 들고 일단 피하기로 했다.

그때 근처에 바위 밑으로 조금 파여 있는 장소를 발견했다. 네 사람이 뛰어들어가니 그런대로 비바람과 우박을 피할 수 있는 공간이 되어 안심이 되었다. 바닥은 뽀송뽀송하였고 배낭 속 따뜻한 옷을 꺼내 입었다. 체온을 올리기 위해 보온병 속의 따듯한 커피를 마시며 얼어 있는 몸을 녹였다. 따듯한 기운이 온몸에 퍼지면서 이렇게 아늑하고 쾌적한 굴이 있다는 것이 너무 행복했다. 조금 전까지 불쾌하고 심지어는 절망감까지 몰려왔는데 지금은 오히려 쾌적하고 느낌이 좋았다. 불과 5분도 안 되는 사이에 이런 감정의 변화는 어디서 오는 것일까? 뇌의 반쪽이 손상을 입으면 감정세계는 혼란에 빠진다. 뇌출혈로 인해 좌뇌 전두엽이 손상된 환자들은 심한 우울의 감정들을 나타낸다. 반대로 우뇌 전두엽이 손상된 환자들은 계속 명랑한 행동을 보인다. 나타나는 감정이 그런 것이지 사실은 둘 다 현실감각은 현저히 떨어진다.

　남들 앞에서 말하기를 두려워하는 사람이 공적인 자리에서 남에게 나서서 이야기할 때는 그 스트레스로 인해 우측 전두엽이 매우 강렬하게 반응한다고 한다. 어린아이들에게 아주 신 레몬을 주었을 때 우뇌에서 강한 뇌파가 흘러나왔고 반면 달콤한 음료수를 먹였을 때는 좌뇌가 매우 강한 반응을 보였다.

　결과적으로 좌뇌가 좀 더 긍정적인 감정의 발생에 기여하고 우뇌는 부정적인 감정을 발생하는데 기여한다는 것이다. 즉 좌뇌는 우리가 무엇을 해야 할지에 더 많은 반응을 나타내고, 우뇌는 우리가 무엇을 하지 말아야 할지에 더 많은 반응을 하고 있는 것이다. 우뇌가 더 강하게 작동하는 사람들은 부정적인 느낌을 제대로 조절하지 못하고 성격도 내성적이고 염세적이며 신뢰보다는 불신이 더 많이 작용한다. 그래서 작은 불행에서도 더 극단적인 생각을 하고 평균 이상으로 우울증에 걸릴 확률이 높으며 일반적으로 불행에 잘 빠진다.

　반대로 좌뇌가 강하게 발달한 사람들은 대부분 행복한 사람들일 가능성이 높다. 자긍심이 강하고 낙관적이고 여유 있는 태도를 보이며 다른 사람들과 대화나 어울리는 일도 어려워하지 않는다.

미국 위스콘신대학의 신경심리학자 리처드 데이비슨은 우뇌가 활동적인 그룹과 좌뇌가 활동적인 그룹으로 나누어 실험을 하였다. 그들에게 심각한 수술 장면이 담긴 영화를 보여주었을 때 우뇌가 더 활동적인 그룹이 더 혐오감과 공포심을 나타냈다. 그러나 재미있고 즐거운 모습의 영화를 보여주었을 때는 좌뇌가 더 강하게 활동하는 그룹이 훨씬 더 많은 기쁨과 웃음을 보였다.

따라서 우리는 좌뇌가 강하게 활동하는 사람인지 우뇌가 강하게 활동하는 사람인지에 따라 우리 인생이 핑크빛인지 잿빛인지가 결정난다고 할 수 있다. 좌뇌가 주도적인 역할을 하는 사람은 살면서 부딪히는 불쾌한 일들을 잘 처리할 뿐 아니라 신체적 질병도 더 잘 이겨낼 수 있다는 것을 데이비슨 교수는 밝혀냈다. 좌뇌형은 박테리아와 바이러스를 죽이는 면역세포들도 혈액 속에 더 많이 갖고 있고 코르티솔 같은 스트레스 호르몬도 더 적게 방출하는 것을 알아냈다.

그래서 좌뇌를 활성화시키는 방법을 배운다면 부정적인 감정을 잘 조절할 수 있고 인생을 훨씬 더 행복하게 살 수 있다. 좌뇌에는 웃음을 유발하는 신경세포가 있다. 그 신경세포의 넓이는 약 $4cm^2$라고 밝혀졌다. 웃음 근육들을 움직여 웃게 될 때 좌뇌는 매우 활발하게 활동하게 된다. 얼굴에 있는 20여 개의 웃음 근육을 인위적으로 움직이면 좌뇌가 활성화된다. 이것을 안면 피드백 효과라고 한다. 그래서 우리 삶을 긍정과 희망의 길로 안내한다. 행복하게 되는 것이다.

지금부터 좌뇌를 활성화하기 위해 웃음 시작!

# 13

# 비타민 L

오늘 아침 J일보에 실린 한 베트남 여인의 편지가 눈길을 머무르게 했다. 쌍둥이를 임신했으나 쌍태아 수혈 증후군이라는 희귀한 질병 때문에 정신적·경제적으로 힘들었을 때 자신을 수술해 준 의사 선생님께 보낸 편지였다.

"안녕하세요. 교수님께서 수술해 주신 베트남 엄마입니다. 지난해 말 쌍둥이 임신 소식을 들었어요. 남편이 어찌나 기뻐하던지 매일 싱글벙글 하는 표정이었죠. 세 살 난 첫째 딸도 별 고생 없이 낳았기에 우리 부부는 그저 하루하루 두 아이 낳을 날만 기다렸답니다.

그런데 지난 2월, 집 근처에 있는 산부인과에서 정기진료를 받는데 의사 선생님 표정이 예사롭지 않았어요. 쌍둥이 중 한 녀석이 다른 녀석의 영양을 빼앗아 가는 '쌍태아 수혈 증후군'이라는 질병이라 하더군요. 당장 치료를 받지 않으면 80%는 두 아이 모두 잃는다고 하시더군요. 그래서 큰 병원으로 옮겨 교수님을 뵙게 되었지요. 서둘러 왔지만 수술비 170만 원이 걱정이었습니다. 매일 파지를 모아 팔아서 근근이 하루하루 살아가는 형편이었지요. 수술비는 저희 형편에 버거운 돈이었습니다.

그런데 처음 보는 교수님이 '수술비는 걱정 말고 출산도 책임질 테니 당장 수술하자'고 말씀하셨어요. 눈물이 나왔습니다. 수술은 잘 마쳤고 한 아이는 잃었지만 한 생명을 구한 것도 감사했습니다. 처음 본 저희에게 큰 선물을 주신 교수님께 어떻게 감사의 마음을 표현해야 할지……

이렇게 늦게 편지를 드린 건 한국어가 서툴러 용기를 내기 쉽지 않았어요. 교수님처럼 따뜻하고 사랑과 배려를 베푸는 아이로 키우고 싶어요. 교수님 감사합니다."

이 편지를 받고 수술해 준 의사는 이렇게 답장을 했다.

"그날 남편과 함께 온 산모의 얼굴을 보고 마음이 매우 아팠어요. 수술비가 없어 아이를 잃는다니요. 40분밖에 안 걸리는 간단한 수술이었는데요. 돕는 것은 당연하지요. 신기하게도 수술 날짜가 '발렌타인데이'를 며칠 앞둔 날이었어요. 한국에서는 여자가 좋아하는 남자에게 선물하는 날이에요. 제가 아이에게 초콜릿 대신 준 선물이라고 생각하세요. 지난해 말 수술 장비를 들여온 것도 이 선물을 주기 위한 준비였나 봅니다.

수술이 끝나고 다음 방문 때 건넨 편지를 보고 제 마음이 더 짠했습니다. 삐뚤빼뚤한 글씨였지만 '고맙고 감사하다'는 말이 많이 씌여 있네요. 편지에 '한 아이라도 잘 낳아서 잘 키우는 것이 저에게 보답하는 길'이라고 하셨지요. 제 마음도 꼭 그와 같다는 것을 알아주세요."

잔잔한 감동의 여운이 오래가는 기사였다. 그 기사 상단에는 의사와 산모가 활짝 웃는 모습이 실려 있었다. 그들의 웃음은 정말 순수하고 행복해 보인다. 이러한 아름다운 사연들이 베트남에도 전해져 한국 사람들의 따뜻한 마음이 전해졌으면 한다. 그들이 환히 웃는 모습을 볼 때 삶은 아름답고 살 만한 세상인 것을 또 느끼게 된다. 그들의 웃음이 아름답다.

웃음은 우리가 누려야 하는 삶의 일부이다.
웃으면 우리의 마음은 활짝 열리게 된다.
  좋은 것이든 나쁜 것이든 경계심을 풀게 된다.
웃으면 긍정적이고 발전적이고 보다
  아름다운 자기 삶을 성찰하도록 도와준다.
웃으면 자신감이 솟고 자신에게 만족하므로
  자기라는 존재가 소중함을 알게 된다.
웃으면 자격지심에 빠져들 가능성이 현저히 줄어든다.
웃으면 하루하루를 감사한 마음으로 살아가게 된다.
웃으면 마음이 넓어져 사랑과 배려의 넓이가 넓어진다.
웃음은 몸과 마음이 건강하게 살아가는데 반드시 필요한 요소이다.
웃음은 이 세상을 밝고 맑고 신나는 세상으로 만든다.

그래서 웃음은 누구나 날마다 섭취해야 할 필수 비타민이다. 나는 이 비타민을 '비타민 L'이라고 부른다. 내가 행복하게 살아가는데 꼭 필요한 영양분이다. 베트남 산모와 산부인과 의사는 앞으로 계속해서 비타민 L을 복용할 것으로 믿는다.

# 14

# 어부의 행복

미국의 한 부자 사업가가 두 주간의 휴가를 즐기러 코스타리카 아름다운 휴양지 해변가를 찾았다. 그는 그 지방의 한 어부를 만났는데 물고기 몇 마리만 잡아다가 파는 사람이었다. 그 어부에게 생선을 사다가 맛을 보았는데 맛이 정말 좋았다.

다음 날 또 그 생선을 사려고 그 장소에 갔으나 이미 생선은 다 팔리고 없었다. 실망한 그는 어부와 대화 중 그 어부는 최상의 물고기가 잡히는 장소를 자신만이 알고 있다고 했다. 그렇지만 그 어부는 하루에 대여섯 마리의 물고기만 잡아올 뿐이었다.

이 미국인은 하버드대 MBA 과정을 수료한 사람으로서 그 어부에게 이왕이면 게으른 삶의 방식을 바꾸어 더 열심히 고기를 잡아 많은 수익을 올리게 하고 싶었다.

"몇 시쯤 고기 잡으러 나가시나요?"

"저는 10시 정도까지 자고나서 한두 시간만 고기를 잡습니다."

"다시 물고기를 잡으러 안 나가시나요?"

"네. 오후에 한두 시간 낮잠을 즐기고 저녁에 가족들과 느긋하게 식사를 하죠. 그리고 밤엔 마을에 가서 와인을 마시고 기타를 치며 친구들과 노래하며 즐겁게 놉니다."

"그러지 말고 그 장소에 그물을 내리고 하루 종일 고기를 잡으면 굉장히 많이 잡을 수 있을 텐데요."

"그렇게 많은 물고기를 잡아서 무엇하려고요?"

"그 물고기들을 팔아서 돈을 많이 벌지요."

"돈은 많이 벌어서 무엇하지요?"

"생선가공 공장을 만들어 잡은 물고기들을 가공해서 파세요. 그러면 훨씬 더 많은 돈을 벌 수 있을 겁니다."

"그렇게 많은 돈을 벌어서 무엇을 합니까?"

"그러면 멕시코 같은 나라 좋은 휴양지에 집을 사서 이사가는 거죠. 거기선 매일 아침 늦잠도 잘 수 있고 아이들이랑 재미있게 놀 수도 있죠. 그리고 멋진 저녁 식사와 밤에 친구들과 와인 파티에 노래하며 즐길 수 있지요."

"지금 이미 그런 삶을 살고 있는데 무엇 때문에 그토록 더 힘들여 노력을 해야 한단 말입니까?"

어니젤린스키의 『느리게 사는 즐거움』에 나오는 이야기이다.

물론 너무 돈이 없어 삶의 끼니를 걱정하는 사람들은 서럽고 힘들기에 행복을 느낄 마음의 여유가 없다. 우리는 어느 정도의 기초적 생활을 영위할 만한 수입은 필요하다. 그런데 어느 정도의 기초적 생활을 영위할 만한 수입에 대한 기준이 사람마다 모두 다르다는 것이 문제가 된다. 행복을 위해 반드시 부자가 되어야 하는 것은 아니지만 돈은 행복에 간접적 영향을 미치기 때문에 필요하다. 그렇지만 돈에 대한 욕구를 낮출수록 더 행복해질 수 있는 요건이 성립된다.

대부분의 우리나라 사람들의 삶에 대한 사고방식은 미국의 부자 사업가와 생각이 같다. 먹고 살기 위해 열심히 일을 해야만 한다고 배웠다. 생존 경쟁에서 이겨야 하며 항상 다른 이들보다 앞서 나가야 한다고 배워 왔던 것이다. 치열한 시장주의, 자본주의 사회에 사는 한 돈을 많이 벌어야 하며 그래야 신분 상승과 다른 이로부터 찬사와 부러움을 산다고 생각한다.

언제부터인지 "행복하세요"라는 인사보다 "부자 되세요"라는 인사가 더 많이 오가며 삶의 의미와 가치가 돈을 많이 버는 것에 있는 것처럼 잘못 인식하며 살게 된 것 같다.

가난하지만 매일매일 여유 있고 만족스러운 삶을 즐기고 있는 어부와 성공한 부자이지만 겨우 두 주간의 휴가를 즐길 수밖에 없는 미국인 사업가를 비교할 때 누가 더 행복한가는 자명한 결론에 이른다.

우리가 살아가는 삶의 방식에 대해 잠시 쉬며 다시 한 번 정리해 볼 필요가 있다. 이는 우리 사회와 학교에서 하나의 기준에 의해 우열을 가리고 서열을 매기는 잘못된 가치관에 기인한 것이 많다. 그래서 상대적 우위로만 결정되는 출세에 집착하게 된다. 그리고 살아가면서도 항상 비교하며 우열을 가린다.

옛정을 나누기 위해 모인 동창회에서 조차도 서로의 과거 현재 미래를 견주며 비교의 대상이 된다.

서로 인생에 대한 이해와 격려, 사회봉사 등의 가치관에 대해 이야기하기보다는 학창시절의 성적, 사는 아파트, 타고 다니는 자동차, 출세, 모아 놓은 재산 등에 더 많은 관심을 가지고 서로 비교하고 평가하며 대부분 열등감을 안고 집으로 돌아간다. 여기에 자녀들의 성적, 자녀들의 학교, 자녀들의 직업 등이 끼어들어 교육 출세론을 더욱 부추긴다.

이제 한국 사회도 의식의 혁명이 필요한 때이다. 삶의 의미와 행복의 진정한 가치를 추구하고 교육하여야 한다. 우리 사회 속에 일어나는 수많은 병폐들을 줄여 나가기 위해 마음 공부들을 해야 한다.

한국 사회의 서열화 의식, 비교 의식, 무조건 부자 되기 위해 수단방법을 가리지 않는 노력 등등의 가치관을 바꾸어 진정 존재 지향적으로 서로 부딪히며 정이 다시 살아나고 인간의 향기와 아름다움을 서로 비교하고 이야기하는 세상으로 바꿀 수 있는 의식운동이 필요하다.

한국인들의 긴장하고 경직된 얼굴에 웃음을 되돌릴 수 있는 의식개혁 운동이 일어났으면 좋겠다.

한 사람이 매일 열 사람에게 미소를 보내는 작은 운동부터 하면 어떨까? 마음을 내려놓고 비우고 그 자리에 아름다운 인간의 향기를 채워가는 것이 웃음운동이다.

# 15
## 별은 바라보는 사람의 것이다

야간등반을 하면서 자연히 하늘의 별자리와 별들에 관해 관심을 가지게 되었다. 캄캄한 밤 산 위 바위에 누워 별들을 바라보면 많은 상상의 세계로 빠질 수 있다. 여름의 어떤 날은 굉장히 밝은 별이 직녀성을 향해 매우 빠른 속도로 이동하다가 갑자기 방향을 틀어 백조자리로 이동하며 사라지는 것을 목격하였다. 이 일은 몇 초 사이에 이루어진 것으로 어~어~하다가 산행 동료에게 말할 시간도 갖지 못하였다. (설마 UFO는 아닌 것 같으나 나의 짧은 과학적 지식으로는 설명할 수 없는 진기한 사건을 목격한 것임.) 어떤 날은 실눈 같은 초승달 바로 위에 금성이 떠 마치 파키스탄이나 리비아, 터키의 국기에 새겨진 문양 같은 장면을 보고 경탄한 일도 있었다.

겨울철에는 큰개자리의 시리우스, 작은개자리의 프로키온, 오리온자리의 베텔게우스, 리겔, 황소자리의 알데바란, 마차부자리의 카펠라, 쌍둥이자리의 플룩스, 카스토르 등이 다이아몬드 형태와 정삼각형을 이루며 떠 있다. 늦은 밤 양재천을 걸으면서도 이들을 찾고 상상 속에 함께 걷는 재미도 매우 기쁜 일과에 속하게 되었다.

요즈음 들어 세기적으로 매우 희귀한 현상을 보고 있는 재미와 기쁨이 있는데 다른 이들은 별로 느끼지 못하는 것 같다. 즉 가장 밝은 금성과 두 번째로 밝은 목성을 서쪽 하늘에서 아주 가까이 있는 모습을 초저녁에 보는 것과 한밤중에 화성과 토성을 보는 일이다.

퇴근길 동부간선도로 중랑권 하류지역을 지나던 나는 다이아몬드같이 찬란히 빛나는 금성과 그보다 조금 작은 목성이 서로 손잡은 듯 가까이 밀착해 떠 있는 모습에 끌려 나도 모르게 자동차 속도를 매우 늦추고 별을 바라보았다. 그렇지 않아도 조금씩 밀리는 지역이라 속도를 늦추어도 별무리가 없는 운행이었지만 옆 차선에 있던 차 두 대가 내 앞에 끼어들자 뒤차가 못 참겠는지 연신 빵빵 경적을 울려댄다. (그는 급한지 내 옆 차선으로 끼어 나에게 삿대질 하며 무어라고 하면서 지나갔다.) 그렇지만 그런 일이 세기적인 이 사건을 보는 나의 즐거움을 망치게 하지는 못했다.

누가 그랬던가? 별과 꽃은 바라보는 사람의 것이라고……. 맞다. 별은 나에게 들어와 노래가 되고, 시가 되고, 삶의 아름다움이 되고, 웃음이 되고 있다.

한국은 그동안 초고속 경제성장으로 개인주의가 너무 팽배된 나라로 변하고 말았다. 그래서 도량 있게 인내하고 관용하고 넉넉히 품어주던 인심은 사라져 버렸다. 이로 인해 경제적인 성장으로 물질적 풍요는 누리게 되었지만 너무 많은 가정들이 파괴되고 국민들의 도덕적 가치관은 땅에 떨어지는 더 큰 대가를 치르게 되었다.

그리고 그 물질적 풍요도 상대적 비교로 인해 허탈감과 열등감 그리고 상대적 빈곤감이 더욱더 커지게 되었다. 날로 증가하는 이혼율, 교통사고율, 폭력과 음란문화의 확산, 일진회 같은 십대들의 폭력, 각종 사회적 병폐는 날로 더해 가는 것 같다. 도대체 무엇을 위해 경제발전을 해야 하는가? 하는 회의마저 들게 한다. 세상이 각박해질수록 현대인들은 참을성이 없고, 양보할 줄 모르며 신경질이 많아지고 작은 일에도 쉽게 분노하고 폭력적으로 변한다. 그래서 사소한 일에 목숨을 건다. 『사소한 일에 목숨을 걸지 말라』는 책을 낸 리처드 칼슨은 이러한 현대인들에게 보다 더 풍성한 삶을 살 수 있도록 조언해 준다.

"다른 사람을 탓하지 말고 타인의 잘못을 지적하는 습관을 버려라. 그리고 지금 서 있는 그 자리에서 행복을 찾아봐라. 식물도 길러보고 다른 이에게 친절도 베풀어 보라. 골치 아픈 문제는 일단 접어두고 한걸음 물러서서 세상을 보라. 수시로 변하는 기분에 집착하지 말고 우울할수록 천천히 느긋하게 생각하라. 늘 옳아야 한다는 강박관념에서 벗어나고 사소한 일은 사소하게 여겨라. 행복은 지금 이 순간 바로 당신의 마음속에 있다."

힘들고 우울하고 짜증날 때 일단 한번 웃어보라. 3분 정도만 열심히 큰 소리 내서 웃어보라. 기분이 바뀌고 한걸음 물러서서 세상을 보는 눈이 생겨날 것이다. 그래서 삶의 중요한 것이 무엇인지 생각나게 해 줄 것이다. 별과 꽃들을 바라볼 수 있는 마음을 열어줄 것이다.

사소한 일에 목숨을 거는 무모함에서 벗어나게 해줄 것이다.

"나는 지금 웃어서 행복을 선택한다! 우하하하……."

# 16

## 두려움을 이기는 법

**아**내는 벌을 무서워한다. 시골 집에 갑자기 벌이 나타나면 매우 당황하고 벌이 자기 쪽으로 오면 소리를 지르며 안절부절 못한다. 태연히 있으면 벌은 절대 쏘지 않는다고 이야기해도 소용없다. 기어이 파리채나 신문지를 말아서 잡든지 문을 열고 몰아서 내보내야 겨우 안심을 한다. 아주 작은 벌보다 말벌같이 큰 것이 나타나면 더욱 더 공포를 느낄 정도로 무서워한다. 사실 이성적으로 생각하면 움직이지 말고 가만히만 있어도 벌은 아무 해를 가하지 않는다는 것을 알고 있지만 행동은 그렇게 되지 않는 것 같다.

이 두려움의 실체는 사람마다 다 다르다. 어떤 사람은 개를 몹시 두려워하기도 하고, 어떤 이는 대중 앞에 서서 발표하거나 노래 부르거나 자신을 소개하는 것마저 크게 두려워하기도 한다. 또한 이성을 만나는 것이 두려워 진땀을 흘리는 사람, 회사에서 상사의 말소리만 들어도 두려워하는 사람, 시댁 어른들 앞에 나가는 것을 두려워하는 사람, 낯선 사람들 앞에 서는 것을 두려워하여 집에 누가 찾아와도 선뜻 나서지 못하는 사람, 귀신 같은 존재를 두려워하여 여름 날 납량특집 같은 영화를 매우 싫어하는 사람, 어두운 것을 두려워하며 집안 구석구석 환하게 불을 켜야 안심하는 사람, 승합차 맨 뒤 칸을 매우 두려워해서 항상 앞으로 타는 사람, 높은 곳을 두려워하여 놀이기구를 못타는 사람도 있다.

이렇게 수많은 두려움의 실체를 가만히 들여다보면 매우 비현실적이고 비합리적인 것이 대부분이다. 그렇지만 사람마다 핀잔을 줄 수 있는 성질의 것은 아니다.

우리가 이 세상을 살면서 사실 아무것도 아닌 일에 온 신경을 다 쏟으며 두려워하는 일들이 참 많다. 두려움은 고무풍선 같아서 실제의 크기보다 훨씬 더 부풀어 오르는 것이 그 특징이다. 그래서 두려움을 자주 느끼기 때문에 삶의 당면 과제를 제대로 처리하지 못한다면 두려움은 삶에서 크게 부정적인 역할을 한다고 보아야 한다.

두려움은 나의 상상력이 더해져 크게 부풀어 오른 풍선 같은 것이므로 바늘로 찔러 한번 터뜨려볼 필요가 있다. 회피하지 말고 용기를 내어 부딪쳐보는 것이 필요하다. 못하겠다고 자꾸 회피하다 보면 그 두려움은 점점 부풀어 올라 시간이 갈수록 더 커지며 종래는 어떻게 처리할 수 없는 큰 두려움이 되어 평생 자신을 괴롭힐 것이다.

계속 짖는 개는 물지 않는다는 말이 있다. 사소한 소리에도 계속 짖는 것으로 반응하는 개는 두려움 때문에 짖는데 온 힘을 쏟느라고 정작 자신이 집중해서 물어야 할 때 물지 못하는 것이다. 에너지를 모아

전력을 집중해야 하는데 두려움 때문에 에너지를 분산시켜 제대로 일을 처리하지 못하게 된다. 그렇지만 용기 있고 영민한 개는 계속 짖지 않고 기회를 보다가 결정적 순간에 목표물을 물어버리는 것이다.

두려움의 대상을 기회를 엿보다가 한 번에 그것을 이겨낼 수 있는 행동을 함으로서 두려움을 날려버린다. 그래서 우리도 두려움에 대하는 태도는 매순간 두려워서 짖어대는 개처럼 사소한 자극에 흔들리지 말고 필요시에만 용기를 가지고 나설 줄 알아야 한다.

우리가 두려워하는 많은 것들이 우리의 상상 속에서 있는 것이기 때문에 결심하고 도전하면 생각했던 것보다는 그리 큰 것이 아니었구나 하는 것을 알게 되는 경우가 대부분이다. 두려움을 느끼는 사람들도 자신이 느끼는 것이 비합리적이고 비현실적이라는 것을 머리로는 알고 있다. 그렇지만 마음에선 선뜻 행동으로 할 수 없다.

두려움이 생기는 근본 원인은 우리가 당면할 수도 있는 위험 상황에서 자신을 보호하기 위한 방어기재로서 나타나는 감정이지만 결과적으로 우리의 행복을 방해하고 위협하게 된다. 행복한 삶을 위해서는 이 두려움을 처리하는 기술을 습득해야 한다. 그중 하나가 웃어버리는 일이다.

"이까짓 것, 아무것도 아냐. 하하하······."

"물럿거라. 하하하······."

"괜찮아, 문제없어. 하하하······."

두려움을 대면해서 정면으로 웃어버리자. 아주 호탕하게 웃어버리는 것이다.

황산벌 대전투에서 신라와 백제의 양국 군사가 대치했을 때 장군들이 나와 큰소리로 "쥐새끼 같은 놈들! 가소롭도다. 우하하하…" 했던 것처럼 웃는 것이다.

그들도 왜 두려움이 없었겠는가? 전투가 시작되면 수백 수천 명의 군사가 서로 찌르고 찔리고 피 흘리며 죽는 피 말리는 상황인데…….

그렇지만 그들은 이 상황을 장군들의 특유한 웃음으로 이겨내고 뭉개버렸던 것이다.

두려움이 몰려오는가?

전투를 앞둔 장군들처럼 호탕하게 웃어서 물리치자.

"네 이놈, 감히 여기가 어디라고 밀려오느냐? 한 놈도 남기지 말고 모조리 쓸어 버려라! 우하하하……."

# 17

## 진정한 자유인

100세까지 천수를 누린 시골 할아버지가 곡기를 끊고 이제 마지막으로 부인을 바라보며 이렇게 말했다.

"당신과 함께해서 좋았고, 좋았고 또 좋았소. 다시 산다 해도 이보다 더 좋을 수는 없을 것이요."

부인은 남편의 손을 꼭 잡고 이렇게 대답했다.

"당신은 이곳에서 할 수 있는 일을 다 했어요. 이제 저곳으로 가서 무엇이 있는지 보세요."

이 대화를 마지막으로 1993년 8월 24일 할아버지는 새로운 세상으로 기쁘고 희망차게 출발했고 영원한 자유인이 되었다. 그에게 죽음은 영혼의 새로운 깨어남을 위한 여행이었고, 또 다른 무한한 경험이 기다리고 있는 새로운 세계였다. 그는 인생의 마지막 순간이 오면 자연스럽게 죽을 것인데 한 줌이 된 자신을 바다가 보이는 나무 아래에 뿌려달라고 아내에게 당부했다.

이 시골 할아버지 이름은 스코트 니어링이고 부인 이름은 헬렌 니어링이다. 스코트 니어링은 경제학자, 철학자, 작가, 정치인, 환경운동가, 민권운동가, 웅변가, 농부 등 한 인간이 세상을 살기에 너무나 많은 일들을 섭렵하며 활기찬 삶을 살았다. 그가 세상을 떠났을 때 많은 이들이 이렇게 말했다.

"스코트가 다녀갔기에 이 세상은 더 좋아졌다."

능력이 뛰어난 그였지만 인생의 반은 결코 행복하지 못했다. 그는 펜실베이니아대학 교수로 재직하는 동안 아동노동문제의 부당성을 호소하다가 해고당했다. 톨레도대학에서는 반전운동을 펼치다가 해고당했다. 오십이 다 된 이 사회운동가를 받아주는 대학은 더 이상 없었다. 첫 아내와도 이별하고 자식들과도 연을 끊고 빈민가에서 가난한 사람들과 함께 살아갔다.

이때 아내 헬렌을 만났다. 50이 다 된 급진적이고 옳고 그름에 칼 같은 그와 바이올린 연주자로 세계 순회연주를 꿈꾸며 열정적으로 살던 그보다 스무 살이나 어린 젊고 재기 발랄한 아가씨와의 만남은 어울리지 않는 만남이었다. 그러나 헬렌은 같은 빈민가로 들어와 자신의 꿈을 접고 스코트가 가진 삶과 철학을 이해하기 시작하면서 후회하지 않는 삶을 살기로 결심했다. 그들은 그 후 도시를 떠나 버먼트 주와 메인 주에서 버려진 땅을 개간하여 젖과 꿀이 흐르는 옥토로 일구며 50여 년을 같이 살았다. 세상에서 바이올린을 연주하는 사람은 많지만 스코트와 자신처럼 자연 속에서 조화로운 삶을 살아가는 사람은 흔하지 않았기에 헬렌은 연주가의 꿈을 내려놓고 스코트를 극진히 사랑하며 자연과 더불어 행복하게 산 것이다. 그들의 삶의 철학은 단순했다. 하루 네 시간은 먹기 위한 노동에 사용하고, 네 시간은 사람들을 만나 친교를 나누고, 네 시간은 독서나 글쓰기를 하고, 나머지 시간은 명상과 쉼을 위한 시간으로 사용했다.

　스코트 부부의 이야기는 많은 미국 젊은이들에게 알려져 그들의 탈도시에 많은 영향을 미쳤으며 진정한 자유인으로 행복한 삶을 깨닫게 하는데 큰 동기부여를 했다. 거액의 유산 상속자였지만 이를 거부했고, 800달러 주고 산 공채가 6만 달러가 넘는 가치로 평가되자 공채들을 미련 없이 난로 속에 집어던진 스코트는 무소유의 철학을 실천한 진정한 자유인이었다. 그는『아름다운 삶, 사랑 그리고 마무리』,『조화로운 삶』,『그대로 갈 것인가 되돌아갈 것인가』등 10여 종의 책을 저술했으며『스코트 니어링 평전』은 그의 삶을 잘 보여주는 책이다.

　스코트의 무소유 철학을 따르지 않더라도 우리나라에서 귀농에 대한 관심은 매우 높아져 간다. 특히 10년 20년 후엔 먹을거리가 고갈되어 자급하지 못하면 식량의 대 위기가 닥쳐올 것이라고 예측하여 귀농을 서두르는 이들도 점점 많아진다.

　귀농의 원인이 무엇이든 모두 모두 진정한 자유인으로 자연과 조화로운 삶을 살아갔으면 좋겠다. 도시 생활보다 몇 갑절 행복했으면 좋겠다. 그래서 웃음이 더 많아진 귀농이었으면 좋겠다. 삭막한 도시보다 자연과 조화된 농촌의 삶은 훨씬 더 여유 있어 웃음과 어울린다. 진정한 자유인이라면 그의 삶에서 늘 웃음이 묻어 나오지 않을 수 없다. 스코트 부부처럼 진정한 자유인으로 천수를 다하고 마음껏 사랑하고 아름다운 이별 여행이 되었으면 좋겠다.

# 18
## 불꽃 같은 삶

1950년 9월 16일 프랑스 브장송의 콘서트홀에는 긴장감이 흐르고 관객들은 안타까운 심정으로 한 피아니스트를 기다리고 있었다. 곳곳에서는 숨죽인 목소리로 어쩌면 오늘 연주회는 못 열릴지도 모른다는 수군거리는 소리도 들려왔다.

그러나 이윽고 창백한 얼굴의 피아니스트가 매우 힘겹게 무대로 걸어 나왔다. 관중들은 우레와 같은 갈채와 박수로 그의 등장을 환영했다. 그는 순서에 따라 바흐의 파르티타 1번을 매우 경건하게 연주했다. 그리고 모차르트의 슬프고도 아름다운 피아노소나타 8번과 슈베르트의 즉흥곡을 무사히 연주했다. 쇼팽의 왈츠 14곡을 정한 순서대로 하나하나 연주해 나갔다. 관객들도 숨을 죽이고 몰입하며 피아니스트의 연주에 빨려 들어갔다. 마침내 13번째 왈츠가 끝나고 이제 마지막 쇼팽 왈츠 2번만 남겨 놓게 되었다.

그러나 웬일인지 그는 가쁜 숨을 몰아쉬면서 힘든 표정으로 가만히 의자에 앉아 있었다. 그의 상태는 거의 혼수상태에 있는 듯했다.

관객들은 애처로운 듯 피아니스트에게 시선을 떼지 못하고 숨을 죽이고 있었다. 이제 더 이상의 공연은 불가능한 듯 보였다. 당시 공연실황을 녹음해 음반을 내려고 대기하던 EMI사 녹음 기사들까지도 더 이상 연주는 힘들 것이라고 생각하고 조용히 녹음기재를 철수했다.

얼마나 지났을까…….

피아니스트는 끌어올려지지 않는 손을 최후의 안간힘을 쏟아 들어 올렸다. 그리고 마지막 곡을 연주하기 시작했다. 그런데 그 마지막 곡은 쇼팽의 왈츠가 아니었다. 그건 바흐의 칸타타 곡 "인류의 소망과 기쁨 되신 예수"였다. 그는 인생의 마지막 연주곡으로 자신의 기도를 담아 예정에도 없던 이 곡을 연주한 것이다. 관객들은 놀랐다. 그리고 오르간으로 연주하지 않고 피아노로 연주하는 이 칸타타의 아름다움에 넋을 잃었다. 그리고 모든 관객들은 이 연주곡을 들으며 직감했다. 서른세 살밖에 안 된 이 천재적 피아니스트가 이제 그들에게 마지막 작별인사를 하고 있음을…….

더 이상 연주를 할 수 없을 정도로 모든 힘을 쏟아 부은 이 피아니스트가 자신만의 방법으로 이별을 고하는 연주를 듣고 모든 관중들은 가슴이 메어지는 듯한 아픔을 느꼈다. 간신히 연주를 마치고 부축 받아 내려오는 젊은 피아니스트에게 관객은 눈물과 기립박수로 응원을 보냈다.

이 연주 후 석 달도 못 되어 1950년 12월 2일 그는 지상의 음악홀에서 천상의 음악홀로 날아 올라갔다. 이 젊은 피아니스트의 이름은 디누 리파티Dinu Lipatti이다. 그는 1917년 루마니아 부쿠레슈티에서 태어났다. 또 다른 천재적 여류 피아니스트인 클라라하스킬과 동향이며 같은 세대에 약간 늦게 태어난 것이다. 그는 4세 때부터 음악가인 양친 밑에서 피아노를 배웠고 어린나이에 부크레슈티국립음악원에 특별입학을 하였다. 16세 때 그는 최초로 국제무대 콩쿠르인 빈국제콩쿠르에 출전하였다.

당시 심사위원들 중 알프레트 코르토는 이제껏 자신이 만난 피아니스트 중에 이렇게 출중한 연주를 한 사람은 본적이 없다며 1등상을 줄 것을 요구하였다. 그러나 다른 심사위원들은 국제콩쿠르에 우승하기에는 나이가 너무 어리다며 2등을 주었다.

고르토는 격노해서 심사위원직을 사퇴하였고 그 후 자신이 교수로 있는 파리고등음악원으로 리파티를 초청하였다. 이런 이유로 좋은 스승을 만나게 된 리파티는 작곡, 실내악, 지휘까지 사사하며 점차 성숙되고 인품 있는 음악가로 성장해 19세 때 파리에서 가진 데뷔연주회를 대성공으로 이끌었다.

이날 그의 연주는 개성적이면서도 균형 잡히고 여유가 넘치는 표현력으로 극찬을 받았다. 세상의 극찬에도 교만하지 않고 겸손하며 품위 있는 행동으로 칭찬받는 그는 늘 12시간씩 연습을 하였다 한다. 그에게 찬사가 쏟아질 때마다 그는 같은 고르토 문하생이며 루마니아 동향 출신인 클라라하스킬의 모차르트 연주에 비하면 자신은 너무 부족하다며 늘 겸손한 모습을 보였다.

20세 때 콜롬비아 레코드에 첫 음반을 녹음했고 파리고등음악원에서 최고상을 수상하며 졸업했다. 그의 명성은 점점 알려져 1940년대에는 독일, 스위스, 프랑스, 이탈리아 등으로부터 연주 요청이 쇄도했다.

당시 음악평론가는 "그는 독주회 내내 손가락의 기교가 아니라 음악 속에 담겨진 시적 감흥 그리고 그 심연에 깔린 영감으로 연주하였다."라고 평했다.

1943년 2차 세계대전의 유럽 전황이 급박하게 돌아가자 리파티는 부인 마들레느 리파티와 함께 스위스 제네바로 가서 망명의 세월을 보냈다. 그리고 이유를 알 수 없는 열병에 시달리기 시작했다. 몇 주간 계속 고열이 나다가 사라지곤 했다.

의사는 처음에 결핵이라는 진단을 내렸으나 후에 백혈병으로 진단을 내렸다. 그는 서서히 죽어갔지만 몸을 사리지 않고 1946~47년에 60여 회의 연주회를 소화해 냈다. 그는 백혈병으로 보통 사람의 세 배 정도 부어오른 손을 특별하게 제작된 옷으로 가리며 끝까지 연주를 계속했다.

1949년 함께하던 마들레느와 둘만 참석한 조촐한 결혼식을 올리며 행복했지만 그의 병은 1950년 들어 급격히 나빠졌고 그해 9월 16일 의사와 아내 친구들이 모두 독주회를 말렸지만 리파티는 죽기를 각오하고 연주를 하였던 것이다. 부인 마들레느는 그 당시를 이렇게 회상했다.

"그는 기운을 차리기 위해 주사를 연거푸 몇 대나 맞았습니다. 그리고는 자동인형처럼 옷을 갈아입고 연주회장으로 데려다 줄 자동차까지 아주 천천히 걸어갔습니다. 계단을 오르는 일은 마치 갈보리로 향하는 발걸음과 같았습니다. 실신하지 않을까 염려가 되었습니다. 홀에 도착하자 폭발적인 갈채가 그를 맞이했고 각처에서 모여든 청중은 가슴 뭉클한 모습들이었습니다. 청중도 그도 이것이 마지막 연주라는 것을 느끼고 있는 듯했습니다. 그에게 쇼팽의 왈츠 중 마지막 한 곡을 칠 힘이 남아 있지 않았습니다. 쇼팽도 그 점만은 용서해 주었으리라 믿습니다. 몸을 가누지 못하고 숨을 헐떡이면서도 그는 마지막 용기를 내어 바하의 코랄을 연주했습니다. 연주회장에 있던 사람들에게 빛을 베풀어 주듯, 리파티의 예술은 영원히 우리 마음속에 살아 빛을 발하고 있습니다."

클라라하스킬 같은 천재 피아니스트조차 부러워했던 그의 천재성, 작곡가의 심장을 느낄 수 있게 하는 탁월한 곡 해석, 아름다움과 우아함을 넘어선 고결하고 절제된 기교, 디누 리파티는 피아니스트가 갖추어야 할 모든 것을 갖춘 사람이었다.

죽는 날까지 자기에게 주어진 일에 죽도록 매진하다가 홀연히 사라지는 모습은 눈물겹도록 아름답다.

과연 나는 무엇에 몸 바쳐 매진하다가 삶을 마감할 것인가?

디누 리파티의 삼십삼 년간의 불꽃 같은 삶은 우리에게 진한 감동으로 새겨질 것이다. 리파티의 입꼬리는 항상 수평보다 위로 향하고 있어 늘 미소 짓는 모습이다. 그가 웃을 때 입꼬리는 더욱 위로 올라가고 양쪽 미소근육이 쏙 들어가 살인적인 웃음의 얼굴 형상이다.

그는 재도 남기지 않고 타오른 열정과 수줍은 듯 겸손으로 절제된 두 가지의 미소를 동시에 가지고 있었다. 더구나 그는 매력적인 미남이었다.

| 제3부 |

# 치유

웃음운동은 기분을 좋게 해주고 호흡 횟수를 늘려주고
혈액순환을 빠르게 하며 체온을 높여주고
근육 긴장을 풀어주고
두뇌에서는 세로토닌과 엔도르핀을 분비하여
우울이나 불안을 일으키는 생각을 잊어버리게 한다.

열심히 웃는 습관을 기르면 포만중추가
더 빨리 작용하게 되므로 식사량이 줄어든다.
그래서 비만인 사람들이 다이어트할 때
열심히 웃으면 그 효과가 좋아진다.

# 1
## 보완의학

**폐**암이 발견되어 방사선 치료를 하고 있는 친구 부인이 있다. 방사선을 조사하여 악성 종양 세포들을 파괴시키는 것이다. 악성 종양만 선별적으로 파괴시키면 더 없이 좋으련만 그보다 훨씬 많은 세포의 유전자들을 파괴시키는 것이 문제이다.

유전자는 우리 몸을 이루는 60조 개 정도 세포들의 설계도와 같은 것으로 이 설계도를 복사하면 새로운 세포가 형성되는 것이다. 그런데 이 유전자에 방사선이 닿으면 손상되거나 파괴된다. 분열을 하지 않는 세포는 방사선에 쬐여도 영향을 별로 받지 않지만 분열하는 세포들은 심한 타격을 입는다. 즉 근육이나 신경세포들은 분열하지 않아 영향을 덜 받지만 면역세포들은 분열이 극심하기 때문에 방사선의 영향을 심하게 받게 된다.

우리 체내에서 하루에 재생되는 T세포나 B세포는 무려 100억 개 정도 되며 극심한 분열을 하기 때문에 방사선에 가장 취약한 것이 우리 몸에서는 면역계라고 할 수 있다. 이 면역계가 손상을 입으면 병균에 대한 저항력이 현저하게 떨어져 곧 감염이 된다.

히로시마의 원자폭탄 투하로 2개월 사이에 사망한 이들을 보면 이 면역력 저하로 인한 감염, 즉 패혈증이 주된 원인이었음을 보더라도 방사선은 면역계에 가장 심각한 타격을 주고 있다. 면역세포나 혈액세포들은 조혈줄기세포로부터 생성된다. 골수에 있는 조혈줄기세포에서 분화되어 면역의 핵인 T세포, B세포, NK세포, 매크로파지… 등의 백혈구가 생성되고 적혈구, 혈소판이 생성된다.

방사선은 이것들의 모체가 되는 조혈줄기세포에 중대한 손상을 입혀 혈액세포의 급격한 감소 등 여러 가지 급성 증상을 나타나게 한다. 나아가 조사량이 많을수록 손상은 급격히 커져서 새로운 면역세포가 공급되지 않거나 면역계 자체가 파괴되어 감염증으로 사망하게 된다.

현재의 암 치료의 방법은 외과적 수술, 방사선 치료, 항암제 치료, 또 이중 해당자에 한하여 유전자 추적 치료를 하는 것이 대세이다. 그렇지만 앞으로 면역 반응을 이용한 치료법이 점점 더 활기를 찾을 것으로 예상된다. 암 세포를 파괴시키는 면역세포 중 즉각 반응을 나타내 우수한 치료 효과를 나타내는 세포가 NK(Natural Killer : 자연 살해(살상))세포이다.

이 세포들을 모아 배양시켜 우리 몸속으로 다시 들여보내는 치료방법이 면역세포 치료법이다. 이 방법은 자신의 혈액을 채취해서 NK세포를 분리 배양시켜 다시 혈액 속에 넣기 때문에 부작용이 전혀 없는 획기적인 방법이다. 그렇기 때문에 방사선 치료나 화학적 치료, 외과적 수술로 인한 부작용과 고통이 전혀 없이 치료의 목적을 달성할 수 있게 한다. 그러나 여러 가지 기술적인 면들이 해결되어야 하기 때문에 아직까지 크게 실효성을 거두지 못하고 있지만 앞으로 획기적인 발전을 이루어 나갈 것임에는 틀림없다.

혈액을 채취해서 NK세포를 배양시키는 방법 말고 체내에서 혈액을 채취하지 않고도 백혈구 속 NK세포를 늘릴 수 있는 방법은 없을까? NK세포 수만 늘리는 것이 아니라 NK세포의 활동성, 즉 암세포 살상력을 높이는 방법은 없을까?

조물주는 이미 그 방법을 우리에게 주었다. 그것이 바로 웃는 것이다. 1시간 동안 열심히 웃으면 웃고 난 후 NK세포가 최대 6배까지 증가하고 살상력도 최대 80% 정도 증가한다. 웃어서 암을 고치는 사람들이 웃음 치료 도입 후 많이 증가하고 있다. 그들은 이야기한다. 웃음이 항암제보다 더 뛰어난 약이었다고…….

암 예방을 위해서는 웃음이 가장 탁월한 효과를 나타내지만 암이 발병 후 방사선, 외과적 수술, 화학적 치료와 함께 늘 웃을 수 있다면 대단히 큰 효과를 발휘한다.

암 발병 후 현대적 치료와 더불어 웃음은 보완의학으로도 충분히 그 가치를 발휘하고 있다.

# 2
## 면역이 싫어하는 것

우리가 살아가다보면 주변에 스트레스 요인들이 너무나 많은 것을 발견하게 된다. 사업의 부진, 부도, 인간관계의 실망, 배신, 부부문제, 부모자녀문제, 학업의 부진, 진로의 불투명, 교통체증, 소음 등의 스트레스가 매일 도처에서 우리를 향해 달려오고 있다.

한 여론 조사기관에 의하면 한국 사람 중 63%가 일상생활에서 심한 스트레스를 받고 있으며 심지어 국민들 중에서 43%가 자살 충동을 느낀 적이 있다는 것이다. 이 스트레스로 인해 큰 병을 얻거나 통증에 시달리는 사람들도 많이 있다.

사업을 하다가 동업자의 배신으로 재산을 모두 잃어버린 것도 억울한데 그 스트레스로 암에 걸린 사람들, 남편과 불화로 통증과 당뇨로 수십 년을 고생하고 있는 사람들, 무조건의 헌신으로 가족을 위해 희생하다 우울증에 걸린 사람들······.

하하웃음행복센터에 나오는 이들만 하더라도 이 스트레스에서 자유로운 이는 없는 듯하다.

왜 스트레스를 받으면 병에 걸릴까? 그 이유는 스트레스가 면역에 아주 큰 영향을 미치고 있기 때문이다. 우리 몸의 장기나 세포는 자율신경계의 교감신경과 부교감신경의 자극을 받아 움직이고 있다. 우리의 의지나 생각의 지배를 받은 것이 아니라 독립적으로 생명 유지를 위해 움직이고 있는 것이다.

혈관의 경우 교감신경의 지배를 받을 때는 수축이 되고 부교감신경의 지배를 받을 때는 이완이 된다. 이에 의해 혈액은 순환될 수 있는 것이다. 심장의 펌프운동이나 장의 연동운동, 호흡 등도 이와 같은 유형이다.

백혈구도 자율신경계의 자극을 받아 움직인다. 우리 몸속으로 침입한 세균이나 죽은 세포 등을 먹어치우는 과립구는 교감신경의 지배를 받는다. 그러나 바이러스, 세균, 감염세포를 퇴치시키는 면역요소인 임파구는 부교감신경의 지배를 받고 있다. 그래서 우리는 긴장을 풀고 편안한 마음일 때 백혈구의 활동 즉, 면역력이 활발해지는 것이다. 반대로 긴장하고 분노할 때 면역력은 현저히 감소하게 된다.

우리가 스트레스를 받을 때 어떤 현상이 생기는가? 스트레스를 받게 되면 뇌의 시상하부를 자극한다. 그러면 뇌로부터의 신호가 신장 곁에 있는 부신이라는 장기로 전달되어 스테로이드 호르몬이 분비된다. 이 호르몬은 아래와 같은 활동을 한다.

첫째 : 흉선을 위축시켜 T세포의 성숙을 방해하여 자가 면역 질환을 일으키게 한다.

둘째 : 대량으로 분비되면 말초혈중의 임파구(T세포)를 파괴한다.

셋째 : 면역 반응을 전반적으로 억제한다.

이처럼 스트레스는 면역의 기능을 저하시키기 때문에 많은 생활습관병을 유발시킨다. 그래서 우리 몸을 지켜주는 각종 면역 활동에 스트레스는 가장 큰 적이다.

국제선 항공기 승무원들처럼 체내시계가 자주 바뀌는 사람들은 상당한 스트레스에 시달린다고 한다. 또 공장의 교대근무나 군대에서 야간근무처럼 주야가 뒤바뀐 생활을 하는 사람들도 스트레스에 시달린다. 정상적인 생활을 할 때에 비해 주야가 뒤바뀐 생활을 하는 이들의 백혈구를 조사해 본 결과 교감신경의 지배를 받는 과립구는 증가했으나 부교감신경의 지배를 받는 임파구가 격감한 사실을 알 수 있다.

현대인의 피할 수 없는 스트레스. 면역력의 적이 되는 것을 알고 낮에는 즐겁게 일하고 밤에는 푹 자는 것이 면역기능을 높이는 좋은 방법이다. 여기에다 매일 웃으며 생활하면 우리 몸의 면역기능은 최상을 유지해 나갈 것이다.

스트레스 받지 않도록 미리미리 '안 받아 웃음'으로 방어하자.

양손 손가락 쫙 펴고 양 옆으로 흔들며 "안 받아! 우하하하……."

# 3
## 치유를 위한 웃음

하하웃음행복센터에서 웃음으로 질병을 치유하고 예방하는 많은 사례가 있다. 웃음 치유 체험담 시간에 그들은 암, 당뇨합병증, 우울증, 심혈관질환, 파킨슨병까지 치유되는 경험들을 이야기한다.

미국문화교류협회 회장을 지낸 노먼 커즌스가 웃음으로 강직성 척추염을 이겨내고 그의 치유 경험과 연구 결과를 발표한 이후 웃음은 많은 질병을 치유하는 중요한 수단임이 계속 밝혀지고 있다.

왜 웃음이 질병을 치유하게 되는 것일까?

첫째로 자율신경에 영향을 미치기 때문이다.

우리 몸의 체내의 활동들은 모두 자율신경에 의해 이루어진다. 우리의 의지와 상관없이 이루어지는 활동들이다. 그런데 이 자율신경에 영향을 미칠 수 있는 방법이 두 가지가 있다. 하나는 깊은 호흡으로 조절하는 것이고 또 하나는 웃음으로 조절하는 것이다.

어찌 보면 웃음도 깊은 호흡과 뿌리가 같을 수는 있지만 작용은 다르다. 자율신경에는 잘 아는 바와 같이 교감신경과 부교감신경이라는 두 개의 계통이 있다. 이들은 서로를 견제하며 균형을 맞춰 가면서 체내 기관이나 장기들의 활동을 관장하게 된다. 이들의 균형이 깨지고 어느 한쪽으로 심하게 기울어질 때 우리 몸은 큰 해를 입게 된다. 한쪽으로 지나치게 기울어질 때 우리의 심신은 불안정하게 되고 감정의 동요를 일으키게 된다.

그런데 많은 실험결과에 의하면 웃게 되면 교감신경과 부교감신경이 알맞게 균형을 유지하며 활성화되는 것으로 나타났다. 이 변환은 몸의 각 기관이나 장기들의 안정성을 유지하고 활력을 창출하게 되는 것으로 추정되고 있다.

특히 우리가 웃게 될 때 부교감신경이 우위로 작용하게 된다. 우리의 면역세포들은 이 부교감신경의 지배하에 있고 편안할 때 활성화되는 것이다. 그래서 웃는 행위는 바로 부교감신경을 활성화시켜서 면역세포들의 활동성의 강도를 매우 높여 주게 되는 것이다.

둘째로 웃음은 뇌에 작용을 하게 되기 때문이다.

즐겁고 유쾌한 기분은 그 정보가 뇌 내의 신경핵에 전달되어 신경전달 물질들을 분비하게 된다. 그 물질들 중 하나가 도파민이며 이를 유쾌 호르몬 또는 쾌락 호르몬이라 부른다.

이 도파민은 혈액 속이나 체액 속에서 백혈구를 직접 자극하여 활성화하게 한다. 우리가 웃거나 즐거운 마음을 가지고 희망으로 충만할 때 이 도파민이 풍부하게 분비되는 것이다. 이렇게 풍부하게 분비된 도파민이 백혈구 속의 많은 면역세포들을 자극하여 강하고 활동적인 면역세포들로 만들어서 암세포 등을 공격하는 NK세포와 T세포를 활성화 시키고 강하게 만든다.

비록 억지로 웃더라도 면역세포의 작용은 활발해진다. 웃음은 이 두 곳 즉 자율신경과 뇌에 영향을 미쳐 부교감신경을 활성화 하고 호르몬을 생산하여 백혈구 면역세포의 활동성을 증가하고 강하게 만드는 효과로 질병이 예방되고 치유되는 것이다.

하하웃음행복센터에서 열심히 웃는 이들은 그래서 각종 생활습관병을 치유하고 예방하는 것이다. 어떤 이들은 실제로 이런 결과들이 많이 나타나는 데도 미심쩍어한다.

어떻게 웃음으로 암을 고칠 수 있느냐?

웃기만 하는데 어떻게 질병이 나을 수 있느냐고 한다.

그러나 웃음이 자율신경계 중 부교감신경을 활성화시켜 우위로 있게 하여 아주 좋은 균형을 유지시켜주고 뇌에 작용하여 좋은 호르몬들을 생산하여 백혈구 속의 면역세포들을 강하게 만들어 주는 것을 알게 되면 믿게 될 것이다.

하하웃음행복센터에 나오는 대부분의 회원들도 처음에는 믿지 못하고 나왔다가 이젠 신봉자들이 된 사람들이다. 항상 싱글벙글 웃으며 살고 웃을 때는 열정적으로 웃어서 질병으로부터 나를 보호하고 치유하자! 각종 생활습관병을 예방하고 치유하기 위해 지금부터 3분간 웃기 시작!

# 4

# 산모가 웃어야 하는 이유

프랑스의 38세 여성 이사벨 디누아는 자신이 기르던 개에게 심하게 물려 코, 입술, 턱, 볼이 뜯겨져나가 보기에 너무 흉측한 모습이 되었다. 자신이 원하던 성형수술을 하게 되어 다른 사람의 피부를 이식받았다. 처음엔 자신의 얼굴을 알아보지 못했다. 4개월이 지나서야 자신으로 인정하게 되었고 일상생활이 가능하게 되었다. 그러나 사회와의 소통은 할 수 없었다. 그가 다시 웃는 모습이 돌아오고 자연스러워지기까지 18개월이나 지나서 가능하게 되었고 웃음을 찾은 뒤에야 사회와 소통할 수 있게 되었다.

웃음이 사라지면 사회적으로 중대한 영향을 미치며 일상적인 사회생활의 소통이 무너진다. 사라진 웃음은 인간 서로의 관계성을 붕괴시키기 때문이다.

이 소통의 문제는 산모와 아기 관계에서도 마찬가지이다. 인간은 갓 태어나자마자 엄마의 얼굴을 쳐다본다. 그리고 엄마의 웃는 얼굴과 시무룩한 얼굴을 알아내는 전문가가 된다. 웃는 얼굴은 금세 읽을 수 있지만 다른 표정들은 그 감정을 읽어내기 위해서 훨씬 많은 시간을 기다려야 한다. 아기들이 다른 표정보다 가장 먼저 웃는 엄마의 표정을 구별하는 것은 자신을 돌봐주고 자신이 의지할 양육자가 누구인지 관찰하며 추적해야 하기 때문이라고 한다. 이것이 아기들의 가장 큰 관심거리이기 때문에 웃음에 민감할 수밖에 없다는 것이다.

웃음은 엄마와 아기를 이어주는 소통의 끈이 된다. 아기가 보여주는 환한 웃음은 영원히 돌보아주어야 한다는 엄마의 충성심을 유발하고 엄마가 아기에게 주는 애정 듬뿍 담긴 웃음은 자기가 죽도록 매달려야 하는 사람이 엄마임을 확인시켜주는 것이다.

그런데 엄마와 아기 중 한쪽이 웃지 못한다면 심각한 장애가 발생한다. 산후우울증에 걸려 아기에게 웃음을 별로 주지 못하게 되면 아기는 커서 산만하거나 활기가 없고 모든 상황에 불만감이 높아지게 된다. 우울증에 걸린 엄마 손에 자란 아기는 웬만해선 잘 웃지 않으며 옹알이도 덜하고 잘 놀지도 못하는 것으로 연구결과 밝혀졌다. 더구나 우울한 엄마로 인해 우울해진 아기는 다른 사람의 따듯한 애정도 받지 않아 사랑받을 수 있는 가능성을 스스로 져버리고 마는 것이다.

우울증을 앓는 엄마 손에서 자란 아기들은 웃는 사진을 더 오래 쳐다보는 경향이 있다는 연구결과도 있다. 그만큼 웃는 얼굴이 낯설게 느껴지기 때문이다. 그런 아이가 성장과정에서 의도적으로 어른의 관심을 끌기 위해 유혹하는 웃음을 웃게 된다 하더라도 평생 다른 사람과의 관계를 맺는데 집착하며 다른 사람의 감정에 매달리는 불행한 삶을 살게 될 확률이 높다.

　엄마의 우울증이 생후 1년 이상 지속되면 아이의 신체적인 운동능력과 정신적인 건강 등 전반적인 성장 발달에 상당한 문제를 일으키게 된다. 그래서 우울증을 심하게 겪는 엄마는 차라리 아기 곁에 있지 않는 것이 아기가 스트레스를 덜 받는 것으로 나타났다. 엄마가 곁에 있어도 정신적으로 교류하지 못한다면 아기는 더욱 힘든 상황에 빠지게 되는 것이다. 웃음은 아기가 엄마의 관심을 끌 수 있는 몇 안 되는 행동 중의 하나이기 때문에 자신의 웃음에 엄마가 반응하지 않을 때 아기는 쉽게 웃음을 포기한다.

　보육시설에서 방치된 채 자란 아기들은 커서 잘 웃지 못하고 웃어도 그 웃음이 금방 사라진다. 반대로 이런 아이들이 계산된 정반대 전략을 취하는 경우도 있는데 자신이 관심을 받을 때까지 적절하지 않는 상태에서도 아무 상황이나 계속 웃음을 보이는 불행한 결과로 나타날 수도 있다.

　우울한 사람들은 어디를 가든 불행의 물결을 일으킨다. 시대가 급변하는 현대를 살아가는 이들에게 산후우울증도 급속히 증가하고 있다. 대한민국 산모들에게 웃음운동을 펼칠 필요가 여기에 있다. 태교 웃음부터 출산 후 해산부, 산후조리 기간에 있는 산욕부들에게까지 웃음행복운동을 펼쳐야 한다. 그래야 밝은 대한민국을 기대할 수 있다. 이는 크게 재정이 들어가는 것도 아니다.

　웃음치료사들의 봉사로도 얼마든지 가능한 일이다.

　대한민국 산후조리원마다 웃음 치료가 도입되기를 염원해 본다.

# 5
## 과식의 원인

사람들은 배가 고프면 음식을 먹고, 배가 부르면 음식을 먹지 않는다. 물론 거식증 환자와 포식증 환자는 제외하고 말이다. 모든 인간은 공복감과 포만감을 반복하면서 음식을 먹기도 하고 안 먹기도 한다. 그래서 생명을 유지하게 되는 것이다. 그러면 이런 식욕을 조절하는 곳은 어디일까? 위에서 직접 느끼고 지시하는 걸까?

식욕에 대한 모든 지시는 뇌에서 한다. 뇌 중심부 뇌간의 가장 위에 있는 시상이라는 뇌의 밑에 있는 시상하부가 식욕을 담당한다. 시상하부 중에서 식욕을 조절하는 부분은 두 개의 기능으로 나뉘어져 있다. 하나는 음식을 들어오게 하는 기능이고 또 하나는 들어오는 것을 중지시키는 기능이다.

들어오게 하는 기능을 가진 뇌 부분을 섭식중추, 중지시키는 기능의 뇌 부분을 포만중추라고 한다. 섭식중추는 시상하부 바깥쪽에 위치하고 있는데 이곳을 자극하면 동물은 음식을 끊임없이 먹게 된다.

실험자들이 쥐의 섭식중추를 계속 자극하면 그 쥐는 왕성한 식욕을 발휘해서 위 속의 양과는 관계없이 계속해서 음식을 섭취하게 된다. 매우 포만 상태가 되어도 먹는 일을 중단하지 못한다. 그러다 자극을 중지하면 바로 먹는 일을 중지하게 된다.

섭식중추의 역할을 쥐 실험에서 명확히 알 수 있게 되었다. 만약 이 섭식중추가 손상을 입어 자극에 반응하지 않으면 아무리 심한 공복일지라도 결코 먹으려는 의욕이 생기지 않게 되고 그것은 곧 죽음의 길로 달려가게 되는 것이다. 오늘도 배가 고픈데… 하고 느낀다면 섭식중추가 제대로 작동하고 있는 것이다.

반면 포만중추는 시상하부 안쪽에 위치하고 있다. 기능은 섭식을 중지시키는 명령을 내리는 역할을 한다. 아무리 한계치가 넘어선 공복상태일지라도 이 중추에 계속해서 자극을 가하면 먹는 일을 거절하게 된다.

섭식중추가 망가지면 식욕을 전혀 느끼지 않아 죽음으로 연결되지만 만일 포만중추가 망가지면 그만 먹어라는 명령이 내려가지 않게 되므로 끊임없이 먹게 된다.

물론 완전히 망가지는 일은 없지만 기능부전 상태가 오면 늘 엄청난 과식을 하게 되고 이로 인해 비만이나 각종 질병을 초래하여 역시 죽음을 앞당기는 결과로 될 것이다. 질병까지는 안 가더라도 보통 우리가 많이 하는 과식은 섭식중추와 포만중추의 균형이 잘 이루어지지 않기 때문에 나타나는 현상이다.

가령 섭식중추가 "많이 먹어라!" 라고 강하게 명령을 내리는데 반해서 포만중추가 "그만 먹어!"라는 명령은 매우 약해져 있기 때문에 과식이 일어나는 것이다.

그렇다면 섭식중추나 포만중추를 움직이는 메커니즘은 무엇일까?

많은 이론이 있지만, 대부분의 생리학자들은 혈액 중의 포도당과 몇 가지 호르몬을 주목하고 있다. 즉 뇌는 혈액 속의 포도당을 영양원으로 삼고 있는데 포도당이 점점 적어지게 되면 섭식중추에 연락이 가서 "먹어라!"라는 명령을 내리게 된다.

그 후 식사를 하게 되면 일정 시간 후 포도당이 많아지게 되고 그러면 포만중추에게 신호가 가서 "그만 먹어!"라는 명령을 내리게 되는 것이다. 즉 포도당의 농도에 따라 미세한 농염을 뇌가 측정해 섭식중추와 포만중추를 자극해서 식욕을 절묘하게 조절하게 하여 생명을 보존케 하는 것이다.

그런데 누구를 열심히 사랑하면 이 포도당 농도가 조금 더 올라간다고 한다. 또 기쁜 마음으로 살 때도 포도당 농도가 올라간다고 한다. 그래서 사랑을 하거나 기쁜 일이 생기면 식사를 별로 안 해도 배고픔을 덜 느낀다는 것이다.

열심히 웃는 습관을 기르면 포만중추가 더 빨리 작용하게 되므로 식사량이 줄어든다. 그래서 비만인 사람들이 다이어트할 때 열심히 웃으면 그 효과가 좋아진다.

오늘도 섭식중추 발동의 강도를 낮추고 포만중추 기능을 좀 더 발휘할 수 있도록 한바탕 웃고 식사를 하는 것이 좋겠다.

식사 전에 3분만 유쾌하게 웃자.

# 6
# 양재천에서 얻은 것

양재천변을 밤마다 1시간 반 정도 산책하는 것은 십 년 이상 된 나의 습관이자 즐거움이다. 처음에는 운동 목적으로 빨리 걷기와 달리기를 위해 찾았으나 다리 관절에 무리도 오고 허리수술을 한 후로는 천천히 걷기로 마음을 바꿨다. 천천히 걷다보니 많은 것들이 눈에 들어왔다. 우선 나무와 야생화들이 내 시야에 들어왔다. 봄 여름 가을 겨울에 나무와 꽃들을 관찰하는 일은 매우 큰 즐거움이고 삶에 풍성함을 가져다준다.

참으로 많은 나무와 풀, 꽃들이 이생을 우리와 함께 살아감을 느끼며 감탄도 하고 감동도 느끼며 감사하는 마음으로 산책을 하게 되었다. 또 밤하늘의 별들과 달이 눈에 들어왔다. 걸을 때나 벤치에 앉아서 사계절의 별들을 관찰하는 일은 아주 큰 즐거움이다. 지구와 이웃한 별인 금성, 목성, 화성은 그 존재감이 뚜렷해 아주 반짝이며 시선을 단

번에 사로잡고 만다. 토성, 천왕성은 보일 듯 말 듯 숨어서 지나간다.

태양계가 아닌 다른 별들도 눈에 들어온다. 이 중 존재감이 뚜렷한 별들은 직녀, 견우, 데네브(Deneb : 백조자리), 시리우스Sirius, 카펠라Capella, 리겔Rigel, 베텔게우스Betelgeuse, 카스토르Castor, 플룩스, 알데바란Aldebaran … 등으로 계절마다 수많은 별들이 가슴속으로 들어오게 되었다. 그리고 밤하늘의 검푸른 색은 내가 가장 좋아하는 색으로 역시 마음에 자리 잡게 되었다.

산책을 하는 중 별들의 세계로 우주를 나는 상상은 너무나 큰 즐거움이다. 걷다보면 물소리가 또 마음에 들어온다. 그래서 일부러 개울가에 앉아서 한참이나 물소리에 귀를 기울이기도 한다. 가끔씩 잉어들, 오리 가족, 두루미를 발견하고 대화하기도 한다.

몇 년 전부터는 너구리 가족들이 산책길을 즐겁게 해준다. 두 달 전에는 너구리 새끼가 한 마리가 죽어 있는데 6마리 가족들이 시체 주위를 못 떠나고 계속 지키다 수풀 속으로 데려가는 것을 목격하고 함께 슬픈 마음을 가진 적도 있었다. 그리고 종종 각종 음악회들이 다리 밑에서 열려 즐거운 산책길이 되기도 한다.

정신의학자 스탠리 블록Stanley block 박사는 "나를 열면 열수록 모든 고통은 저절로 치유된다"고 말하고 나를 여는 가장 쉬운 방법은 "주변의 자연의 소리에 귀를 기울이라"는 것이다. 주변에서 들려오는 자연의 소리에 귀를 기울이며 나를 여는 산책을 시작한 이후로 지금까지 통증이나 잔병에 시달리지 않고 잘 지내는 것으로 봐서 스탠리 블록 박사의 말이 옳은 것 같다.

실제로 그는 자연의 물소리, 침대의 촉감이 신체에 닿는 느낌, 주변의 소리, 향기 등에 온 정신을 집중해서 자신을 완전히 열어놓는 훈련으로 주변과 하나 되는 체험을 통해 각종 통증이나 불면증 등을 치유하기도 하였다.

잘 아는 이야기지만 아메리카 원주민들은 말을 달리다가 멈추어 서서 기다린다고 한다. 자신의 영혼이 미처 따라오지 못하는 것을 기다리는 것이다.

앞도 뒤도 안 보고 질주해야 하는 이 시대에 멈추어 서서 주변에서 나오는 자연의 소리를 듣는 행동은 정말 필요하다. 멈추면 우리에게 보이는 것들이 많아지고 바빠 사느라 미처 깨닫지 못했던 소중한 보물들을 우리에게 가져다준다. 바쁜 걸음을 멈추고 자신의 뒷모습을 바라보아야 한다.

현대를 바쁘게 살아가는 우리 모두는 생각과 감정의 감옥에서 빠져나오기가 쉽지만은 않다. 빠져나와 주변의 자연이 우리에게 걸어오는 말을 느낄 수만 있다면 삶은 매우 윤택해지고 아름다워질 것이다.

생각과 감정에서 빠져나오는 가장 좋은 방법은 웃는 것이다.

웃으면 머릿속 근심, 걱정, 두려움을 내려놓을 수 있다.

자신을 여는 데 웃음만큼 좋은 게 없다.

육체, 정신, 영혼의 건강을 위해 오늘도 양재천을 웃음으로 걷기 시작해서 웃음으로 마감한다. 매일매일 양재천 산책은 감탄, 감동, 감사로 사는 행복한 하루의 마감이다.

# 7

## 사랑, 그 위대한 힘

"아기를 출산하면서 과다출혈로 정신을 잃었죠. 갑자기 가슴에 통증이 밀려오기 시작하고 숨을 쉴 수조차 없었어요. 간호사들이 공포에 질려 비상벨을 누르고 산소 호흡기를 들이대고 혈액주사를 놓고 외쳐댔죠. '혈압 수치가 안 나와요!'

나는 곧 이동하여 칠흑같이 캄캄한 터널을 빛과 같은 속도로 통과한 후 엄청나게 밝은 빛 가운데로 들어갔죠. 화려하고 장엄하고 이 세상에서 볼 수 없었던 황홀한 빛이었어요.

나는 고통과 두려움은 전혀 느끼지 못했어요. 말할 수 없는 사랑과 평안이 가득히 흘러 넘쳤어요. 그때 나는 생각했죠. '죽음이 이런 것이라면 죽음은 정말 축복이구나!' 그런데 조금 전 태어난 아기가 떠올랐죠. 아기가 보고 싶어졌고 부모님과 남편의 얼굴도 떠올랐어요.

그래서 온 힘을 다해 온 길을 되돌아왔죠. 돌아와 보니 의사와 간호사들이 저를 소생시키려고 제 입에 산소 호흡기를 단 채 무언가 응급조치를 하고 있었죠. 그걸 보며 눈을 떴어요."

영국의 일간지 인디펜던트에 실린 영국 여성 수 레너드Sue Leonard의 체험기이다. 그녀는 천국의 문턱에서 방금 출산한 아기를 기억하고 다시 돌아왔다. 죽음의 장벽을 넘기 직전까지 체험을 하고 다시 살아난 것을 임사체험이라 한다.

네덜란드의 심장 전문의 핌 반 롬멜은 임사체험자 344명을 조사해 본 결과 18% 정도가 유체이탈을 경험한다고 하였다. 신장 투석 환자 70명 중 45명꼴로 그런 경험을 하였고 심장마비 환자는 10명 중 한 명꼴로 유체이탈 경험을 한 것으로 보고되었다.

이런 임사체험을 경험한 이들이 겪는 경험들은 유체이탈 말고도 터널통과, 순간이동, 빛의 현현, 친지환영, 인생복습 등을 경험하기도 하였다. 대부분 빛의 아름답고 황홀함을 경험하였고 이 빛이 두려움을 없애주고 평안함을 주었으며 그 빛은 바로 사랑이라는 것을 그들은 직감적으로 알 수 있었다.

"빛으로부터 사랑이 흘러넘쳤어요. 빛은 내게 사랑만큼 중요한 게 없다고 말해 주었어요."

"빛이 분노하지 말고 용서하고 사랑하라고 말했죠. 결국 남는 것은 사랑뿐이라고 했어요."

그 사랑이 너무나 아름답고 황홀해 임사체험에서 깨어난 어떤 이는 열흘간 줄 곧 감격해 울기만 했다고 한다. 삶에서 느끼지 못했던 너무나 아름다운 사랑의 힘을 맛보았기 때문이다.

"사랑이 모든 걸 가능케 한다는 것을 깨닫게 되었죠. 현실에서 일어나는 모든 기적은 사랑의 힘이죠."

그래서 임사체험을 경험한 사람들은 인생관이 180도 확 바뀐다. 그들은 죽음은 극복되는 것이며 사후세계가 있음을 확신하게 되어 신앙심이 깊어진다. 물질에 대한 애착이나 성공이나 부에 대한 집착이 적어지고 경쟁을 하지 않으려 한다.

식물, 동물, 자연 만물에 대한 외경심이 높아지고 환경과 생태계에 대한 관심이 높아지며 이들을 소중히 여기고 사랑하게 된다.

다른 이들을 배려하고 이해하는 마음이 넓어지고 삶의 매 순간을 소중히 생각한다. 그래서 지금 여기 행복을 중요시 여기며 자존감이 매우 높은 삶을 살아간다는 것이다.

"무한한 우주에서 내려다보면 지구는 끝없이 펼쳐진 사막 가운데 모래 한 알 정도 크기도 안 된다는 것을 알게 되지요. 영혼들이 그런 지구에 잠시 내려와 사는 건 오로지 사랑을 베풀고 나누며 자기 자신을 갈고닦기 위해서 라는 걸 깨닫게 됩니다."

임사체험자들은 일시적으로만 그렇게 생각하고 그렇게 사는 것이 아니다. 2년 후, 10년 후에 조사해도 같은 긍정적 생각과 같은 의식을 가지고 살고 있었고 이런 생각과 삶은 영구적인 것이다.

우주의 빛.

그 황홀하고 아름다운 빛.

삶을 떠나갈 때 오직 남는 하나.

그것은 사랑인 것을 임사체험자들은 증거하고 있다.

# 8
## 제2의 뇌

**속**이 더부룩하고 가스가 차 끅끅댄다. 은근한 통증을 속에서 느끼고 종종 편두통을 유발한다. 이런 경험들은 한두 번씩 해보았을 것이다. 특히 조금 과식이라도 하면 더욱 심해지는 현상이 계속되는 경우가 종종 있다. 병원에 가면 위궤양이며 원인은 신경성 위장장애라고 한다. 신경과민이나 두려움 등의 부정적 감정이 강할 때 뱃속이 울렁거리고 소화관에서 경련이 일어나고 목이 막히기도 한다.

불안과 우울증을 겪고 있는 사람들은 설명하기 힘든 위장 증상들 즉 복통, 만성적 설사, 과민성 위장 증상 등을 앓고 있기도 하다. 예전엔 이러한 모든 증상들이 뇌에서 지시하기 때문에 일어나는 현상으로 알려져 있었다.

그러나 현대에 들어서 신경시스템 구조의 보다 정밀해진 연구를 통해 소화관에는 제2의 뇌가 있으며 여기에는 약 1억 개 정도의 뉴런 혹은 신경세포들이 활동하고 있는 것이 알려졌다.

이는 대단히 많은 양이며 척수에 있는 양보다도 많은 양이라고 한다. 물론 두뇌 자체가 가진 수십억 개의 신경세포에 비하면 별로 그렇게 많다고 할 수만은 없지만…….

또 소화기관이 "느낄 수 있다"거나 두뇌에서 독자적으로 행하는 감정, 기분에 소화관들이 영향을 끼치고 있다고 단정 지어 이야기하는 사람은 없다.

그렇지만 최근의 연구 결과들은 소화관들이 신체의 다른 신경계와는 달리 두뇌에 대해서 간섭을 많이 받지 않고 독립적으로 활동하고 있다는 결과들은 보고되고 있다. 그러면서도 두뇌와 소화기관들은 끊임없이 소통하고 있다는 것이다. 머리에서 문제가 생기면 뱃속에서도 이에 상응하는 작용이 일어나고 뱃속에서 트러블이 발생하면 두뇌에 예민한 자극을 가하게 된다.

그래서 위장이나 십이지장의 문제들이 심한 두통으로 나타나는 경우가 많은 것이다. 불안이나 위장장애를 겪고 있는 이들은 이러한 현상들을 많이 경험했을 것이다. 소화기관의 복잡한 신경시스템들이 주목받고 연구되기 시작한 지는 얼마 되지 않았지만 앞으로 변비, 설사, 위통, 두통 등이 어떻게 상호 연관되어 뇌와 소화관에 서로 어떤 영향을 미치는지는 계속 밝혀질 것이다.

우리가 배고플 때 짜증났다가도 음식을 먹게 되면 마음이 평안해지고 기분이 좋아지는 것을 흔히 경험한다. 이는 소화기관 차원의 독자적 두뇌 활동에 기인한다. 즉 식도에서부터 결장에 이르는 모든 소화기관에 분포되어 있는 장 신경계가 소화되고 있는 음식물을 감지하고 검토하고 조치를 취하는 역할을 독자적으로 수행하고 있는 것이다.

당분이나 단백질, 산성, 기타 소화에 중요한 성분들을 감지하는 신경전달 물질체인 호르몬, 즉 노르아드레날린, 엔도르핀, 세로토닌 등을 독자적으로 준비해서 투입하고 있는 것이다. 이들은 배고플 때 음식을 섭취하고 과하게 먹지 않도록 배부른 감정들을 일으켜 음식 조절을 시키는 신경전달 물질들인 것이다.

특히 세로토닌은 동물 생활의 가장 중요한 기능인 먹기와 동작들을 조정한다. 세로토닌은 위장관에서 음식 섭취 및 신체 요구들을 두뇌에 신호로 보냄으로 복부와 두뇌를 연결하는 역할을 담당한다. 세로토닌은 배가 부르거나 포만상태임을 두뇌에 알리기도 하고 소화관에서 탄수화물과 지방, 단백질 사이의 균형이 깨질 때 경고 메시지를 보내기도 한다. 우리가 음식을 먹고 어떻게 느끼는 가는 소화관에 있는 세로토닌의 역할이 중요한 것이다.

필자는 청소년기부터 중년에 이르기까지 오랫동안 위장장애를 앓아 왔다. 식사 때를 맞추지 않고 굶을 땐 안 먹다가 한꺼번에 과식하고 짜고 맵고, 아주 차든지, 아주 뜨거운 음식을 좋아했던 것 등 잘못된 생활습관에 의해 소화관들을 혹사시킨 까닭이다.

또한 늘 불안, 초조, 걱정을 많이 하는 성격 때문에 위궤양, 십이지장궤양, 신경과민성 장염 등으로 고생을 매우 많이 해온 편이다. 그런데 2006년 1월 초부터 웃음 연습을 본격적으로 실시하면서 웃음 봉사, 강연활동을 하기 시작하고부터는 이런 증상이 깨끗이 사라졌다.

물론 잘못된 생활습관의 잔재가 남아 있어 종종 과식을 하긴 하지만 그래도 비교적 음식 조절을 잘하게 되었고 특히 마음이 평안하고 늘 긍정적이며 희망적으로 모든 사건과 현상들을 해석하면서 신체 상태가 변화된 것이다.

제2의 뇌라고 할 수 있는 소화관 속의 신경시스템들을 안정시키고 늘 편안하게 해준 것 때문이라고 생각된다. 웃기 전 필자를 괴롭혔던 헬리코박터에 의한 위통, 두통도 웃음을 실천한 후 없어져 전혀 증상을 느끼지 못하고 살아간다.

웃음이 주는 효과는 정말 놀라운 기적을 나타낸다.

위장병도 웃음으로 물리칠 수 있다.

웃으면 두뇌뿐 아니라 소화기 내에 있는 제2의 뇌도 기뻐한다.

# 9
# 우울증과 강박충동장애의 치유

미국 위스콘신대학에서 우울증 환자들을 대상으로 다음과 같은 실험을 하였다. 즉 한 그룹은 12주 동안 트레이너를 붙여 가볍게 달리는 운동을 하게 하였고, 다른 그룹은 12주 동안 일반적인 심리치료 과정을 수행하였다. 두 과정 다 온건한 우울증 치료에는 비슷한 효과를 나타냈다.

그러나 장기적으로 관찰하였을 때 운동 프로그램이 더 효과적인 치료방식이었음이 확인되었다. 프로그램 실시 후 1년이 지난 다음 조사에서 운동 프로그램을 받았던 우울증 환자들은 계속 조깅을 하고 우울증도 나았지만 심리치료를 받았던 사람들은 50% 이상 여전히 치료 중이거나 재발로 인해 더 많은 치료를 받고 있었다.

심리치료사에게 치료를 받은 사람들은 동정과 이해 그리고 위로를 받을 수 있었지만 그 도움은 단기적으로 끝난 것으로 평가되었다. 이에 비해 운동 그룹은 스스로를 돕고 치유하는 방법을 찾았으며 결국 우울증을 이겨낼 수 있었던 것이다. 온건한 운동들 특히 수영, 걷기, 가볍게 달리기 등은 우리의 기분을 좋게 해준다. 운동이 기분 좋게 해주는 효과는 엔도르핀 영향인 것으로 생각이 되어져 왔다.

그런데 두뇌 엔도르핀은 힘든 고통을 수반하는 운동으로 체력이 소진될 때까지는 그렇게 많이 생성되지는 않는 것으로 나타났다. 마라톤에서도 10km 이상을 뛰어야 엔도르핀 생성에 의한 러너스하이가 일어난다. 그러나 요즈음은 엔도르핀보다는 세로토닌의 활동이 높아지기 때문이라는 설이 설득을 얻고 있다.

프린스턴대학 야콥스 박사는 연구를 통해 세로토닌의 구조적 기능을 밝혀내고 반복적 운동이 세로토닌 시스템 활동을 자극하고 활성화시키기 때문에 우울증을 겪는 사람들에게는 간단한 동작을 반복하는 신체 활동이 매우 효과적이라는 것을 발표했다.

그는 강박충동장애도 가벼운 운동요법으로 치료할 수 있다고 보고했다. 즉 강박충동장애는 실수하지 않으려고 몇 번이고 같은 동작을 반복하게 되는 장애이며 이런 불안은 세로토닌 장애와 관련 있다는 것이다. 반복해서 점검하고 또 점검하고 손질하고 청소하는 등의 강박충동장애를 가진 사람들은 그러한 반복적인 행동을 통해 세로토닌 활동을 촉진시켜주기 때문에 그런 행동을 한다는 것이다.

그래서 그런 강박충동 행위보다 유익한 대안 방법으로 반복행동을 없앨 수 있다는 것이다. 즉 계속해서 일정한 곳을 왔다갔다 한다든지 피부가 부르트도록 손을 씻고 또 씻는다든지 어떤 동작을 한없이 되풀이한다든지 업무과제를 백번씩 반복해서 검토해 상대를 짜증나게 하거나 당황하게 하는 등의 강박행위 등을 수영이나 걷기, 사이클, 가볍게 달리기 등의 운동을 통해 치유할 수 있다는 것이다.

우울증인 사람들이나 강박충동장애로 고생하는 사람들에게 가벼운 운동으로 세로토닌의 활동을 높여 치유하는 것이다. 즉 자신에게 적당한 신체 활동을 선택해 긍정적이고 지속적인 마음으로 꾸준히 실천할 때 이런 증상들을 치유할 수 있다.

반복적인 신체 활동으로는 위에 언급한 가벼운 운동 이외에도 맨손체조, 심호흡하기 등 몸의 긴장과 근육을 풀어주는 가벼운 운동도 포함하는 것이 좋다. 어떤 형식을 갖춘 운동만이 세로토닌의 활동을 높여주는 것은 아니다. 리듬적이며 반복적인 것은 어떤 것이든 세로토닌의 시스템 활동을 좋게 할 수 있다. 운동이 아니라도 뜨개질, 그림 그리기, 도예, 목공예, 악기 연주 등도 도움이 된다.

그러나 가장 추천하고 싶은 것은 바로 웃음운동이다. 웃음운동은 기분을 좋게 해주고, 호흡 횟수를 늘려주고, 혈액순환을 빠르게 하며 체온을 높여주고, 근육 긴장을 풀어주고, 두뇌에서는 세로토닌과 엔도르핀을 분비하여 우울이나 불안을 일으키는 생각을 잊어버리게 한다. 그래서 우울증 치유나 강박충동장애 치유에 대단히 효과적이다.

하하웃음행복교실에 한 번만이라도 와서 함께 웃다보면 이러한 증상은 멀리 도망가고 매일매일 지속해 웃으면 확실한 치유를 할 수 있다. 현대인들에게 너무 많은 우울증, 강박충동장애 그 치유는 돈 안 들고 간편하고 마음먹으면 누구나 할 수 있는 웃음으로 할 수 있다.

# 10
# 편싸움을 하는 이유

중학교 입학식이 끝나고 잠시 쉬는 시간이었다. 이제 갓 입학한 중학교 1학년 학생들이 우르르 운동장 끝으로 몰려간다. 그곳에서는 서로 운동장을 마주한 다른 중학교 학생들과 서로 돌멩이를 던지며 욕하면서 집단 편싸움이 벌어지고 있었다.

다른 중학교 한 학생이 돌을 던진 게 발단이 되어 집단 싸움으로 순식간에 번진 것이다. 같은 중학교 학생들끼리 한편이 되어 상대편 중학교에 던지는 돌들은 서로 멀리 떨어진 만큼 학생들에게 맞을 확률은 별로 없었지만 그래도 돌들을 찾아 열심히들 던지며 같은 학교 학생들을 끈끈한 우정의 동료로 만들어 주었다.

선생님들이 급히 달려와 아이들을 야단치고 제지한 후 돌싸움은 그쳤다. 필자가 중학생 때 있었던 일이다.

"왜 이런 현상이 생겨났을까?"

심리학자 셔리프Muzafer sherif가 이런 현상에 대해 실험을 하였다. 미국 각지에서 모인 열두 살 안팎의 어린이 캠핑 참가자들을 두 반으로 나누었다. 지연, 학연, 취미, 적성 등과는 전혀 무관하게 무작위로 두 반을 만든 것이다. 두 반으로 나누자마자 그들 사이엔 미묘한 경쟁 의식이 싹트기 시작했다.

두 반이 맞붙는 스포츠 경기를 시켰더니 경쟁의식은 순식간에 노골적인 적대감으로 변했다. 경기에 진 팀은 이긴 팀이 부정행위를 저질렀다고 불평하였고 상대편을 욕하며 비난했다. 이긴 팀은 진 팀을 비웃었고 얕잡아 봤다.

적대감은 더욱 커져 밤에 서로 상대편 숙소에 몰래 들어가 깃발을 훔쳐 멀리 가져다 버리거나 침대를 뒤집어 놓고 도망치기까지 했다. 그리고는 서로 같은 시간에 식사하는 것까지도 거부하는 사태가 발생했다. 생면부지의 어린이들을 단지 두 반으로 나누었다는 사실 하나만으로 졸지에 원수지간이 되었다. 마치 우리나라 국회를 보는 듯했다.

왜 이런 현상들이 생겨날까? 이는 모두 우리 두뇌에 해답이 있다. 우리 두뇌에는 편도체(아미그달리)라고 하는 원시적 두뇌가 있다. 이 편도체는 분노, 증오, 슬픔, 절망, 공포 등 부정적 감정을 일으키는 두뇌이다.

원시시대로 거슬러 올라가보자. 동굴 속 가족들이 잠을 자고 있는 밤. 동굴 밖에서 누가 다가오는 소리가 들린다. 가족들은 조용히 일어나 돌도끼와 창을 집어 들고 더 가까이 오기를 기다린다.

호랑이가 되었건, 다른 원시부족이 되었건, 곰이 되었건 가까이 오자 동굴 속 가족들은 돌도끼를 휘두르고 창을 집어 던지며 공격을 한다. 자신의 가족의 생존을 위해서는 어쩔 수 없는 선택이다. 내 가족의 생존을 지키지 않으면 모두 몰살될 수도 있기 때문이다.

이렇게 생존의 위협을 느낄 때 그것을 감지하고 행동에 나설 수 있도록 하는 것이 뇌 속 위험경보장치인 편도체이다.

뇌신경학자들은 한 사람이 하루에 이만 번의 각 가지 상황을 경험하게 된다고 한다. 편도체는 모든 상황에서 항상 내편과 적의 편 두 가지로 분류해 두뇌 전체에 전달한다. 철저하게 자신의 생존의 관점에서 이만 가지 상황을 두 가지로 분류하게 되는 것이다.

이 편도체는 생존의 위험이 없다고 판단되면 유쾌로 분류한다. 누가 나를 인정해 주고, 칭찬해 주고, 웃음을 보일 때는 유쾌로 분류해 더욱 친해지고 싶은 마음을 갖게 한다.

그러나 위험이 닥치거나 불안한 느낌이 들면 불쾌로 분류하여 대적하게 된다. 나를 조롱하거나 무시하는 행위, 남이 내 생각대로 움직여 주지 않는 행위도 불쾌로 분류해 위험 경고등을 발신함으로써 분노, 공포 등의 부정적 감정을 일으킨다.

불쾌로 분류된 사람들은 적으로 인식되어 피하거나 이유 없이 거부감을 느끼고 싫어지는 것이다. 유쾌도 불쾌도 아닌 중립은 분류하지 않는다. 그래서 이 편도체 때문에 우리가 낯선 사람을 만나면 즉시 친구인지 적인지 구별하려 든다. 그리고 첫인상으로 잠재의식 속에 저장된다.

편도체가 마비되면 어떤 현상이 생길까?

편도체를 마비시킨 쥐들을 고양이와 함께 있게 했더니 전혀 공포와 불쾌한 감정을 느끼지 못하고 겁이 없어졌으며 잡혀 먹히면서도 신음

소리를 내지 않았다는 연구 결과가 있다. 즉 이 편도체는 동물들의 생존을 위해서는 매우 중요한 정보를 전달하는 것에는 틀림없다.

이 편도체는 5세까지만 성장하고 멈춘다고 한다. 이 원시적 감정은 그래서 5세를 넘으면 더 이상 발달하지 않는다. 그러므로 다섯 살 어린 아이나 나이 많은 어른이나 화, 분노, 두려움을 느끼는 원시적 감정은 똑같다. 아무리 학식과 덕망이 높아도 분노, 증오, 절망의 감정은 다섯 살짜리 유아가 만들어 내는 감정 속에 살 수밖에 없다.

앞의 중학생 간 싸움이나 캠핑 참가자들의 싸움도 역시 원시적인 두뇌인 이 편도체가 다섯 살짜리 유아적 감정에서 서로 싸움을 부추긴 것이다.

우리가 이것을 알고 또 다른 나로 나를 지켜볼 때 분노, 증오, 절망, 공포의 감정들을 이겨낼 수 있다. 우리 속에 5세 아이가 만들어 낸 감정에 휘둘리지 말아야 한다. 분노나 증오, 화의 생존 시간은 90초라고 한다. 90초만 지켜보면 이런 부정적인 감정들을 잠재울 수 있는 것이다. 우리가 웃는다면 90초의 시간도 훨씬 단축시킬 수 있다.

왜냐하면 스트레스 호르몬이 혈류에서 소멸 시간이 90초가량 걸리는데 웃으면 스트레스 호르몬을 중화시키는 좋은 호르몬이 나와 시간을 더 단축시킬 수 있는 것이다.

분노, 화를 다스리려면 30초만 웃어도 효과가 있다.

# 11
# 우주의 마음

큰 강당에 1,000여 명이 모여 있었다. 두 명씩 짝지어 팔의 힘을 서로 느껴보도록 실험한 후 그들에게 밀봉된 봉투를 하나씩 나누어 주었다. 봉투 500개에 천연비타민C가 담겨 있었고 다른 봉투 500개에는 인공감미료가 담겨져 있었지만 모두들 무엇이 들어 있는지는 몰랐다.

"여러분 봉투 다 받으셨죠? 그럼 봉투를 각자 가슴에 대보세요."

그러고 나서 전과 같이 팔의 힘을 느껴보도록 근력시험을 해보았다. 그런데 500명의 사람은 팔의 근력이 전보다 세졌고 나머지 500명은 팔 근력이 전보다 약해졌다.

"자, 이제 봉투를 뜯어보세요."

힘이 강해진 사람들의 봉투에는 모두 천연비타민C가 들어 있었고 힘이 약해진 사람들의 봉투 속에는 인공감미료가 들어 있었다. 우리 눈으로는 봉투 속을 볼 수 없지만 우리 몸은 무엇이 들어 있는지 느낀다는 것이다. 이러한 실험은 정신의학자 데이비드 호킨스David Hawkins 박사가 많은 사람들 앞에서 강의 도중에 종종 해보이는 시연이다. 청중들은 내 몸이 두뇌보다 똑똑함에 놀라곤 한다.

우리 몸은 뇌의 명령을 받지 않고 독자적으로 움직이는 것들이 매우 많다. 심장을 위시한 순환기 기관 모두가 그렇고 위를 비롯한 소화기 계통의 모든 장기들, 갑상선을 위시한 내분비 기관의 모든 장기들, 폐를 비롯한 모든 호흡기 기관의 장기들…….

모두 우리 뇌보다 똑똑해서 뇌의 영향을 별로 받지 않고 독자적인 생명유지의 임무수행을 묵묵히 담당하고 있다. 자율신경에 의한 모든 기관의 움직임이 우리 몸의 과부족을 스스로 측정하고 자율적으로 조절해 몸의 항상성을 지켜나가는 것이다. 우리 몸의 모든 기관들이 모두 자신만의 독특한 지능을 갖고 움직인다.

이런 실험도 있다. 우리 몸속 세포를 떼어다가 시험관에 넣고 바로 옆에서 피부 반응 감지기를 몸과 시험관 속에 설치하고 반응을 지켜보았다. 내 마음이 평화로운 때는 시험관의 세포도 평안을, 내 몸이 공포의 감정을 느낄 때는 시험관 속의 세포도 공포를 느끼는 것으로 나타났다. 같은 실험을 20km, 80km나 떨어뜨려 실험을 하였는데 결과는 마찬가지로 나타났다. 세포 한 개 한 개마다 우리 뇌로는 의식하지 못하지만 교류하고 있다. 미국 국방부가 1998년 실험한 결과이다.

러시아 과학자들은 이런 실험도 진행하였다.

어미토끼를 새끼토끼들과 떼어놓고 토끼 뇌에 전극을 삽입했다. 그리고 새끼들은 잠수함에 태워 수천 킬로미터 떨어진 북대서양 심해로 데려가서 한 마리씩 처형을 했다. 놀라운 일은 새끼들이 처형되는 순간마다 어미토끼의 뇌파는 크게 치솟았다. 수천 킬로미터나 떨어져서 볼 수도 들을 수도 냄새를 맡을 수도 없는 곳에서 일어난 일을 토끼 몸은 서로 교감하고 있었던 것이다.

인간의 뇌로는 도저히 상상이 가지 않는 일들을 몸의 세포들은 느끼고 있다. 그리고 뇌의 영향을 받지 않고 독자적인 활동을 하고 있다.

고래가 수만 킬로미터 바닷속을 헤엄쳐 자신들이 원하는 목적지에 이를 수 있는 것도, 철새들이 수천 킬로미터를 날아 자신들의 목적지에 이를 수 있는 것도, 코끼리들이 수백 킬로미터나 떨어진 가족을 찾아 밀림을 통과하는 것도, 누우떼들이 수백 킬로미터 떨어진 초원을 찾아 이동하는 것도, 그들의 두뇌 활동 때문이 아니라 몸속 세포들의 지능에 의해 방향을 찾고 목적지에 갈 수 있는 것이다.

몸속 세포들의 지능은 과연 어디서 나오는 것일까?

양자 물리학자들은 이 물음의 답을 미립자에서 찾았고 찾으려고 한다. 모든 피조물들은 고도의 지능을 가진 미립자들로 만들어졌으며 이 미립자들은 인간의 감정을 읽어낼 뿐 아니라 빛보다 빠른 속도로 우주 속 모든 것들과도 교감을 할 수 있다는 것이다. 모든 물질은 모두 미립자로 되어 있고 이것이 우주를 형성하고 있다는 것이다.

아인슈타인도 "우주에는 인간의 상상을 초월하는 거대한 마음이 있다"고 하였다.

독일의 노벨물리학 수상자 막스 플랭크도 "우주에는 의식적이며 고도로 지능적인 마음이 존재한다. 이 마음이 모든 걸 창조한다"고 말했다.

우리가 상상할 수 없는 일 같지만 우주의 역사는 바로 이 미립자의 역사이고 미립자의 관점에서 보면 우리 몸도 거대한 우주의 하나인 것이다.

한국의 부모가 미국에 있는 자녀를 위해 기도하면 그 기도가 담긴 미립자 에너지는 즉시 미국에 도달한다.

그래서 우리의 선행 하나하나가 우주 속에 기억되고 우리의 기도 하나하나가 우주 속에 전달되며 우리의 밝은 웃음 하나하나가 우주 속에 영상으로 기록된다.

무한한 지능의 보고. 우주 속 마음 미립자들을 내 마음으로 끌어오는 자석이 있다. 바로 내면의 웃음인 감사, 용서, 사랑이 그것이다.

오늘 하루도 감사하고, 용서하고, 사랑할 때 우주는 나에게 엄청난 에너지를 가져다줄 것이다.

# 12

## 이미지 투사 효과

항상 낯선 곳에서 강의를 하게 되기 때문에 즐겁기도 하지만 살짝 심적 부담을 느끼게 될 때가 많다. 그때마다 한 가지 사용하는 방법이 있다. 바로 방문하기 전 나를 맞아줄 사람이 환히 웃는 모습을 짧은 순간이지만 여러 번 떠올려 본다. 그런데 실제로 그 사람을 만나면 거의 다 환하게 웃는 모습으로 반갑고 편하게 맞아준다. 설사 웃고 있지 않더라도 매우 호의적으로 맞아준다. 이것이 우연히 아니라는 실험결과가 있다.

워싱턴대학의 과학자들은 평소에 마음이 잘 통하는 커플들을 피실험자들로 모았다. 그리고 서로 분리시켜 10m쯤 떨어진 다른 방에 각자 들어가 있도록 하고 한쪽 사람들에게 말했다.

"다른 방에 있는 짝에게 미소를 보내세요."

10m 떨어져 있는 상대에게 미소를 짓는 이미지를 그려보라고 한 것

이다. 그리고는 다른 방에 있는 상대들의 두뇌를 MRI로 촬영했다. 그런데 놀랍게도 한쪽에서 미소 짓는 이미지를 떠올릴 때마다 다른 방에 있는 상대의 시각 피질 내 혈중 산소치가 급증했다. 다시 미소 짓지 말라고 하자 혈중 산소치는 정상으로 돌아왔다. 그들은 이렇게 결론을 내렸다.

"이미지를 받는 사람은 이미지를 보낸 사람과 똑같은 이미지를 본다."

내가 마음속으로 미소 이미지를 보내면 상대방도 자신도 모르게 미소를 짓게 된다. 상대가 아무리 멀리 떨어져 있어도 같은 결과를 나타낸다.

이러한 이미지를 강연에도 활용한다. 모인 청중들에게 즐겁게 웃는 모습의 이미지를 짧게 여러 번 강의 시작 전에 보낸다. 그러면 그 강의도 훨씬 더 열정적이고 즐거운 강의가 되는 것을 경험하게 되었다. 결국 이미지를 투사하면 그대로의 결과가 나타나는 것이다.

이 이미지 투사는 사람만이 아니라 식물에게도 영향을 그대로 미친다. 1966년 미국의 CIA 거짓말 탐지기 권위자인 백스터는 사무실에서 화분을 바라보다가 엉뚱한 생각을 하였다.

'저 화분의 식물은 뿌리에서 가장 높은 꼭대기 잎사귀까지 물이 올라가는데 시간이 얼마나 걸릴까?'

그래서 거짓말 탐지기 종류 중 하나인 피부 반응 감지기를 잎사귀에 붙여놓고 물을 주었다. 그리고 그는 깜짝 놀랐다. 물을 주자마자 감지기 모니터에 즉각 '기쁨'의 반응이 나타났던 것이다.

이 피부 반응기는 혈압, 땀, 맥박 등 피부의 섬세한 움직임을 감지하여 감정의 변화를 알아내는 장치이다. 그는 호기심이 발동하여 식물에게 심한 스트레스를 주어보기로 했다. '잎사귀 하나를 떼어내 태워보면 어떨까? 사람처럼 공포감을 느낄까?' 그는 성냥을 가져오려고 옆 사무실로 가려다가 감지기 그래프를 한 번 더 바라보았다. 그런데 감지기 그래프가 마구 요동치고 있었다.

"앗! 이것은 공포 반응 아닌가?"

화초는 공포의 반응을 그래프로 그려내고 있었다. 그래프가 차트 꼭대기로 마구 치솟았던 것이다. 실제로 성냥개비를 긋지도 않고 그냥 생각만 했을 뿐인데 화초가 자신의 머릿속에서 일어난 생각을 읽어내다니. 그는 한발 더 나아가 얼른 옆 사무실에서 성냥을 가져왔다. 그리고 불을 붙여 잎사귀 가까이 가져갔더니 그래프 차트는 맨 꼭대기 한계치까지 계속 솟아올랐다. 불을 끄고 성냥을 옆 사무실에 갖다 놓고 나서야 그래프는 정상 상태로 떨어졌다.

얼마 후 그의 사무실을 방문한 동료에게 같은 생각을 하게 했다. 이번에는 여러 번 식물을 태워 버리는 생각을 하게 했지만 실행은 하지 않았다. 세 번까지는 감지기 그래프가 치솟아 올랐으나 네 번째는 공포 반응을 나타내지 않았다. 식물이 그 사람이 실제로 태우지 않으리라는 속마음을 간파한 것이다.

백스터 씨의 이런 실험결과는 양자 물리학이 정신세계를 본격적으로 파고들기까지 어처구니없는 조롱거리 신세를 면할 수 없었다.

그러나 최근에 개발된 최첨단 빛 촬영장치GDV를 통해서 그의 실험결과는 모두 사실로 확인되었다. 식물들도 그들을 향한 인간의 분노, 저주, 슬픔, 사랑, 기쁨 등의 감정을 정확히 읽어냈던 것이다.

이 연구를 담당했던 상트페테르부르크 기술대학 물리학 교수인 코르트코프 박사는 이렇게 말했다.

"사람의 뇌파도, 식물도 모두 똑같은 미립자로 만들어져 있습니다. 식물이 사람의 생각을 읽어내고 정보를 주고받는 건 지극히 당연한 일입니다."

지난 겨울 엄동설한에 창문을 열어놓아 얼어 죽었다고 생각되는 화초 몇 개를 아내가 미안하다고 사랑한다고 매일 말하며 지극정성으로 물을 주니 다시 잎사귀가 돋아나고 꽃을 피웠다.

이것을 보니 확실히 사람의 생각과 마음은 식물과 교감하는 것이 틀림없다. 그래서 양재천 산책길에 함부로 나무 잎사귀를 뜯거나 무심코 식물을 밟는 행동을 하지 않게 되었다. 생각날 때마다 스쳐지나가는 나무와 풀과 꽃들에게 사랑한다고 계속 되뇌며 지나가는 습관이 들었다. 그리고 그들을 보고 웃어주며 감탄하기도 한다.

파동과 미립자로 된 에너지는 식물이나 인간이나 한 뿌리인 것이다. 그래서 인간의 생각과 감정이 식물에게 전해지는 것이다.

# 13

## 불안한 마음 버리기

다음의 5가지 설문에 직감적으로 대답해 보자.
1. 낯선 사람들이나 낯선 장소에서 두려움을 느끼는가?
2. 신경이 예민한 사람이라고 여기는가?
3. 늘 긴장되고 초조한가?
4. 때로 아무 이유도 없이 공포감을 느끼는가?
5. 때로 식은땀이 나는가?

2개 이상 '예'라고 대답한 사람은 5개 모두 아니라고 대답한 사람들에 비해 심장마비로 목숨을 잃을 확률이 3배 이상 높고 또 갑자기 사망할 확률은 6배 정도 높다고 한다.

이 설문의 결과는 하버드 의과대학에서 34년 동안 2천 명이 넘는 남자들의 심장을 모니터한 결과 얻어낸 연구보고이다.

불안하고 걱정이 많고 권위적이며 강박적인 유형의 성격을 가진 사람들이 고혈압이나 심장병에 걸리기 쉽다는 것이다. 그리고 소화기관들에 손상을 입히고 또 통증들을 유발한다. 악순환이 자꾸 되풀이 되지만 본인은 그리 심각하게 생각하지 않는다.

이런 종류들의 질병 앞에는 모두 '신경성'이라는 말이 붙게 된다. 불안한 사람은 신경과 근육을 항상 긴장시키면서 어떤 장면이나 소리에 대해서도 민감하게 경계심을 보인다. 위험 요소가 있는지 새로운 장소에서는 자세히 훑어보는 무의식적 행동을 하며 뜻밖의 소리나 우연한 만남 앞에서 유난히 놀란다.

이런 반응들은 맹수들이 우글거리는 정글이나 사바나 초원에서라면 매우 우수한 본능이라고 할 수 있다. 그렇지만 도시의 안전한 환경 가운데서도 이런 불안을 느끼면 문제가 있다. 그런 경우 대개 만성불안으로 가게 되고, 몸이 계속 아프게 되고, 기분은 가라앉아 우울하게 된다. 그래서 불안한 사람이 우울증에 걸릴 확률이 매우 높다. 이 불안과 우울은 상호 복합적으로 서로 밀접한 영향을 미친다. 불안이 장기화되면 감정과 육체의 탈진상태가 따라오고 그 결과 우울증이 생기는 것이다.

불안은 막연히 인생과 자신에 대해 부정적인 생각을 하여 불행을 예감하고 두려워하는 것이고 우울은 죄의식이나 비관적인 기분을 나타낸다. 불안이 주로 고통스런 마음의 혼란 상태라고 한다면 우울은 사물에 대한 반응과 활력이 낮아지거나 혼란스러워 하는 상태이다.

불안과 우울은 모두 수면과 식욕에 문제를 일으켜 삶을 피곤하게 한다. 그리고 설사나 위경련 같은 증세나 두통, 요통, 목의 통증 등 긴장성 통증을 일으킨다.

의사들은 정확한 신체적 원인을 발견하지 못하고 그냥 "신경성이네요. 푹 좀 쉬세요. 물리치료 좀 받으시고요" 정도로 끝내버린다.

이런 불안한 마음은 사회성 불안으로 발전하기도 한다. 사람들과 식사하는 일이나 공중화장실을 가는 일에도 어려움을 느끼며 바보처럼 보이거나 그렇게 취급당할까봐 신경을 곤두세우고 결국은 모임에 가는 일을 꺼려한다.

무슨 일을 위해 외출하기 전엔 불안한 마음 때문에 화장실을 몇 번이나 들락거려야 할 때도 많다. 가게에서 산 물건에 하자가 있어도 바꾸어 달라는 말도 못하고 혼자 스트레스를 받는다. 어떤 이들은 이 사회성 불안을 털어내기 위해 자주 술집을 찾고 모임이나 술자리에서 늘 과음을 한다.

불안의 형태로 드러나는 신체적 징후들은 얼굴이 붉어지고 땀 흘리기, 목구멍 수축, 숨이 막히는 느낌, 정신적인 혼란으로 대화가 불가능하게 되기도 한다.

누구나 다 가지고 있는 무대공포증, 데이트 불안, 시험 불안, 면접 불안 등에 대해서도 다른 사람들은 실수하지 않고 자신만만하게 하는데 오직 자신만이 불안하고 초조하며 떨리는 것으로 생각한다.

그렇다고 불안이 모두 나쁜 것은 아니다. 잠깐 잠깐씩 느끼며 이에 대해 긍정적으로 대처하는 습관을 연마하면 우리에게 부딪치는 많은 문제들을 해결해 주는 원동력이 되고 자신의 성장을 위해 중요한 정서가 될 수 있다.

그러나 늘 심한 불안감에 시달린다면 엄청난 대가를 치러야 한다. 불안과 우울을 이겨내는 방법은 약물 요법과 심리적 상담 요법이 있으나 모두 의사와 심리상담사의 도움을 받아야 한다.

그러나 자기 스스로 이겨낼 수 있는 방법이 있다. 인생의 모든 사건을 긍정과 희망적으로 생각하는 습관을 기르되 늘 웃으며 하는 것이다.

늘 불안과 우울로 시달리던 이에게서 문자가 왔다. 그는 하하웃음행복센터에 다닌 지 석 달 정도가 되었다고 했다.

"봄 산에 피는 꽃이 그리도 고마울 줄이야. 하하웃음행복센터에 다니기 전엔 우울한 마음 때문에 정말로 모르고 지냈습니다. 웃음이 내 인생을 바꿔 놓았군요. 원장님 감사합니다. 하하하 호호호."

웃음을 실천하면 인생이 바뀐다.

불안과 우울을 뛰어넘는 웃음을 사용하자.

'신경성'은 '웃음꽃'이 확실한 처방약이다.

# 14

# 알츠하이머

"그가 눈을 감았다는 소식을 들었을 때 나는 기뻤다. 남편이 죽었다는데 기쁘다니. 끔찍한 이야기로 들리겠지만 실제로 나는 그가 그런 추악한 병으로부터 해방되었다는 사실에 너무도 행복했다. 남편이 자신의 처지를 전혀 모르고 숨을 거뒀다는 것이 얼마나 감사한 일인지 모른다. 그것은 불행 중에 내린 작은 축복일 것이다. 그 축복은 몇 년 동안 나를 지탱해 준 힘이 되었다.

사랑했던 사람이 그토록 참혹한 모습으로 변해 가는 것을 지켜보는 것은 정말로 참기 힘든 일이었다. 남편의 사망 소식을 듣고 병원으로 달려갔을 때 의료진들은 그를 마지막으로 보겠느냐고 물었다. 나는 단연코 싫다고 했다. 나는 눈을 감은 남편의 얼굴을 기억 속에 담아두고 싶지 않았다. 그건 나를 위해서가 아니라 남편을 위한 최선의 배려였다."

알츠하이머 질환으로 6년간 남편을 수발해 온 어떤 아내의 심경을 적어놓은 것이다. 알츠하이머 환자를 둔 가족들의 좌절과 고통은 이루 말할 수 없을 정도로 힘겨운 투쟁의 연속이다.

"세상에 병도 그런 몹쓸 병은 없을 거예요. 한 인간을 완전히 깎아먹어 버리는 병 말이에요! 남편은 자신에게 무슨 일이 일어났나 알았다면 더 이상 살려고 하지 않았을 거예요. 남편이 아무것도 몰랐다는 게 그나마 다행이었겠죠?"

알츠하이머 질환이 남편에게 찾아오기 전까지 그들 부부는 모든 사람들이 부러워하는 멋진 잉꼬부부였다. 그들의 사랑은 더욱 성숙해졌고 자녀들을 잘 키워 결혼시켰다. 직장 은퇴 후에도 70대 초반까지 큰 회사 자문역할을 하며 비교적 여유 있는 재산도 있었고 모범가장 역할을 잘 감당하며 행복한 나날을 보내고 있었다.

그러나 은퇴 후 첫 이상 현상이 발생하였다. 아내가 외출할 때마다 화를 내기 시작한 것이다.

"나 혼자 집이나 지키려고 은퇴한 게 아니란 말이야!"

시간이 지날수록 분노가 폭발하기도 했다. 결혼한 아들을 비난하며 분노하기도 하고 아무 관계도 없는 정치인들을 들먹이며 분노하기도 하였다. 이런 일이 자주 반복될수록 아내의 마음은 무너져 갔다. 처음에는 '훌륭한 일과 직장에서 물러나야 했기에 생기는 실망감이나 분노겠지' 라고 비교적 가볍게 여기고 넘기려 했으나 반복적인 행동에 참기 힘든 상황이 된 것이다.

그와 동시에 남편은 자꾸만 기억을 못하는 일이 생겨났다. 소지품들을 종종 잃어버리는 일이 있었지만 전날 저녁 친척들이 와서 함께 즐겁게 지내고 간 일을 다음날 아침 기억조차 못하는 일이 발생했을 때 아내는 두려움이 들기도 했다. 애써 '나이가 들며 기억력이 급격히 감퇴했겠지' 하며 자기 자신을 위안하기도 했다.

그러나 한 달 정도 지난 후 세상이 무너지는 사건이 일어나고야 말았다. 외출 후 집에 들어온 아내에게 다른 사내를 만나고 왔다며 남편은 펄펄 뛰기 시작했고 집안의 물건들을 던지기까지 했다. 그 다른 사내도 몇 년 전 세상을 떠난 자기 친구 이름을 들먹이며 분노를 쏟아낸 것이다. 그러나 계속 그런 것도 아니었다. 보통 때 잠깐씩 만나는 이웃들이나 친척들에게는 다정하며 친절한 행동을 하였고 멋쟁이 노인으로 비쳐지고 있었다.

이때에서야 남편이 알츠하이머 질환이 발병한 것을 부인은 알게 되었고 이 질병은 호전되지 않고 천천히 진행되지만 끊임없이 계속 된다는 사실을 알았다. 결국 발병에서 사망까지 최소 3~4년, 최장 10~14년까지 걸리는 불치병이라는 사실도 알게 되었다.

"어떤 날은 밤에 잠을 자다가 벌떡 일어나더니 나에게 여동생이 몰래 자기 침대에 들어와 같이 잔다고 쫓아내기도 했구요. 어떤 날은 내가 전혀 누구인지 알아보지 못하고 물건 훔치러 온 도둑으로 몰아 나를 쫓아내려고 있는 물건을 손에 닥치는 대로 집어 던지더라고요. 결국 경찰을 불렀고 강제로 병원에 입원시키고야 말았죠."

남편은 입원 후 몇 주 만에 요양원으로 이송되었다.

"딸하고 같이 요양원을 방문했었어요. 그러나 남편은 딸을 못 알아보는 거예요. 젊은 여자는 누구예요? 하고 물어보는데 마음이 무너지더라구요. 그 후로 갈 때마다 젊은 여자는 당신 딸이라고 소개시켜주어야 했어요. 그것도 잠시 뿐 금방 또 잊어버리더라구요."

시간이 지나면서 남편은 아내도 알아보지 못하게 되었다. 어떤 날은 여자 친구로 생각했다가 어떤 날은 요양원에서 일하는 여자로 생각하는 듯했다. 병세가 점점 더 진행되며 자신의 착각 속에 지내는 일이 많아졌다. 어떤 날은 요양원장이 되어 다른 이들을 보살피는 착한 모습을 보이기도 했고 어떤 날은 호텔 사장이 되어 병실에 있는 다른 이들을 직원처럼 대하기도 했다.

시간이 지나면서 그의 사고와 말은 서로 어긋나기 시작했다. 어떤 날은 기차가 늦게 도착했다고 마구 화를 냈다. 그러면서 끈이 풀어져 있는 구두를 보고 마구 화를 내며 집어 던지기도 했다. 병세가 심해지며 먹는 법, 씹는 방법조차 잊어버리기도 했고, 자신의 이름도 자신이 누구인지도 기억하지 못하는 심각한 상태로 빠지게 되었다.

그러나 가끔 기적 같은 일이 일어나기도 했다. 아내를 바라보며 다정했던 옛 남편같이 부드러움과 애정 어린 목소리로 "사랑해. 당신 정말 아름다워. 사랑해"라는 말을 중얼거리기도 했지만 곧바로 다시 망각의 세계로 빠져들어 갔다.

시간이 지나며 인간 대 인간의 모든 교신은 끝나버렸다. 남편이 완전히 무능력 상태에 빠진 것이다. 의식은 있는 듯했지만 자신에게 일어나는 모든 일은 전혀 지각하지 못하였다. 대소변을 흘려도 모르고 욕창이 나도 모르고 목욕을 위해 옷을 벗겨도 반응이 없었다.

"예전에 그 사람이 어떤 사람이었는데요! 자신만만하고 고집 세고 다른 사람에게 고상하며 위엄 있게 보이려고 단어 하나도 잘 선택해서 말하던 사람이었는데요. 그리고 얼마나 멋쟁이였는데요. 전혀 모르는 사람이 옷을 벗겨 씻겨주어도 의식하지 못하는 거예요. 그걸 바라보는 심정이 어떤지……."

부인은 눈물을 흘리며 말을 더 할 수 없었다.

미국 통계 조사에 의하면 미국 65세 이상 노인 중 약 11퍼센트 정도가 알츠하이머 질환에 시달린다고 한다. 65세 이하까지 환자 수를 합치면 약 4백만 명 정도이다. 이 수치는 계속 증가할 것으로 예측되며 2030년에는 15배가 넘는 6천만 명 정도 될 것으로 예상한다. 이 환자들을 위한 직간접 경비도 연간 4백억 달러(40조 원)에 이르는 막대한 지출을 해야 한다.

우리나라도 노인성 치매가 점점 증가하고 있다. 알츠하이머 질환은 인간의 인내 한계를 시험하기 위해 생겨난 병일지도 모른다. 이 병에서 단 한 가지 탈출구는 그 사람이 죽는 것이다.

행복했던 인생, 승리와 환희로 차 있던 인생이 불과 몇 년간 사이에 끝없는 불행의 구렁텅이로 처박히는 인생으로 급변하게 만드는 질병이다. 이 질환의 치료 및 예방법은 물론 정확한 발병 원인조차도 밝혀져 있지 않다. 자신과 이웃을 사랑하며 감사의 삶을 살아가는 것이 예방과 진행 속도를 늦추는데 좋은 영향을 미칠 수 있다. 즐겁게 감사한 마음으로 사색하며 걸으면 뇌 세포가 활성화된다.

그리고 평소에 많이 웃는 사람은 뇌에 산소 공급량도 많아지고 혈류 공급량도 많아져서 뇌세포가 죽어가는 현상을 많이 줄일 수 있다. 그리고 좋은 유전자들이 깨어나 치매 현상을 늦출 수 있다.

웃음은 인생의 마지막 커튼이 내려질 때까지 인간의 존엄성을 더 지켜줄 수 있다.

# 15
## 감정의 감옥

저녁 늦게 퇴근하려는데 전화가 왔다. 내 책을 사서 읽었다며 자신의 상황에 너무 공감하는 글이 많고 감동을 받았다고 한다. 그리고 자신의 처지를 이야기하며 상담하는 전화였다. 내 책을 읽고 감동받았다는데 적당히 끊고 퇴근할 수 있는 상황이 아니어서 40분 정도 이야기를 들어주고 나의 의견을 말해 주었다.

그는 50대 초반의 공무원이라고 했다. 지금 자신의 처지가 너무나 외롭고 우울하다는 것이다. 결혼 후 십 년 된 아내와 이혼하고 아이들도 다 뺏기고 직장에서도 과장 진급을 해야 하는데 윗사람이나 아랫사람 모두 자신을 따돌리는 것 같다는 것이다.

내 책을 읽고 열심히 미친 듯이 웃어봤지만 그 당시만 마음이 조금 편해지는 느낌이 있을 뿐 다시 외로움은 밀려오고 그래서 잘 웃게 되지 않는다고 했다. 정신과 의원도 다녀보고 심리상담도 받아봤지만 크게 도움이 되지 못하였다고 했다.

매일 느끼는 외로움과 소외감으로 삶을 살아가는 것이 힘에 버겁다고 했다. 이젠 자신마저 혐오하게 되었고 누구와도 어울릴 수 없게 되었고 남들이 살아가는 모습을 보노라면 자신은 너무 초라해지고 사랑받을 자격마저 없는 사람이라고 자포자기하게 된다는 것이다. 정신과 약도 크게 도움이 되지 않고 장복하면 중독성이 있어 끊지 못할 것 같아 안 먹는다고 했다.

지독한 외로움은 우리를 고통스럽게 만든다. 외로움이 깊어지면서 느끼는 분리감, 소외감은 우리의 행복을 송두리째 날려 버릴 뿐 아니라 우리 안에 있는 공격성도 자극해서 드러나게 한다.

자신을 비하하고 혐오하는 감정을 일으켜 더 큰 고통 속에 빠지게도 된다. 사람들 속에 있으면서 또 조직 속에 일원으로 있으면서도 나는 혼자라는 생각이나 누구도 나를 좋아하지 않을 것이라는 부정적인 생각들은 자신을 급격히 파괴하고 절망감에 빠지게 한다.

많은 이들이 나를 보며 쑥덕거리고 비난한다는 생각에 빠지기도 하며, 그냥 자기들끼리 웃는 모습만 보아도 마치 나를 비웃는 듯한 착각에 빠지기도 한다. 나는 사랑받을 자격이 없다고 자학하게 되면 이 세상 누구의 사랑과 진심도 받아들일 수 없게 된다.

먼저 정신과에 찾아가 다시 진료를 받으라고 권했다. 그리고 약을 빠짐없이 꼭 복용하라고 권했다. 그러면서 심리치료를 병행하는 것이 좋다고 이야기하였다. 상담자의 경우에는 우선 급한 것이 약물과 상담 치료이며 웃음은 이 효과를 함께 높일 수 있는 보완의학임을 명확히 이야기해 주었다.

당신은 진정 소중한 사람이기 때문에 자신을 그렇게 비하해서는 안 된다고 하였다. 있는 그대로의 자신을 인정하고 자신을 사랑하는 것은 너무나 중요하다. 자신이 사랑 받을 자격이 충분히 있는 고귀한 생명이라는 것을 인식하는 것이 무엇보다 중요하다. 자신을 사랑할 수 있어야 하고 반드시 사랑하여야만 만나는 많은 사람들의 사랑도 느낄 수 있다.

누군가 나를 사랑한다고 나의 외로움이 가실 것이라는 착각을 하지 말아야 한다. 먼저 내가 나 자신을 사랑하고 그 사랑을 누구에게 줄 때 외로움은 사라진다. 내가 나를 내던질 정도로 사랑하는 것이 있을 때 외로움의 껍데기를 벗어던지고 우울함에서 벗어날 수 있다.

웃음에 대한 방법을 알기 위해 전화한 것 같은데 결국은 인생 심리상담이 되어버렸다. 외로움은 자신에게만 몰두하도록 하는 감정이다. 외로움으로 고통을 받고 있는 이들은 대부분 자신의 관심을 다른 이에게 돌리지 못하고 순전히 자신에게만 몰두하는 데서 비롯된다.

이것들이 계속 되풀이되다 보면 어느새 자신을 파멸의 고통 속으로 몰아넣고 만다. 자신에게만 몰두하는 감정에서 벗어나기 위해서는 시간적으로나 공간적으로 멀리 떨어져서 자신을 볼 수 있게 하는 것이 매우 효과적인 방법이 될 수 있다.

즉 100년 후 1,000년 후에 지금의 자신을 생각해 보든지 태양계나 은하계 속 먼 우주 속으로 날아가서 자신을 보는 것이다. 이렇게 시간적, 공간적으로 멀리 떨어져서 자신을 볼 줄 아는 능력만 있다면 지금 자신의 문제는 아무런 문제가 되지 못 한다는 것을 깨닫게 될 것이다.

외로움을 느낄 때마다 시간여행이나 우주여행을 마음속으로 떠나는 연습을 해보자. 나를 밖으로 끄집어내서 먼 훗날로 여행하거나 우주의 공간 속으로 여행을 하는 비법을 연습하면 삶의 모든 문제들을 대범하게 넘기거나 해결하는 지혜를 얻을 수 있다.

100년만 지나도 나를 기억하는 사람은 아무도 없을 것이다. 태양계 속 가까운 토성까지만 가더라도 지구는 눈에 보이지 않을 정도의 티끌만한 존재가 된다.

우선 자신이 감정의 감옥 속에서 밖으로 탈출해야 한다. 다음으로 누군가를 사랑한다, 사랑한다 하면서 한 발짝 한 발짝씩 다가가는 연습을 해야 한다. 감정의 감옥에서 탈출해서 사랑의 마음으로 다른 이에게 다가가기 위해서는 웃음이 매우 중요한 역할을 한다.

왜냐하면 웃음은 가장 긍정적인 정서를 일으키며 삶의 의욕을 부추겨 일으키는 역할을 하기 때문이다. 웃음은 자신에게만 몰두하는 감정의 감옥에서 벗어나 다른 이와 함께 나누는 유익한 방법이다.

오늘도 나를 향해 달려오는 외로움을 웃어넘기고 웃어서 버리자.

이웃들에게도 함께 웃음을 나누어 주자.

웃음은 나와 이웃들에게 좋은 일이 일어날 수 있도록 도와주는 응원군이다.

# 16
## 호저 컴플렉스

철학자 쇼펜하우어는 심리학 용어 '호저 컴플렉스'라는 말을 처음 사용했다. 호저의 몸에는 가시가 있다. 춥기 때문에 몸을 따뜻하게 하려고 딱 달라붙으면 서로의 가시에 찔려 상처를 입는다. 그러나 떨어지면 춥다. 그래서 떨어지기도 하고 달라붙기도 하면서 추위도 느끼고 상처도 입는 행동을 반복하게 되지만 그러한 결과로 서로 상처도 안 주고 추위도 덜 느끼는 적정한 거리를 자연히 터득하게 된다.

인간도 너무 가깝게 다가가면 서로에게 상처를 주고 너무 떨어지면 고독하고 외롭다. 이러한 시행착오를 거듭해서 반복하며 적당한 거리를 찾아내고 그래서 상대와 오래오래 교제할 수 있다. 그런데 그 거리는 상대에 따라 또 경우에 따라 다르므로 개개인의 상황에 맞추어 몸과 마음으로 경험하며 찾아낼 수밖에 없다.

사람들을 만나면 금세 친해지는 성격을 가진 사람들이 있다. 그렇지만 이렇게 급히 친해지면 오래가지 못하는 경우가 많다. 밀착해서 적정한 거리를 두지 않기 때문에 상처를 입기 쉬운 것이다.

상대가 싫어한다는 눈치를 채더라도 자신이 너무 밀착한 탓이라고는 깨닫기 쉽지 않다. 그렇지만 이런 성격의 소유자들은 큰 상처도 받지는 않는다. 금방 또 친한 사람이 생기기 때문이다.

그러나 계속 이런 상황 즉 너무 달라붙는 바람에 상대가 떠나가고 또 다른 사람을 찾았지만 또 너무 달라붙는 성향 때문에 그 사람도 역시 떠나가는 악순환이 되풀이 되면서 자신은 늘 외로움 속에 살아야 되는 것이다.

반대로 다른 사람과 여간해서 접근하지 못하는 성격의 사람들도 있다. 그들은 항상 적정거리보다 훨씬 더 멀리서 지켜보다가 끝나는 경우가 많다. 오랜 준비 끝에 정말로 친한 교제를 할 수 있을 수도 있으나 도가 지나치면 실패를 두려워하는 나머지 전혀 접근하지도 못하고 끝나는 경우가 더 많다. 조금만 접근하면 상대가 싫어하는 것 같은 느낌이 오고 "역시 별로 친하다고 생각지 않는 구나"라고 단정 지으며 물러서 버리고 마는 것이다.

달라붙었다 떨어졌다 하며 시행착오를 거치지 못한 채 떨어져 있기만 하므로 역시 외로움을 느끼고 살게 되는 것이다. 외로움도 덜 느끼고 상처도 덜 받고 하는 적정거리를 유지하며 사는 것이 가장 현명한 방법이지만 어디 그게 쉬운 일이던가. 사람들 사이의 마음과 마음의 거리는 적정거리를 측정하기가 매우 어렵고 난해한 일이다.

그래서 이것저것 재보며 거리를 두고 관찰하기보다는 종종 상처를 입더라도 과감하게 접근해 보는 것이 훨씬 자신을 위해서 좋은 경험이 될 수 있다. 그래야 적정거리를 파악하고 견지하는데 훨씬 빠르고 현명하게 대처할 수 있는 능력과 지혜가 생기기 때문이다. 상처를 입더라도 과감하게 접근하기 위해서는 용기가 필요하다.

윌리엄 쉐드는 말한다.

"항구에 머무는 배는 안전하다. 그러나 배는 항구에 정박해 있기 위해 만들어진 것은 아니다."

찔리는 고통이 두려워 접근하지 못하는 이들은 결코 인간관계의 지혜를 깨달을 수 없다.

독일의 한 연구소가 15년 동안 천 명을 대상으로 연구한 결과 고통이나 역경을 극복한 경험이 있는 사람들이 훨씬 지혜롭다는 결론을 내렸다. 상처 입은 경험이나 고난의 경험을 극복한 사람들이 지혜를 발휘하여 훨씬 더 위대한 업적을 이룩할 수 있다.

인생에서 가장 큰 교훈은 성공했을 때 얻는 것이 아니라 실패했을 때 얻을 수 있다. 가시에 찔릴 것을 두려워하지 말고 용감하게 모험을 감행해서 도전해 보는 것이 바람직하다. 가시에 찔릴까봐 접근하지 못하는 사람들은 나름대로 많은 변명거리가 있다.

"찔리면 상처입고 고통스러워……."

"저 가시에는 독이 있어. 찔리면 독이 퍼져 죽을지도 몰라……."

"다른 사람은 안 찌르면서 왜 나만 찔러 상처를 입히는지 몰라……."

"상대방 가시는 나보다 훨씬 길어 접근해 봤자 나만 찔린다니까……."

"나를 안 찌르는 가족들 말고는 모두 소용없어. 아예 다가가지 말아야 한다니까……."

자신이 내세우는 변명이 결국 자신을 합리화하는 방어기제가 되고 이런 방어기제가 심해지면 정신과 치료를 받아야 한다.

사람들은 누구나 외로운 것이 정상이라고 생각하라. 나만 상처받는 것이 아니라 누구나 상처를 받는다. 항상 상처받는다고 생각하지 말고 이번만 상처받았다고 생각하라.

나의 삶은 늘 상처받는다고 생각하지 말고 이번 이 상처를 통해서 나는 이런 사람에게는 이렇게 접근하는 것이 좋지 않았다는 교훈을 배웠다고 생각하라.

상처받더라도 크게 아파하지 않고 또 상대에게 덜 찔리는 접근방식이 있다. 웃으며 다가가기이다. 웃으면 긴장도 덜하고 여유로움도 생기고 찔렸을 때 아픔도 덜 하고 찔리고 난 후 회복도 빠를 수 있다.

인간관계에서 웃음은 상처 입을지도 모르는 경우에 있어서 예방약이고 상처 입을 때 고통을 현저히 줄여주는 진통제이며 치료제이다. 그리고 용감하게 다가설 수 있게 하는 응원군이다.

오늘도 나에게 상처를 주는 사람에게 웃으며 다가가 보자.

# 17
### •••
# 긴장성 근육통 증후군

19세기 아프리카 탐험가 다비드 리빙스톤은 탐험 중에 사자의 공격을 받았다. 사자는 날카로운 이빨로 그의 어깨를 물고 땅바닥에 내팽개쳤다. 그리고는 고양이가 생쥐를 가지고 놀 듯 앞발로 차기도 하고 물고 좌우로 흔들어 대기도 했다. 무사히 구출되어 회복된 후 그는 당시 상황을 이렇게 기록했다.

"나는 그 순간 어떤 공포도, 아픔도 느끼지 못했습니다. 그냥 사자에게 공격을 받고 있고 이를 어떻게 피해야 하나 하는 생각만이 머리를 스치고 지나갔습니다. 초식동물들이 육식동물들에게 공격을 받아 잡혀먹힐 때 이런 상태로 잡혀먹히겠구나 하는 생각도 스쳐지나갔습니다. 마지막 잡혀먹히는 순간에 공포나 아픔을 느낄 수 없다는 것은 우리의 창조주가 죽음의 고통을 덜어주기 위해 내려준 자비로운 선물일 것이라는 생각이 들었습니다."

친구 한 명이 대학생 때 미식축구부에 들어가 한참 재미를 붙였다. 시합 중 발가락이 부러지는 부상을 당했지만 그는 시합 끝날 때까지 그 부상을 느끼지 못했는데 시합이 끝난 후에야 통증이 심해졌다는 이야기를 했다.

종종 전쟁 시에도 심한 부상을 당한 병사가 통증을 느끼지 못하고 자신의 동료를 구해내거나 위험한 곳을 벗어나 안전한 곳에 도착한 뒤 죽음을 맞는 스토리를 종종 본다.

이렇게 비상사태나 긴박하고 위급한 상태에서 우리 몸은 통증자각을 억제하며 이를 "위급상태의 통각상실증"이라고 표현한다.

6·25 한국전쟁 중 한 군의관이 갑자기 맹장염의 극열한 통증을 느꼈다. 그러나 그의 앞에 수많은 부상병이 실려와 신음하고 있었기 때문에 자신을 치료할 사정이 못 되었다.

그는 자신의 수술을 몇 시간 뒤로 미루고 정신없이 부상병들을 돌보기 시작했다. 그러면서 간호사에게 모르핀 주사액을 가져오라고 시켰고 그 주사를 자신이 맞았다. 모르핀 주사 후 통증은 사라졌고 자신은 부상병들을 계속해서 돌볼 수가 있었다. 일주일쯤 지난 뒤 그 군의관은 간호사의 일지를 보게 되었다. 거기에 이렇게 적혀 있었다.

"군의관이 모르핀을 요구했다. 그렇지만 나는 그에게 식염수를 가져다주었다. 왜냐하면 그는 무척 불안해 보였기 때문에 그에게 모르핀을 안 주는 것이 더 낫겠다고 판단했다."

어찌 되었던 그 군의관은 통증이 없어졌고 맹장염이 낫게 된 것이다. 이 군의관은 가짜 약으로 통증이 사라지고 질병이 치유된 것이다. 플라시보 효과였던 것이다. 매우 실제적이고 심신을 약화시키는 통증도 환자 스스로 치유되기를 원하고 나을 수 있다는 희망이 강력하면 플라시보 효과로 치유되는 경우가 많다.

　기분과 활동과 신념 그리고 당면한 상황은 통증자각에 큰 영향을 미치게 된다. 두통은 즐거운 담화를 나누고 있거나 TV에서 코미디를 보고 웃을 때나 독서 삼매경에 빠져 있을 때 훨씬 아픔을 덜 느낀다. 그리고 곧 나을 것이라는 확고한 신념을 가진 이는 통증자각이 훨씬 덜 해진다. 그렇기 때문에 우리는 신체적, 감정적 고통 앞에서 일방적으로 피해만 당하지 않을 수 있다.

　세로토닌 활동을 높여주는 운동과 기분을 좋게 해주는 적극적인 방법들을 적절히 잘 활용한다면 통증의 정도를 훨씬 더 낮추어 줄 수 있을 것이다.

　웃음생활을 시작하기 전 필자는 만성적 통증에 시달리고 살았다. 십이지장궤양, 위궤양 등으로 인한 위통, 편두통, 속 쓰림, 심한 스트레스로 인한 견통, 두통, 좌골신경통……. 그러나 5시간을 미친 듯이 웃으면서 통증이 깨끗이 사라지는 경험을 한 후 지금까지 계속 열심히 웃어서 약 9년간 통증 없이 지내고 있다.

　가끔 스트레스가 많은 날 약간 통증의 기미가 보이려고 할 때는 나만의 비법을 쓰고 있다. 미국 뉴욕의대 존사노 박사의 긴장성 근육통증후군TMS에 대처하는 방법을 사용하는 것이다. 이 방법은 너무도 간단하다. 편안한 자세로 앉아 알아차리기만 하면 되는 것이다.

　즉 지금 시작되는 통증은 내가 받는 스트레스를 어떻게든 처리하기 위한 신호이고, 나의 뇌는 지금 통증이 시작되려는 부위를 임의로 선정해서 미세한 산소결핍증을 유발하도록 하여 통증을 발현하려는 현상임을 알아차리는 것이다. 그리고 3~5분 정도 무음소로 소리내지 않고 웃는다. 그리고 다시 맑고 유쾌하고 활기차게 활동하는 자신의 모습을 상상한다. 그리고 나는 안전하고 행복한 것에 대해 신과 자신에게 감사와 사랑의 마음을 표하는 것이다.

디스크와 같은 물리적 신체 이상으로 유발되는 통증은 어쩔 수 없이 의료진의 도움을 받아야 하지만 심리적 스트레스로 인한 백페인Back pain에는 아주 놀라운 효과가 있음을 발견하였다.

"현대인들이 겪는 통증의 70% 이상은 긴장성 근육통 증후군TMS으로 대부분 이들 통증은 백페인이며 알아차림 - 웃음, 감사와 사랑의 심리적 방법으로 치유할 수 있다."

많은 이들이 이 방법으로 통증에서 해방될 수 있기를 염원한다. 통증 자각은 기분, 신념 그리고 당면한 상황과 활동에 영향을 크게 받음을 다시 한 번 생각해 보자.

# 18
## 숲속의 웃음 치유

1900년대 초 미국 뉴욕의 한 병원은 창궐하는 폐결핵 환자들을 수용할 수 있는 병실이 크게 부족하였다. 그래서 병원 뒤뜰 숲속에 임시로 천막병동을 만들어서 폐결핵 환자들을 수용하였다. 그런데 숲속에 수용한 환자들의 치료효과가 월등히 높게 나타났다.

이 병원에서 이런 사실을 학술지에 보고하면서 숲의 치료 효과가 관심을 끌게 되었다. 숲속에서는 나무들이 피톤치드Phytoncide라는 휘발성 향기 물질을 내뿜는다. 숲속에서 느끼는 시원하고 상쾌한 숲의 냄새가 바로 이 피톤치드의 냄새이다. 이 향기는 수목들이 자신을 방어하기 위해 내뿜는 향기로 주위의 구균, 바이러스 등의 미생물들을 죽이는 물질이다.

피톤치드는 '식물'이라는 뜻의 파이톤Phyton과 '죽이다'라는 뜻의 사이드cide가 합쳐진 합성어이다.

스트렙토 마이신을 발견해 결핵을 퇴치한 공로로 노벨의학상을 받은 미국의 세균학자 왁스먼Waksman이 처음으로 이름을 붙인 휘발성 향기 물질이다.

이 피톤치드는 식물들이 내뿜는 방향성 항균물질을 모두 말하는 것이며, 어떤 식물이든지 모두 자신을 방어하는 물질을 내뿜는다.

풀이나 잔디를 깎고, 식물이나 나무가 부러질 때 냄새가 더욱 강하게 나는 것은 상처받은 식물들이 자신을 방어하기 위해 피톤치드를 더욱 강하게 뿜어내기 때문이다.

소나무를 비롯한 침엽수에서 내뿜는 피톤치드 성분은 특히 휘발성이 강하고 톡 쏘는 듯한 향기가 나오기 때문에 침엽수에서만 피톤치드가 나오는 것으로 오해하기 쉽다. 피톤치드는 살균작용도 하지만 항균작용이 더 큰 이점으로 작용해 면역력을 키워준다.

혹시나 피톤치드의 독성이 인체에 해롭지 않을까 의심이 되지만 잣나무, 편백나무, 화백나무에서 나오는 피톤치드 성분을 쥐에게 투여해 독성 검사를 하였는데 몸에 전혀 해롭지 않을 뿐 아니라 코르티졸 농도가 20~53%까지 낮아진 것을 발견하였다. 쥐의 스트레스 강도가 훨씬 낮아진 것이다. 따라서 피톤치드는 심리와 정신적 안정에 매우 크게 기여한다는 사실이 밝혀진 것이다.

실제로 생리 활동이 왕성한 젊은이들을 대상으로 피톤치드가 많은 숲속에서 생활하게 하였더니 알파파가 많이 증가하고 감정도 안정되며 편안한 상태에 이르게 되었다.

살균효과에 대한 조사도 있다. 식중독과 수막염을 일으키는 리스테리아균, 화농과 중이염을 일으키는 황색포도상구균, 항생제에 내성을 갖는 포도상구균, 폐렴 등을 일으키는 레지오넬라균, 가려움증이나 여성질염을 일으키는 캔디다균을 대상으로 비교 연구한 결과 피톤치드가 일반 약국에서 파는 항생제나 항진균제 못지않은 살균력이 있는 것으로 판명되었다. 특히 레지오넬라균에 대한 효과는 우월하였다. 그런데 피톤치드는 일반 항생제에 비해 고질적인 내성이나 부작용이 없다는 장점이 있다.

피톤치드가 가장 많이 발산되는 계절은 봄과 여름이지만 가을, 겨울에도 계속 발산한다. 따라서 사계절 모두 산림욕은 가능한 것이며 피톤치드가 가장 많이 발산되는 시간은 정오부터 오후 3시 정도지만 산림욕을 하기 쾌적한 시간은 오전 10시경에서 오후 2시경이 좋을 듯하다. 나일론 옷이나 꽉 죄는 옷보다는 땀 흡수가 잘되고 비교적 느슨해 공기 소통이 잘 되는 옷을 입는 것이 좋다.

숲은 아주 맑은 산소와 음이온도 제공하기 때문에 노화를 예방하고 심장의 건강과 기능 활성화에 매우 좋으며 뼈를 튼튼하게 해주어 골다공 예방을 위해 좋은 환경이 될 수 있다. 아토피 치료, 알콜중독 치료, 암 치료, 우울증 치료, 비만 치료, 고혈압, 당뇨 합병증을 치료하는 데도 매우 좋은 환경이 되기도 한다.

하하웃음행복센터 수련회는 광릉국립수목원 삼림욕장에 인접한 곳에서 한다. 광릉은 우리나라 숲의 자존심이라 할 수 있다. 세조 임금의 권위가 얼마나 높았던지 500년간 인간의 간섭 없이 천연성을 유지해 온 자연 보존림으로 있었고 일제의 수탈과 6·25 한국전쟁에도 피해를 입지 않아 그 유구한 세월 동안 원시림을 그대로 간직한 숲이라고 할 수 있다.

유네스코 생물권 보존지역으로 선정되었고 세계적으로도 희귀한 크낙새, 하늘다람쥐, 장수하늘소, 원앙새, 큰 소쩍새와 광릉요강꽃, 광릉물푸레, 흰진달래 등 20여 종의 천연기념물 동식물이 서식하는 생태계의 보고이다.

이런 좋은 환경에서 수련회를 하게 되면 마음과 몸의 질병이 다 낫는 기분을 느끼게 된다. 아침에 도착해서 숨을 쉴 때마다 숲의 맑고 깨끗한 공기가 내 마음을 평온하게 만들고 왕성하게 생성되는 세로토닌으로 행복감에 젖게 된다. 여기에 숲과 웃음은 서로 엄청난 상생작용을 일으켜 수련회는 말할 수 없는 행복감 속에 진행된다.

웃음 치유와 숲의 치유는 너무도 궁합이 잘 맞는다. 숲이 주는 평안함, 웃음이 주는 행복감은 내 몸과 마음의 질병과 상처들을 치유하고 회복시키는 매우 탁월하고 절묘한 효과가 있다. 좀 더 자주 수련회를 해야 하지만 여건이 허락지 못하는 것이 아쉬울 따름이다.

수련회가 끝나면 그 행복의 여운은 오래 남는다.

| 제4부 |

"웃음은 인간관계의 자석이다."
"웃어라. 그러면 사람의 마음을
열 수 있는 열쇠를 갖게 될 것이다."
"웃으면 세상이 나를 향해 웃을 것이고
찡그리면 세상이 나를 향해 찡그릴 것이다."

"긴장할 때, 답답할 때, 우울할 때 15초만 웃어라!"
웃기 시작한 후 15초라는 짧은 시간에 행복 호르몬
엔도르핀이 왕성하게 생성되기 때문이다.

# 1
## 아기 엄마의 웃음

'시각벼랑Visual cliff' 이란 실험이 있다. 시각벼랑이란 큰 사각형 마루를 만들어 반은 체크무늬 바닥으로 만들고 다른 반은 낭떠러지로 만들어 그 위에 두꺼운 투명한 유리를 덮은 상자이다. 유리 아래는 낭떠러지처럼 보이지만 실제로는 유리로 된 평평한 바닥이다.

이 시각벼랑의 체크무늬 끝에 생후 1년 된 아기를 올려놓고 벼랑 반대쪽에서 장난감을 들고 엄마가 아기를 오라고 손짓했다. 그러면 아기들은 엄마를 향해 기어오다가 벼랑 바로 앞에서 멈춰 선다. 그리고 엄마를 쳐다본다. "어떻게 할까요?"

실험자들은 이때 엄마들에게 5가지 얼굴 표정 중 한 개를 지어보도록 주문하였다. 5개의 얼굴 표정은 기쁨, 재미, 두려움, 화, 슬픔의 감정을 나타내도록 한 것이다.

우선 기쁜 표정이나 재미있는 표정을 지을 때, 즉 웃는 모습을 보일 때에는 아기들은 대부분 빠르게 기어서 벼랑을 건너왔다.

그러나 엄마가 두렵거나 화를 내는 표정을 지을 때, 즉 얼굴을 찡그린 모습을 보일 때에 아기들은 벼랑 앞에서 움직이지 않고 가만히 있었다. 엄마가 슬프고 우울한 표정을 지었을 때에는 몇몇은 혼란스러워하다가 벼랑을 건너고, 몇몇 아기들은 그대로 멈춰 있었다.

시각벼랑을 없애고 모두 체크무늬 위를 가게 했을 때 아기들은 엄마를 쳐다보지도 않고 장난감이 있는 곳으로 기어왔으며 엄마가 어떤 표정을 짓고 있든지 영향을 받지 않았다.

아기들은 곤란한 지경에서 스스로 선택해야만 하는 상황이 되면 단서를 찾기 위해서 어른들을 쳐다본다. 그리고 어른들의 표정을 관찰하고 자신이 행동할 답을 찾는다. 하지만 표정을 살펴보아도 확신이 없는 경우에는 그냥 눈여겨보기만 한다.

이런 실험도 있다.

워싱턴대학교 심리학자 베티 레파콜리는 두 개의 상자를 준비했다. 그리고 3개월, 5개월 된 아기들에게 두 개의 상자를 열어보는 모습을 연출했다. 어른들이 한쪽 상자를 열 때는 웃으면서 환호하였고, 또 다른 상자를 열 때는 싫은 표정을 하며 실망하는 소리를 냈다.

그런 다음 아기들에게 상자를 직접 열어보도록 했다.

아기들은 어른들이 웃으면서 환호했던 상자를 열어보았다. 아기들은 어른들의 표정과 행동에서 자신이 행동할 답을 찾았던 것이다. 어른들의 웃는 얼굴은 "계속해도 돼." 찡그린 얼굴은 "하면 안 돼"라는 뜻으로 해석하는 것이다.

그렇기 때문에 부모의 표정은 아기에게 세상과 협상하는 방법을 제시하는 그림 매뉴얼과도 같은 것이다. 아이들은 부모의 의도적인 얼굴 표정에 상당히 의존하는 것이다.

그래서 아기가 어릴 때 부모의 표정은 매우 중요하다. 항상 웃는 얼굴로 아이를 대해야 하는 것이다. 물론 교육상 안 될 때는 엄하게 해야 할 때도 있지만 기본적인 얼굴은 항상 웃는 얼굴로 있어야 아이에게 긍정적인 마음을 심어줄 수 있다.

과거 우리나라 아이들의 교육은 예의범절을 너무 강조한 나머지 엄격하고 "안 돼!"하는 방향으로 더 많은 그림 매뉴얼을 아이들에게 제시했다.

그러나 요즘 엄마들은 더 많이 긍정의 힘을 길러주는 쪽으로 노력을 하고 있다. 자신의 감정과 기분에 따라 분노하는 모습을 자주 아이에게 보여준다면 아이의 미래는 부정적이고 정신적인 문제가 많은 아이로 성장할 것이기 때문에 밝은 모습을 많이 보여주어야 한다.

갓난아기 때 엄마의 웃는 표정은 매우 중요한 교육적 효과를 거두게 될 것이다. 항상 긍정과 희망의 마음으로 방실방실 웃는 임산부들이 한국의 미래를 밝게 만드는 것이다. 그래서 웃음 태교도 한다.

# 2
## 소문만복래

**영**어 단어 가운데 가장 긴 단어는 무엇일까? 답은 '스마일스 Smiles'이다. 첫 글자 S와 끝 글자 S사이의 길이가 1마일mile이나 되기 때문이다. 그러면 영어 단어 가운데 가장 짧고도 빠른 단어는 무엇일까? 답은 역시 스마일스Smiles이다. 서로 어울려 한 번 웃기만 하면 아무런 말이 없어도 서로의 마음이 즉시 통하기 때문이라고 한다. 웃음은 소통에서 가장 빠르고도 가장 긍정적인 효과를 나타내는 중요한 수단이다.

인간은 언제부터 웃기 시작할까? 3D 초음파가 보급되기 전까지는 태어나서 엄마의 따뜻한 사랑을 느끼며 어른들의 관습을 배워 따라 웃기 시작하는 것으로 생각했다. 그래서 태어난 지 두 달째 가장 많이 웃는 것으로 알려졌다. 이것을 우리는 배냇웃음, 영어로 Angel smile(천사 미소)이라 하며 하루 400번 정도 웃는 것으로 알려져 있다.

그러나 3D 초음파가 대중화 되어 산부인과에서 태아의 사진을 찍으면서 어머니 뱃속에 있는 태아들도 웃는 모습이 많이 발견되기 시작했다. 그래서 표정을 찍을 수 있는 7~8개월 태아들도 웃는다는 것이 확인되었다. 어른들의 관습을 따라 웃는다는 종래의 생각들을 뒤집어 놓았다. 이미 우리 유전자 속에는 웃음의 유전자들이 자리 잡고 있다는 것이다. 그렇다면 신은 인간의 유전자 속에 왜 웃음을 넣어 놓았을까? 물론 여러 가지 답이 있을 수 있겠지만 필자는 인간의 행복을 위해 특별히 웃도록 창조된 것이라고 생각한다.

우리가 얼굴을 찡그리면 고통스럽고 슬펐던 기억이 쉽게 되살아나고 반대로 웃는 표정을 지을 때 행복한 기억이 쉽게 되살아나고 행복지수가 높아진다. 웃기 시작한 후 15초라는 짧은 시간에 행복 호르몬 엔도르핀이 왕성하게 생성되기 때문이다. 그래서 웃음은 정신건강에 좋은 영향을 미치고 좌뇌, 우뇌를 골고루 발달시켜 창의성이 뛰어나게 하며, 좌우로 치우치지 않고 성격이 원만하게 하여 대인관계에서도 소통을 잘하는 사람으로 만들어 준다. 또한 웃게 되면 스트레스 호르몬들이 감소되어 스트레스로 인한 몸의 경직들을 풀어주며 심장 운동을 활성화시켜 순환기 계통의 기능을 개선시키고 많은 근육들을 운동시켜 건강한 삶으로 인도하기도 한다. 웃음이 신체에 미치는 효과는 아주 많아 한 지면에 일일이 설명할 수 없지만 대단히 많은 면역력 증강의 효과를 발휘해서 질병의 예방과 치유에 매우 큰 역할을 한다.

요즘은 웃음이 정치적으로도 많이 사용되고 있어 웃지 않는 정치인을 보기 힘들어졌다. 웃음은 여유와 자신감의 표현이므로 시민들로부터 신뢰감과 친근감을 얻을 수 있기 때문이다.

서비스 직종이나 마케팅에도 적극적으로 활용되고 있다. 그래서 영업 효과를 최대화하기 위해 웃음은 필수이며 보이지 않고 말로만 판촉하는 텔레마케터들도 늘 웃으며 응대한다.

웃음이 주는 개인적, 사회적 효과는 부정적인 것보다 긍정적인 측면이 훨씬 더 높으며 그래서 억지로라도 웃으라고 권장하는 것이다. 우리들은 찡그리거나 우울한 표정을 짓는 사람과는 대화하기도 꺼리고 친구로 맞아들이기도 부담스러워한다. 그러나 잘 웃는 사람들은 주위 사람들을 행복하게 해주며 긍정적인 분위기를 이끌어내기 때문에 친구가 되고 싶어 한다. 연구 결과에 의하면 잘 웃는 사람들의 삶이 더 행복하며 삶의 만족도가 높은 것으로 나타났고 또 사랑하는 이의 죽음 직후에 웃지 않는 사람보다 웃는 사람이 몇 달 후 또는 몇 년 후 훨씬 더 슬픔을 잘 극복했다는 보고도 있다.

우리의 삶 속에서 웃음의 효과는 아무리 강조해도 지나치지 않다.

"웃음은 인간관계의 자석이다.", "웃어라. 그러면 사람의 마음을 열 수 있는 열쇠를 갖게 될 것이다.", "웃으면 세상이 나를 향해 웃을 것이고 찡그리면 세상이 나를 향해 찡그릴 것이다."

중국에서는 "한바탕 크게 웃을 때마다 수명이 10년이 늘어난다"는 속담과 "웃지 않는 사람은 장사를 할 수 없다"는 속담도 있다.

우리나라에서는 '소문만복래笑門萬福來'라 하여 웃는 집에 만복이 들어온다고 했다. 늘 웃는 모습으로도 삶을 변화시켜보자.

요즘처럼 북한의 핵 위협, 청년 실업 최고조, 경제 불황의 지속, 여객선 세월호의 대형 참사 등으로 웃을 일이 없는 세상이지만 그래도 열심히 웃다보면 좋은 세상이 틀림없이 올 것이다.

# 3
# 일단 웃자!

한평생 시계만을 만들어 온 장인이 있었다. 그는 이제 너무 늙어 마지막 힘을 다해 자식을 위해 시계 하나를 만들었다. 자신의 마지막 혼과 정성을 쏟아부은 작품이었다. 아들이 시계를 보니 초침은 금, 분침은 은, 시침은 동으로 만들어져 있었다. 아들은 이상해서 물었다.

"아버지, 왜 초침은 금으로 만드셨어요. 제 생각에는 시침을 금으로 하는 것이 좋을 것 같은데요."

"초침 없이 어떻게 시침이 있겠느냐? 인생은 작은 것이 바로 되어 있어야 큰 것도 바르게 되는 것이다. 초침의 시간이야 말로 황금 같은 시간이란다."

아버지는 아들의 손목에 시계를 걸어주며 말했다.

"1초 1초를 아껴 의미 있는 삶을 살아라. 1초가 세상을 변화시킨단다."

한 TV프로그램에서 말기 암으로 임종을 앞둔 분들을 면담하며 그들의 간절한 소망을 전한 적이 있다. 시한부 인생을 사는 이들의 가장 많았던 버킷리스트(bucket list 죽기 전에 꼭 해야 할 일이나 하고 싶은 일들에 대한 목록)는 사랑한다고 더 많이 말하고 더 많이 사랑하기였다. 왜 진작 열심히 사랑하지 못했던가에 대한 때 늦은 후회였다. 그들과 가족들의 가장 중요한 당면 과제는 지금 이 순간 사랑하기였다.

죽었다 살아나는 사람은 삶이라는 선물에 새롭게 눈을 뜬다. 길가에 핀 작은 꽃, 새들의 노래, 따뜻한 차 한 잔, 얼굴에 부딪치는 햇살 한 줌, 아이들의 웃음소리, 깊고도 푸른 하늘, 밤하늘의 반짝이는 별들, 아주 작은 기쁨조차도 경이롭고 감동한다.

질병이나 사고로 죽을 고비를 아슬아슬하게 넘긴 사람들은 완전히 새로 태어난 사람처럼 사랑의 마음이 충만해진다. 사람들 사이에 느꼈던 분노가 하찮아지고 꽁하고 토라졌던 마음도 사라진다. 애틋한 사랑의 정과 감사한 마음이 솟아나 서로 용서하고 서로 아껴주고 서로 존중해 주며 남은 생을 아름답고 즐겁고 의미 있게 살고 싶어 한다.

우리는 순간순간 죽음의 언저리에서 살고 있다. 그 누구도 단 한순간 죽음과 떨어질 수 없는 존재이다. 인간은 누구나 반드시 죽는다는 부정할 수 없는 공통점을 인식하고 살게 되면 개개인마다 지닌 성격, 개성 등의 차이는 하찮게 느껴지고 오히려 상대의 존재가 더욱 소중하고 사랑스럽게 다가 올 것이다.

어느 워크숍에서 주어진 주제는 "만일 당신에게 주어진 삶이 열흘밖에 안 남았다면 무엇을 하시겠습니까?"이었다.

"사랑하는 사람과 여행을 한다. 부모님을 찾아뵙는다. 그동안 마음속에 원망이나 오해가 있던 이들과 화해하고 용서를 빌겠다" 등 가장 평범한 일상의 일들이었다.

일본의 호스피스 전문의 오츠슈이치가 천 명의 죽음을 지켜보며 조사한 죽을 때 후회하는 스물다섯 가지에 나오는 항목들과 별반 상이함이 없었다. 마지막 삶을 살며 누구나 느끼는 후회, 인생에서 풀지 못한 숙제를 하려는 공통적인 마음들이 있었다. 그래서 삶의 마지막 순간에 후회하지 말고 그것들을 지금 당장하고 살라는 것이 그들에게 주는 메시지다. "Just do it!", "Do it now!" 지금은 너무나 중요하고 덧없이 흘려보내기엔 너무 아까운 시간이다.

모든 부정적 감정은 심리적 시간이 지금 이 순간을 부정하기 때문에 생긴다. 죄책감, 후회, 원망, 한탄, 슬픔, 비탄 등은 과거를 붙잡고 지금 이 순간에 있지 못하기 때문이다. 불안, 초조, 긴장, 스트레스, 걱정, 근심, 두려움 등은 미래에 매달려 지금 이 순간을 살지 못하기 때문이다.

우리는 과거나 미래를 붙잡고서는 자유함을 얻을 수 없다. 오로지 지금 이 순간만이 자유로울 수 있는 것이다. 지금 감사하고, 지금 칭찬하고, 지금 사랑하고, 지금 축복해야 한다.

웃음을 찾고 웃음의 삶으로 부단한 노력을 하는 이들의 삶을 보면 전과 확연히 달라짐을 볼 수 있다. 감사와 사랑과 축복의 삶을 소중히 여기고 실천하게 되는 변화를 볼 수 있는 것이다.

웃음은 지금 이 순간이고 과거와 미래에서 벗어나 자유함을 준다.

웃음에 미쳐보라. 인생이 변한다. 일단 웃자!

첫 출발은 언제나 지금 이 순간 일단 웃자! 이다.

# 4
## 너무 행복해 눈물이 난다

새해가 지나고 하하웃음행복센터에 다니는 회원의 남편으로부터 다섯 편의 감사하는 시를 메일로 받았다. 남편들이 감동을 받아 함께 참석하는 경우는 있지만 이렇게 감동을 시로 써 보낸 분은 처음이다. 그 시 가운데 하나를 소개해 본다.

너무 행복해 눈물이 난다

내가 지금 잠꼬댈 하고 있나 꿈을 꾸고 있나
어디 한 번 꼬집어보자
분명 아픈 걸 보니 꿈은 아닌 듯싶다

이른 새벽 눈 뜨면서

두 발은 하늘 향해 차올리고
두 팔은 번쩍 올려 손목 흔들며

아아 하하하하 하하하
으아 하하하하 하하하
눈물이 찔끔 나도록 한바탕 웃어 제킨다

척추관협착증으로 열 발작도 걸을 수가 없어 성당도 못 다니던 아내가
눈 내리는 미끄러운 산길을 타고 해발 198m의 효자봉 약수터를
자일과 두 스틱을 의지하여 거뜬히 올라 다닌다

분명 하늘이 어여삐 여기시어
착하디 착한 아내가 축복을 받은 것이다
이렇게 행복해도 되는 것인지, 너무 행복해 눈물이 날 지경이다

더 바랄 게 뭐가 있겠는가
더 이상 욕심 내지 말고 늘 요즘만 같아라
감사한 마음으로 기도를 올린다

부인이 우울증, 척추협착증… 등의 질병으로 꼼짝을 못하다가 하하 웃음행복교실에 나와 6개월 정도 웃음 치료를 경험하고 집에서 열심히 실천한 결과 질병을 치유하고 건강을 회복하고 집안의 분위기도 행복하게 바뀐 것이다.

얼마나 절망의 날을 보냈으면 지금은 너무 행복해서 눈물이 날 지경이라 했겠는가? 남편의 사랑과 희망이 고스란히 느껴지는 시이다.

웃음이 주는 치유의 범위는 놀랍다. 하하웃음행복센터에서만 나타난 치유의 사례는 우울증, 각종 암, 당뇨, 뇌혈관 질환, 심혈관 질환, 파킨슨병, 방광염, 척추협착증, 불면증, 소화불량, 위통, 두통, 견통, 좌골신경통, 근육통 등의 각종 통증, 손발의 저림… 참으로 많은 증세에 대해 효능이 나타나는 것을 보았다. 질병의 치유뿐 아니라 예방에는 더 좋은 효과가 있다. 면역력이 매우 강하게 되기 때문이다.

그러나 무엇보다 가장 멋진 효과는 자신이 행복해지고 가정을 행복하게 변화시키는 것이다. 삶의 자존감을 높이고 자아위로 기능을 높이는 삶의 형태로 바뀌는 것이다. 그래서 늘 긍정의 마음과 희망을 가지고 행복을 선택하며 살아가는 점이 가장 큰 효과일 것이다.

1분 웃으면 인상이 바뀌고 매일 웃으면 인생이 바뀐다.

웃어서 인생을 바꿔보자.

웃어서 행복해지자.

웃어서 건강을 되찾고, 웃어서 건강을 지키자.

웃음으로 배우자를 감동시켜 이런 시를 또는 감사의 편지를 많이 받아보는 한 해가 되었으면 좋겠다.

# 5
## 잘됐구나!

금슬 좋은 할머니 할아버지가 살았다. 그들은 가난해서 전 재산이었던 말 한 필을 팔기로 결심했다. 그들의 삶에 좀 더 쓸모 있는 물건과 바꾸기로 한 것이다. 할아버지는 말을 끌고 시장에 갔다. 그리고 그의 눈에 암소 한 마리가 들어왔다.

"아! 할멈이 우유를 좋아하는데 저 암소와 바꾸면 우유를 매일 먹을 수 있겠지."

이렇게 생각하며 말과 암소를 바꾸었다. 암소를 끌고 나오려는데 양 한 마리가 눈에 들어왔다.

"맞아! 할멈이 추워하지. 저 양털로 이불을 만들면 춥지 않을 거야. 그리고 양 젖이 영양가도 더 많을 걸……."

하며 암소와 양을 바꾸었다. 양을 몰고 시장을 나오려는데 살찐 거위 한 마리가 눈에 들어왔다.

"아! 저 거위 털이 더 따뜻할 텐데… 그리고 맛있는 고기를 주잖아?"

할아버지는 양과 살찐 거위를 맞바꾸었다. 거위를 몰고 시장을 나오려는데 암탉 한 마리가 눈에 들어왔다.

"맞아! 할멈은 계란을 아주 좋아하지……."

할아버지는 거위를 암탉과 바꾸었다. 암탉을 품에 안고 시장을 빠져나가려는데 썩은 사과 한 상자를 발견하였다.

"아! 할멈이 사과파이를 먹고 싶다고 했지……."

그는 암탉과 썩은 사과 상자와 바꾸었다. 집으로 오는 길에 주막에 들렀다. 그곳에는 아주 돈 많은 영국인 부자가 썩은 상자를 메고 들어오는 그를 기이히 보고 있었다.

"여보시오. 어찌 썩은 사과 상자를 메고 다니시오?"

할아버지는 그날 시장에서 일어났던 일을 자랑스럽게 이야기하였다. 영국인은 박장대소하며 집에 돌아가면 틀림없이 쫓겨날 것이라고 장담했다.

그러나 할아버지는 절대 그런 일은 없을 것이라고 하고 오히려 부인도 무척 기뻐할 것이라고 말했다. 둘은 서로 우기다가 내기를 하였다. 거만한 영국인 부자가 금화 한 자루를 꺼내 이것을 걸 테니 당신은 쫓겨나면 평생 우리 집에 와 하인으로 일할 것을 제안했고, 할아버지는 수락을 했다. 두 사람은 집으로 같이 갔다. 영국인은 문 뒤에서 몰래 숨어 엿듣고 할아버지는 장에서 있었던 이야기를 시작했다.

"당신 좋아하는 우유를 짜서 먹이려고 말을 암소와 바꾸었지요."

"잘됐구나! 내가 좋아하는 우유를 마실 수 있게 되었네요."

"그런데 오다가 양과 바꾸었어요."

"잘됐구나! 양 젖도 맛있구요. 양 털로 따뜻하게 지낼 수 있겠네요."
"또 오다가 거위로 바꾸었지요."
"잘됐구나! 거위 털은 얼마나 따뜻한 데요."
"그런데 그것을 암탉과 또 바꾸었지 뭐예요."
"잘됐구나! 계란을 먹을 수 있겠네요."
그리고 마지막으로 암탉과 썩은 사과랑 바꾸었다는 말을 하자.
"잘됐구나! 그럼 오늘 저녁은 사과파이를 해먹죠."

할머니는 더 없이 행복해 하며 할아버지의 행동에 감탄하고 기뻐했다. 문 뒤에서 듣던 영국인은 금화 한 자루를 내려놓고 가버렸다. 할아버지와 할머니는 평생을 먹고도 남을 금화와 사과 한 상자와 행복을 얻게 되었다.

오늘날 우리 사회는 좀 더 영악하고 계산적인 사람들이 성공하고 이득을 볼 것이라는 믿음이 팽배해 있다. 그렇지만 꼭 그렇지는 않다는 것을 이 안데르센의 동화는 보여주고 있다.

부부간, 가족 간, 공동체간 이해와 믿음과 기쁨과 사랑이 소유적인 것보다 훨씬 더 중요하다는 메시지일 것이다.

우리는 세상을 살 때 이미 엎질러진 물처럼 어떻게 할 수 없는 경우에 부딪친다.

이럴 때마다 '잘됐구나!' 하며 웃기를 권한다.

결혼식에 늦었는데 차가 꽉 막힌다구요? 잘됐구나! 우하하하…….

뒤차가 와서 내 차를 추돌했다구요? 잘됐구나! 우하하하…….

# 6
## 대선 후보들의 웃음

5년마다 대선 철이 돌아온다. 이때가 되면 각 신문마다 톱기사로 대선 후보들의 동정을 담고 또 그들의 말들을 전달하기 바쁘다. 그런데 사진에 나오는 대선 후보들의 공통점은 모두 웃고 있다는 점이다. 이것은 한국이나 미국이나 모두 마찬가지이다.

웃음은 바로 그 자체가 매우 중요한 정치적 기능을 발휘한다. 그래서 정치판에서는 웃음을 필수과목으로 이수하고 체질화해야 한다.

이슈가 무엇이든, TV토론에서 수세로 몰리든, 난감한 질문에 몰리든 정치인은 웃으며 대처해야 한다. 정치적으로 성공을 거두기 위해서는 항상 웃어야 한다는 것이다. 웃음은 여유와 포용과 긍정과 희망의 모습으로 보이기 때문이다.

오늘날 대통령이 대중 앞에서 웃음을 보이는 것은 너무나 평범한 일이 되었지만 과거에는 그렇지 않았던 때도 있었다. 과거 이승만 대통령이나 박정희 대통령 같은 경우 의도적 연출을 위해 웃는 사진을 골라 보도를 했다 하더라도 웃는 모습을 별로 발견하기 어려웠다. 대통령이라는 직책이 막중한 책임을 지는 자리여서 대중 앞에 웃는 모습을 보이기가 힘들었을 것이다.

그렇지만 이제 시대가 많이 바뀌었다. 지금의 대통령 후보들이나 대통령은 대중 앞에 설 때 항상 웃는 모습을 보여야 한다. 그것은 국민들에게 여유와 희망과 자신감을 보이며 적절한 카리스마가 있음을 나타내 보이기도 한다는 것이다. 그리고 웃음은 정치인의 넘치는 에너지와 대인관계에서의 자신감, 권력에 대한 열정을 표출한다고 한다.

그래서 유권자들은 많이 웃어서 외향적이고 자신감이 넘치는 후보에게 투표를 한다. 각종 매스컴을 통해 웃는 모습의 후보는 유권자들에게 친밀도와 호감을 불러일으킨다.

물론 유권자들도 웃는 모습이 연출이며 그것이 겉으로만 좋아 보이는 껍데기 같은 것이라는 것을 생각하지 못하는 것은 아니다. 그렇지만 그런 겉모습이 사람의 마음을 움직이는 데는 어찌하랴. 웃음은 실질적으로 대선의 승리를 가져오는데 중요한 역할을 담당하고 있다. 정치인들이 웃으며 이야기할 때는 유권자가 그의 말에 귀를 기울일 확률이 훨씬 높아진다는 연구보고도 있다. 그래서 일반적으로 웃는 모습의 대선 후보가 웃지 않은 모습의 후보에 비해 좋은 결과를 가져온다.

아직 후보를 결정하지 못하고 있는 부동층에겐 웃는 모습이 크게 영향을 미친다. 그래서 대선 후보들마다 웃기 경쟁을 하고 있는 것이다. 대선 후보들의 웃음은 유권자들의 표를 의식한 웃음이기 때문에 철저한 계산 속에서 갈고닦아서 나오는 웃음이다. 이제 정치판에서의 웃음은 빼 놓을 수 없는 중요한 수단이 되었다.

　연일 후보들은 정책들을 쏟아 내놓고 있다. 그러나 상당수 많은 국민들은 그들의 정책에 별로 관심이 없다. 후보들의 정책은 서로 비슷비슷하여 그 밥에 그 나물로 국민들 눈에는 비춰지는 것이다. 그래서 정책보다는 정치인의 이미지가 더욱 강력한 힘을 발휘하게 된다. 국민들은 후보자의 이미지에 더 익숙해 있고, TV나 신문에 나오는 시각적인 정보에 상당히 의존하며, 결정을 내리는데 참고로 한다.

　대선후보들이 어떤 이미지로 국민에게 다가가는가는 그들이 웃는 모습과 매우 밀접하게 관련되어 있다. 유권자들과 시각적인 경로로 바로 마주치는 것이 웃음이기 때문에 대선 후보들이 가장 신경 많이 쓰는 표정 또한 웃음이다.

　1992년 미국 대통령 선거 당시 빌 클린턴은 조금 덜 웃으라는 조언도 받았다. 너무 많이 웃으니 자신감으로도 비쳐질 수 있겠으나 오히려 많은 유권자들에게 모든 것이 완벽히 준비되었다는 교만과 더 나아가 교활한 인상을 준다는 보좌진들의 충고였다. 그의 잘 웃는 모습은 그의 친구이자 상무부장관이었던 로널드 브라운의 장례식 때 잠시 소리 내어 웃는 모습을 보여 비난을 받기까지 하였다.

　자신이 잘 웃는 대통령 후보일 뿐 아니라 당선되고 나서도 국민을 웃게 만드는 후보가 대통령이 되었으면 좋겠다. 국민들은 대선 후보들의 웃음을 지켜보고 있다.

　정치적 관심이 낮아지고 비슷한 정책과 공약이 난무하는 시대에는 후보들의 이미지가 더욱 중요해진다는 것이다. 잘 웃되 진정성이 있는 후보에게 표는 가게 되어 있다.

# 7
# 웃음의 서비스 효과

이제는 판매나 서비스를 하는 사람들이 미소를 도구로 사용하는 것은 지극히 당연한 일이 되었다. 구직자들도 면접 시 잠재적 고용주들에게 자신의 좋은 이미지를 심어주기 위해 미소를 지어야 한다.

리듬체조 선수나 피겨스케이팅 선수들도 심판에게 높은 점수를 얻기 위해 매혹적인 미소를 끝까지 유지해야 한다. 골프 선수들도 더 많이 웃으며 갤러리에게 사인을 해주도록 요구받는다.

실제로 눈에 보이지 않는 114안내원이나 텔레마케터들도 자신의 책상 앞에 전화통화를 하면서 웃으라는 문구가 새겨진 웃는 모습의 사진을 놓거나 또는 거울을 놓고 응대한다. 보이지는 않지만 웃으면서 전화 응대를 할 경우 훨씬 더 전화 목소리가 활기차고 유쾌하게 들린다는 연구결과이다.

고속도로 톨게이트 요금 징수원들도 웃으며 손님을 응대하면 훨씬 더 피로도 덜하고 고속도로 이용 운전자들에게 좋은 인상을 주기 때문에 미국 매사추세츠 주에서는 웃는 요금 징수원들에게 보너스를 제공하기도 한다.

입양기관에서도 아기들 사진을 전시할 때 웃는 모습을 찍어 전시하면 훨씬 더 효과가 좋다고 한다. 양부모들의 마음을 아기들의 웃는 모습이 사로잡아버리기 때문이다.

해외난민 어린이 돕기 자선모금을 할 때도 슬픈 표정의 난민 어린이 사진보다 웃고 있는 난민 어린이 사진이 더 모금에 효과적이라는 연구 결과도 있다.

저술가들도 자신의 책 출판기념회에서 웃을 것을 출판사 홍보 담당자들로부터 요구받는다.

리츠칼튼호텔 직원들에게는 늘 근무 규정 속에 "웃어라. 우리는 무대 위에 있다"는 캐치프레이즈를 주입시킨다.

심지어 홍콩 관광청은 홍콩 조차租借기간이 끝나 중국에 반환한 뒤 외국인 관광객이 급격히 떨어지자 시민들에게 웃음으로 외국 관광객을 대하자는 캠페인을 벌였다. 그래서 곳곳에 홍콩 배우나 유명인들이 활짝 웃는 모습의 포스터를 구석구석 붙여 놓기도 하였다.

중국에서는 2008년 베이징 올림픽 기간 중 웃지 않는 상점 주인들을 잡아가기도 하였다. 미국에서는 종업원들에게 환한 웃음을 짓는 그룹과 그냥 옅은 미소만 짓는 그룹으로 나누어 관찰한 결과 환한 웃음을 지었던 그룹의 종업원들이 훨씬 더 많은 팁을 받은 조사 결과도 있다. 이제 돈을 벌기 위해 웃음이 필요하다는 것은 세계적인 추세이고 현상이다.

그런데 중요한 것은 웃음의 양보다 질이 훨씬 더 중요하다는 실험 결과가 있다. 대학 캠퍼스에 비디오 대여점을 만들고 그곳에 근무할 피실험자들을 모집하였다. 한 그룹은 그냥 많이 웃는데 초점을 맞추어 훈련시키고 다른 그룹은 진심으로 진짜 웃음을 웃도록, 그래서 긍정적인 감정을 느끼도록 웃는 훈련을 하고 비디오 대여점을 운영하게 하였다.

한 동안의 실험결과를 분석해 보면 그냥 많이 웃는 종업원들보다 진심으로 웃는 직원들을 고객들은 훨씬 더 선호하였다. 많이 웃든 적게 웃든 웃는 회수는 크게 영향을 주지 못했다. 그래서 우리는 웃을 때 내면의 감정까지도 기쁘고 즐겁게 될 수 있도록 신경을 써야 한다.

진심으로 감사하고 사랑하는 마음으로 웃어야 가장 좋은 효과를 볼 수 있다. 사람의 마음은 공감의 파동으로 전해진다. 그래서 평소에 감사하는 마음이 필요하다.

이것이 가장 값진 서비스를 제공하는 질 높은 웃음이다. 전화기에서 앵무새같이 흘러나오는 "사랑합니다. 고객님"의 음성은 그냥 립서비스라는 것을 누구나 다 안다. 말은 안 해도 고객에 대한 감사하는 마음은 응답자에게서 나오는 파동으로 전해진다는 것을 기억해야 한다.

감사의 파동은 우주까지도 날아간다.

가장 서비스 만점의 웃음은 진심으로 감사하며 웃는 웃음이다.

# 8
# 쉽고 단순하게 살기

정서가 불안하고 안절부절 못하는 한 사람이 종이만 보이면 종이를 가져다가 잘게 찢는 버릇이 있었다. 자신도 이런 습관 때문에 괴로워하였고 이 증상의 원인을 찾고 이를 고치기 위해 시내 정신과 병원을 여러 군데 다녔다.

어떤 병원 신경정신과에서 과거의 상처를 중심으로 그 문제에 접근했다.

"혹시 어렸을 때 종이 뭉치에 맞은 적이 있습니까?"

"아니요. 없습니다."

"그럼 종이에 살을 베인 적이 있나요?"

"아니요. 베인 적도 없습니다."

다른 병원에서는 환경적으로 접근했다.

"혹시 제지공장에 근무하신 적이 있나요?"

"그럼 어릴 때 제지공장 근처에 사신 적이 있나요?"
"아니요. 없었는데요."
어느 병원에서는 심리적 방법으로 접근했다.
"혹시 종이를 찢었을 때 심하게 혼난 적이 있었나요?"
"아니요. 없었어요."
"종이를 찢으면 쾌감을 느끼나요?"
"별로 그런 것도 아닙니다."
여러 병원을 다녀보았고 여러 가지 심리검사를 해보았지만 속 시원한 방법은 없는 듯이 보였다.
마지막으로 어느 정신병원을 찾아갔다.
"무슨 일 때문에 오셨습니까?"
"저는 정서가 불안해서 앉기만 하면 종이를 찢습니다."
그 의사는 환자의 얼굴을 한참 들여다보더니 단호하게 명령했다.
"종이 찢지 마!"
그 후로 이 환자는 정말로 종이를 찢지 않게 되었다고 한다. 그냥 종이를 찢지 않으면 될 일을 복잡하고 혼란스럽게 심리검사, 원인분석을 하느라 실제로 많은 시간을 허비하고 단순한 것을 매우 복잡하게 일을 벌이게 되는 경우가 종종 있다. 단순하게 살면 한 없이 단순한 것을 가지고 복잡하고 힘들게 사는 것이 현대인의 생활이 아닌가 생각해 보게 된다.

그래서 쉽게 시작할 일도 고민하고 주저하고 별의 별 경우의 수를 생각하며 따져보느라 시작도 못하는 경우가 너무나 많게 되는 것이다. 일을 잘못하는 사람의 특징이 머리로는 잔뜩 벼르기만 하고 실제로 쉽게 행동으로 옮기지 못하는 것이다.

공부하는 학생의 경우도 그냥 앉아서 공부하면 될 것을 공부하려고 결심하는데 1시간, 그리고 책상을 정리하고 준비하는데 1시간, 부모님께 자신의 결심을 알리는데 1시간, 졸음 오지 않게 커피를 끓여 마시는데 30분, 그러고 나서 정작 책상에 앉아 공부를 시작하려고 하면 스마트폰에 카톡 온 게 궁금해져서 또 딴 친구들은 열심히 공부하나 알아보려고 카톡이나 페이스북 하는데 2시간, 또 배가 출출하니 뭐 먹는데 30분……. 결국은 시작도 못하고 자정을 훨씬 넘겨 졸려서 그냥 자게 되는 것이다.

단순하게 사는 것, 쉽게 시작하는 것, 그냥 부딪히는 것, 이런 습관을 기르는 것이 자신감을 가지고 세상을 살아 가며 정녕 자기 자신으로 살아가는 올바른 방법일 것이다.

웃는 것도 마찬가지이다. 그냥 웃으면 되는데 '나는 잘 웃지 못하는 사람이다', '원래 웃음이 없는 사람이다', '나는 웃을 일이 없는 사람이다', '이 세상에는 웃을 재미가 하나도 없다' 는 등 웃지 않는 자기를 합리화시키기 위해 많은 이유들을 동원한다. 복잡하게 생각하지 말고 그냥 웃는 것이 습관화 되면 이런 모든 이유들은 사그라진다.

남이 나를 미친 사람처럼 보지 않을까?

내가 웃으면 다른 사람의 기분을 해치지 않을까?

각종 웃지 못하게 하는 복잡한 생각들을 다 던져버리고 그냥 일단 웃어보자. 당신의 좋지 못한 습관들로부터 탈출하고 행복이 그대를 맞이할 것이다.

# 9
## 웃음의 가치 회복

아침 출근으로 혼잡한 지하철 역. 평범하게 생긴 한 남자가 청바지를 입고 야구 모자를 푹 눌러 쓰고 자신의 바이올린을 꺼내 연주하기 시작했다. 그가 연주하기 시작한 음악은 바이올린 곡 중에서도 가장 까다로워서 아무나 연주를 할 수 없는 '무반주 바이올린을 위한 소나타와 파르티타'로 43분 동안이나 1인 콘서트가 계속되었다.

그의 연주가 끝났을 때 박수를 보내는 사람은 아무도 없었고 카메라 플래시를 터트리는 사람도 없었다. 지나가는 사람들은 흘긋 한 번씩 눈길을 돌렸을 뿐 아무도 신경을 쓰지 않았다. 그가 연주하는 동안 그곳을 지나간 사람은 1,097명이었고 그 중에 걸음을 멈춘 사람은 몇 명 없었다. 한 남성이 몇 분 동안 귀를 기울이다 떠났고, 아이들 두 명이 그를 빤히 바라보다 갔고, 한 여성은 그의 얼굴을 보다가 믿을 수 없다는 듯 입을 딱 벌리고 고개를 흔들다 갔다.

그의 이름은 현대 바이올리니스트 중 최고의 명성을 자랑하는 조슈아 벨이었다. 그가 연주한 악기는 350만 달러짜리 스트라디바리우스 명품 악기였다. 그가 공연을 하면 어디든 공연장은 전 석 매진을 기록하였고 언론마다 멋진 호평을 하는 연주가였다.

그런데 그런 유명한 바이올리니스트가 왜 지하철역에서 연주를 하였을까? 그것은 『워싱턴 포스트』가 비밀리에 실시한 통근하는 시민들을 대상으로 한 현장 연구를 위한 프로그램이었고 조슈아 벨이 참여하게 된 것이었다.

통근자들은 갈 길이 너무 바빠서 벨에게 관심을 기울이지 못했을 수도 있다. 그러나 만약 방송사 카메라가 그를 촬영하였거나 연주자 이름을 크게 써 붙였더라면 상황은 달라졌을 것이다.

아무리 바쁘더라도 상당수는 멈춰서 귀를 기울였을 것이다. 그날 지하철 승객들에게 비춰진 모습은 그가 아무리 훌륭한 음악을 선보였더라도 거장의 모습이 아니라 그냥 거리의 음악가였을 뿐이었다.

통근자들은 자신도 인식하지 못하는 사이에 스스로 인지한 가치들 즉 야구모자, 청바지, 혼잡한 장소 등등의 이유로 그 거장의 음악을 거리 음악가의 연주 정도로만 생각하게 되었던 것이다.

핸드 워커라는 사람이 핫도그 가게 문을 열었다. 그는 다른 가게에서 팔리는 10센트짜리 핫도그를 그만의 노하우 조리법으로 개발해 가격도 반값인 5센트에 팔았다. 많은 손님이 몰려올 것으로 예상했지만 결과는 그 반대였다.

손님들은 반값에 파는 핫도그에 의심했다. '싸구려 재료를 사용했겠지?' 또는 '무언가 이상이 있는 핫도그일 거야.'라고 생각했던 것이다.

핸드 워커는 피클이나 자신이 개발한 소스를 덤으로 더 줘도 사람들은 외면하였고 매출은 부진을 면치 못하였다. 그는 단지 싼 가격 때문에 품질에 하자가 없고 맛도 경쟁 핫도그에 비해 손색이 없는 자신의 핫도그가 소비자들에게 신뢰를 주지 못한다고 판단했다.

그는 그런 선입견을 없앨 방도를 궁리했다. 당시 사회에서 신뢰받고 존경받는 사람들이 의사들이라는 것을 간파했다. 그는 근처 병원들의 의사들에게 자신의 핫도그 품질에 대해 설명하며 신뢰를 얻고 무상으로 계속해서 핫도그를 제공했다. 그리고 의사 가운을 입고 청진기를 목에 건채 자신의 가게 앞에서 핫도그를 먹는 의사들에게 선물도 제공했다. 의사들이 가운을 입은 채 자신의 가게 앞에서 핫도그를 먹는 모습이 비춰지자 손님들이 몰려들기 시작했다.

그리고 싼 가격이 품질이나 맛의 문제가 아니라는 것을 소비자들이 알게 되었다. 핸드 워커의 핫도그는 본격적으로 유명해지기 시작했고 그 후 핫도그 먹기 세계대회를 개최하게 되었다. 잘못 인식된 가치를 지혜롭게 극복한 사례이다.

우리는 살아가면서 매우 중요한 가치를 지니고 있지만 그에 맞는 대우를 받지도 못하고 그에 대한 고마움을 잊어버리고 사는 것들이 너무 많다. 햇빛이 그렇고, 공기가 그렇고, 많은 식물과 동물들, 그리고 모든 자연들이 그렇다. 우리 스스로가 그 가치를 알아차리고 감사하면서 산다면 인생을 훨씬 더 풍요롭고 아름답게 살 수 있을 것이다. 웃음도 매우 중요한 가치를 지녔지만 사람들에게 그만큼 가치 인정을 받지 못하는 것 같다.

조슈아 벨이 무대에서 내려와서 비싼 표를 안 사고도 지하철역에서 아무나 지나가는 사람이 공짜로 들을 수 있게 하였지만 그 가치를 인정받지 못한 것처럼 웃음도 우리 주위에 언제든 있기 때문에 그만큼 가치를 인정받지 못한다.

그러나 핸드 워커가 자신의 제품의 가치를 인정받는 지혜로운 방법을 찾았듯이 우리도 웃음의 가치를 스스로 인정하고 웃음을 나의 삶에 받아들이는 지혜를 발휘한다면 참으로 놀라운 변화된 삶의 가치 창조를 이룰 수 있다.

웃음의 가치는 하찮은 것이 아니라 더 없이 중요한 것임을 깨닫기 위해서는 자신이 직접 체험해야 한다. 하하웃음행복센터에서 웃음으로 질병을 이겨낸 사람이나 마음의 상처를 회복하고 행복한 삶을 사는 사람들은 그 가치를 지혜롭게 찾아낸 사람들이다.

# 10
## 순간의 웃음

우리가 TV영상을 통해 매일 접하는 광고 중엔 직접 자사 제품을 선전하지 않는 광고들이 있다. 회사 이미지를 광고하든지 공익적인 캠페인을 벌이며 제품에 대해서는 일언반구나 영상을 비춰주지도 않는다.

그러나 시청자들은 자신도 모르게 그 광고에서 목적했던 제품에 대해 친숙해지고 호감도를 나타내게 된다. 제품에 대해서는 아무런 광고도 하지 않았는데 왜 그럴까?

통상적으로 우리가 사물의 변화를 인식하는데 소요되는 시간은 100분의 1초 정도라고 한다. 이보다 더 짧은 시간에 나타난 사물은 우리가 실제로 본 것으로 인식을 못한다. 그렇지만 무의식의 영역 속에는 그 잔영이 자리 잡게 되는 것이다.

의식적인 자각의 영역 아래에서 시각적 자극을 하게 하는 것이다.

이것을 심리학에서는 '의식영역 아래 자극'이라고 부른다. 그래서 선전하려는 제품을 100분의 1초보다 훨씬 더 짧은 시간에 노출될 수 있도록 광고 영상을 만드는 것이다. 무의식 속에 제품의 호감도를 높이는 것이다.

마찬가지로 아주 짧은 순간 살짝 스친 웃음으로도 보는 사람에게 훨씬 긍정적인 감정을 일으킨다. 250분의 1초 동안 지속된 웃음만으로도 약간의 감정적 흥분을 만들어 낼 수 있다는 것이다. 짧은 순간의 의식영역 아래에서 인식되는 웃음이 왠지 모를 긍정적인 기분을 가져다주는 좋은 인상으로 기억하게 된다.

의식영역 아래서의 자극은 음식이나 음료수 맛을 좋게 느끼도록 해준다. 이런 효과는 일순간 반짝하고 마는 것이 아니라 무의식 속에 잠재해 있기 때문에 상당히 오랫동안 지속되는 힘이 있다. 그래서 의식영역 아래 웃음을 지었던 사람이 무표정한 사람보다 훨씬 긍정적으로 인식되고 오래 기억하는 것으로 나타나 있다.

또 의식영역 아래 웃음은 전염성이 높다. 스웨덴 심리학자들의 연구에 따르면 의식영역 아래에서 행복한 표정이나 화난 표정들이 나타난 경우 피실험자들은 그것을 기억하지는 못하지만 자신도 모르게 그 표정을 그대로 따라서 지었다는 것이다.

영국의학저널British Medical Journal에 실린 논문에 의하면 사람들의 행복한 표정은 직접 마주한 사람뿐만 아니라 그 다음의 두 사람까지 전달된다고 보고 하였다. 즉 내가 웃고 기분이 좋으면 내 친구의 친구의 친구까지 기분이 좋아진다는 것이다.

사람들은 다른 이의 얼굴 표정을 탐지하는 예민한 안테나를 가지고 있다. 어수선한 상황에서도 동료들의 얼굴에 스치는 표정들은 우리들 감정 등록기에 기록이 되는 것이다. 행복하거나 즐겁거나 두렵거나 슬프거나 화날 때 모든 감정들은 표정에서 드러난다. 아무리 짧은 순간 스쳐지나가더라도 그 영향력은 결코 작지 않다.

우리가 그 표정을 느끼는 시간은 1,000분의 3초밖에 걸리지 않는다고 한다. 무의식적으로 인지한 웃음은 우리가 의식 속에서는 볼 수 없는 아주 짧은 순간이라도 서로를 밝게 하고 긍정적인 의식을 전파한다. 비록 웃었는지는 알지 못하더라도 무의식 세계 속에서 그 진실은 그대로 남게 되는 것이다.

그래서 웃음은 사람을 끌어당기고 사람들 간에 긍정적인 관계를 맺어준다. 웃음은 인간관계의 자석과도 같다. 많은 연구 결과에서 보고된 대로 사람들은 웃고 있을 때 사교적이고 친절하고 능력 있어 보이고, 지적이고, 매력적이고 더 믿을 만하다는 평가를 받고 있다.

눈 깜짝할 사이에 스쳐가는 웃음조차 보는 사람의 무의식 속에 파고들어 그들 안에 긍정적인 힘을 분출할 수 있는데 늘 웃는 모습으로 세상을 살아간다면 그 효과는 엄청날 것이다.

그래서 달라이 라마는 세계 평화를 진정 원한다면 지금 당장 옆에 있는 사람에게 미소를 보내라고 하였다.

세상을 아름답고, 밝고, 맑게 하는 길, 그 답은 내가 먼저 웃는 것이다.

# 11
## 우울증은 누구나 걸릴 수 있다

강의를 끝내고 나면 종종 우울증 때문에 전화를 받곤 한다. 특히 갱년기를 지나는 여성들의 전화가 많다. 대부분 자신의 증세를 호소하기도 하고 의정부까지는 너무 멀어 자신의 동네 근처에서 정기적으로 하는 웃음센터를 소개해 달라는 전화이다.

우울증은 21세기의 흑사병이 될 것이라는 예견도 있다. 그리고 우리나라에서도 가장 빨리 환자 수가 늘어가는 질병이 아닌가 한다. 두 가족이 모이면 그중 한 명 이상 우울증 환자가 있는 시대가 되었다. 2011년 보건복지부 발표에 따르면 한 번 이상 우울증을 앓은 적이 있는 국민은 7.5%로 2006년 6.2%보다 훨씬 더 증가하였다. 최근 1년간 치료받을 만큼 심한 우울증을 앓았던 18세 이상부터 64세까지 성인이 100만 명을 넘었다고 한다. 한 세대에 한 사람의 엉덩이가 신문지, 두루마리 휴지, 비데를 겪은 나라는 전 세계에서 한국밖에 없다는 우스갯소리도 있다. 그만큼 우리나라 사람들은 격변의 시대를 살아온 것이다. 헐벗고 굶주리던 시대에는 우울증이 전혀 문제가 되지 않았다.

국민소득이 낮고 평균 수명이 짧은 나라에서는 하루하루 먹고 살기에도 급박하여 우울하거나 스트레스 받을 여유도 없었다. 그러나 이제는 먹고 사는데 크게 걱정이 없는 배부르고 등 따뜻한 시대가 되니 우울증이라는 질병이 크게 문제가 되기 시작한 것이다.

공동체의 울타리가 와해되고 현대적인 자아관이 형성되면서 우울증은 급증하게 되었다. 남편이 성공할수록 아내는 더 외롭고, 형이 공부를 잘하면 동생은 더 외톨이가 되고 힘들어진다. 그래서 가족 간의 끈끈했던 유대도 깨어지고 가족 간의 나의 행복과 너의 행복이 달라지고 각개 약진의 삶으로 바뀌었다.

또한 우리의 유전자는 그대로인데 정보를 처리해야 할 용량은 엄청나게 늘어났고 또 이를 위해 학습하고 받아들일 지식의 양도 수십 배 늘어났다. 단시간 내에 그 많은 변화를 따라가려니 머리의 용량이 따라가지 못해 우울증이 급증하고 있는 것이다. 그래서 우울증은 이젠 가정의 문제에서 사회문제로 크게 확대되었다. 빠른 경제 성장의 반대적 급부로 생성 확대되는 우울증에 대해 우리는 현실을 직시하고 합리적인 해결방법을 도모해 나가야 할 것이다.

인제대 정신건강의학과 우종민 교수는 이에 대해 세 가지 처방을 제시했다.

첫째는 우울증에 대한 인식을 개선해야 한다. 우울증은 누구나 걸릴 수 있는 병으로 내 친구, 부모, 자녀, 형제자매들도 걸릴 수 있다는 생각을 가지고 편견과 낙인을 찍어서는 안 되며 민간보험에서 우울증 치료를 받았다는 사실 때문에 가입의 차별 대우를 받아서도 안 된다.

둘째로 몸이 아프면 병원에 가는 것이 당연한 것처럼 마음이 아프면 정신건강 전문가에게 가는 것을 당연하게 받아들여야 한다. 통계를 보면 정신건강의학과에서 제대로 치료를 받는 우울증 환자는 8.1%밖에 되지 않는다. 제대로 치료를 받지 않는 대가는 참담할 수 있고 사회에 부정적인 영향을 크게 미친다.

셋째로 정신건강분야 예산을 정부는 획기적으로 증액해야 한다. 조기치료에 집중 투자해야 한다. 이에 실패하면 질환이 만성화되고 전체 의료비도 크게 증가된다. 국민 다수가 우울증에 빠진 상태에서는 문화 창조가 꽃 피울 수 없다. 창의적이고 에너지 넘치는 사회는 마음의 건강에서 출발한다. 돈만 분배하는 복지보다 높은 창의성과 생산성으로 이어질 수 있는 마음의 복지를 이루어 가는 것이 더 필요하다.

웃음을 국민운동으로 전개하는 것은 시대가 필요로 하는 것이다. 이것에는 비용도 많이 들지 않는다. 관련된 공직자들의 의식 변화와 의지만 있으면 된다. 내가 섬기는 시, 군, 구가 가장 우울증 환자가 적고 가장 행복한 도시로 만들겠다는 의지가 있으면 된다. 요즘 각 기초 단체마다 문화 강좌들을 많이 만들어 주민들에게 각종 배움의 길을 열어 주고 있다. 그렇지만 웃음운동은 다른 반을 시끄럽게 하는 소음이 난다는 이유로 권장되고 있지 않다. 그리고 웃음의 효과에 대해 인식 부족으로 간과해버린다.

지금처럼 웃음운동이 필요한 시기는 없었다. 앞으로는 더욱 더 필요한 시대가 될 것이다. 일제침략시기에 민족의 선구자 안창호 선생님의 웃음운동을 이 시대에 계승시킬 많은 공직자들이 나왔으면 좋겠다.

# 12
# 아름다운 선물

"사랑하는 내 딸아. 엄마는 일곱 번째 네 생일이 굉장한 날이 되기를 바란다. 그 어느 때보다 멋진 파티를 즐기면 좋겠구나. 엄마가 널 많이 사랑한다는 것, 또 몸은 보이지 않아도 엄마가 언제나 너와 함께 있다는 것을 기억하렴. 엄마는 정말 너를 두고 떠나고 싶지 않았단다. 너는 언제까지나 엄마의 사랑스런 딸이고 이 엄마는 언제까지나 네 엄마란다. 엄마는 너와 네 아버지를 아주 많이 사랑한단다.

　　　　　　　　　어여쁜 내 딸의 생일을 축하하며…… 엄마가."

엄마는 책 두 권과 일기장을 사랑하는 딸의 일곱 번째 생일 선물로 이 편지와 함께 주었다. 책 속에 이렇게 써 놓았다.

"사랑하는 딸아, 내가 어디에 있든지 나는 항상 네 엄마야. 생일을 축하한다. 너를 영원히 사랑해. 엄마가."

호스피스 전문의이고 다트머스 의과대학원 교수로 있는 아이라 바이오크가 30년 동안 수천 명의 죽음을 지켜보며 쓴 『아름다운 죽음의 조건』에 기록된 내용이다.

엄마인 수잔은 루게릭병에 걸렸고 자신이 좋아하는 것들을 모두 잃어가고 있었다. 그녀는 죽어간다는 사실이 몹시 견디기 힘들었지만 사랑하는 가족에 대한 책임감이 육체적 고통보다 훨씬 더 컸다. 병 때문에 말도 못하고 숨도 제대로 쉴 수 없는 상황에서 그녀는 마지막으로 의미 있는 일 두 가지를 하기로 결심하였다.

그중에 하나는 남편이 가진 마음의 짐을 덜어주는 작별인사였다. 수잔은 일주일 동안 음식은커녕 물 한 모금도 마시지 못했다. 죽음이 임박한 것은 아니었지만 수잔의 건강상태는 급속히 나빠지고 있었다. 그녀는 몇 달 동안 글자를 써서 대화를 해왔는데 이 무렵에는 두 글자만 써도 기진맥진할 정도로 병이 악화되었다.

임종하기 일주일 전 남편은 아내가 손가락에서 반지를 빼려고 꼼지락 거리는 것을 보았다. 남편은 아내에게 반지 때문에 불편하냐고 물었다. 아내는 눈으로 아니라고 답했다. 그렇지만 아내는 계속해서 반지를 빼려고 꼼지락거리고 있었다. 남편은 손가락이 가늘어서 반지가 빠질 것 같아 그러냐고 물었다. 아내는 눈으로 아니라고 답했다. 고집스럽게 반지를 빼려는 노력을 계속하자 반지를 빼고 싶으냐고 물었다. 아내는 그렇다고 눈으로 답했다. 반지를 빼자 아내는 남편의 손가락을 응시했다. 남편이 물었다.

"내 손가락에 이 반지를 끼란 말이요?"

아내는 그렇다고 눈짓을 했다. 남편은 불길한 마음이 들었지만 반지를 끼고 다시 물었다.

"당신이 반지를 나에게 주는 이유가 있겠지?"

아내는 그렇다고 눈으로 표시했다.

"나한테 화난 거요?"

아니라고 했다.

"그럼 작별인사를 하겠다는 거요?"

아내는 그렇다고 했다. 남편이 한참 있다 다시 물었다.

"죽음을 맞을 준비가 되었단 말이요?"

아내가 눈으로 그렇다고 대답했다. 아내는 남편에게 사랑과 감사함을 담아 이젠 남편에게 앞으로 살아가면서 다른 사람과 다시 사랑할 수 있는 자유를 허락한 것이었다.

아내가 죽은 후 남편은 두 개의 결혼반지를 끼고 다닌다. 먼저 세상을 떠난 아내에 대한 변함없는 사랑의 징표이기 때문이다. 언젠가 남편은 그 반지 두 개를 빼서 소중한 곳에 보관할 것이다. 완전한 사랑을 이룬 결혼을 영원히 추억하는 기념품으로…….

아내가 죽기 전 의미 있는 일을 하고자 결심했던 다른 한 가지는 여섯 살 배기 딸에게 작별인사를 하는 것이었다. 딸이 평생토록 엄마의 사랑을 느끼며 아름답게 커 갈 수 있도록 사랑을 전달하는 방법을 찾아내고 실천한 것이다.

그것은 딸이 스무 살 될 때까지 해마다 중요한 행사가 있을 때 받아 볼 수 있도록 선물을 준비하고 딸에게 해주고 싶은 말을 친구에게 받아쓰게 하는 일이었다. 선물과 편지들은 잘 포장되어 친구와 친척들에게 맡겨졌다. 그래서 매년 딸의 생일과 그 후 졸업식, 그리고 최종적으로 결혼식이 있을 때까지 엄마의 선물과 축하 메시지가 전달되게 한 것이다. 아내는 사랑으로 남편과 딸을 축복하였고 몸은 같이 있지 못할지라도 늘 함께 있는 듯한 느낌을 갖도록 준비하고 떠났다. 그녀는 딸에게 평생토록 지속되는 의미 있는 작별인사를 한 것이며 딸의 마음속에 사랑으로 살고 있게 된 것이다.

"사람들은 죽어서도 우리 안에서 산다"는 말처럼 죽은 사람들과 우리의 관계는 아주 구체적인 방식으로 계속된다. 부모, 형제자매, 배우자, 자녀, 절친한 친구들은 죽음 이후에도 자신의 일부가 되어 살아가게 되는 것이다. 죽은 이들은 날마다 우리가 세상을 받아들이는 방식과 자의식에 끊임없이 영향을 주고 있으며 우리 정신세계의 중요한 일부로서 정녕 우리 안에 살아 있는 것이다.

늘 웃고 행복한 생전의 삶을 남아 있는 이들에게 남겨주는 것은 그들의 삶에 매우 유익하고 의미 있는 유산이 될 것이다.

웃음의 유산은 살아 있는 이들에게 긍정과 희망과 행복의 길로 안내해 주는 매우 값진 아름다운 선물이다. 웃는 삶은 나에게서 끝나는 것이 아니라 후손들에게도 계속 이어질 것이다.

세상을 떠나면서 웃는 삶의 유산을 남겨준다면 이처럼 아름다운 선물이 또 있으랴…….

웃는 삶의 영상을 많이 남겨주면 좋을 것이다.

# 13

# 비상대책 호르몬

초등학교 1학년 여름방학에 나는 동네 형들과 함께 무심천이라는 큰 냇가로 놀러갔다. 이 무리의 대장은 동네에서 가게를 하는 집의 아들인 6학년 형이었고 자기는 수영을 잘하기 때문에 물에 빠진 사람도 살려낼 수 있다고 으스대는 형이었다.

무심천은 비교적 얕은 물이 대부분이었는데 군데군데 시퍼런 물의 색깔로 보아 내 키의 한 길이 훨씬 더 돼 보이는 곳도 몇 군데 있었다. 우리들은 모두 옷을 벗고 물속으로 들어가 물장구도 치고 즐거운 한때를 보내고 있었다. 그런데 나는 호기심이 발동했다. 저 시퍼런 색깔이 있는 물구덩이의 깊이가 궁금해졌던 것이다. 대장 형의 명령을 어기고 나는 그곳 깊은 물속으로 나도 모르게 몸을 던졌다.

앗차! 발은 닿지 않고 자꾸 밑으로 가라앉는 것이다. 순간 무척 당황했으나 곧 정신을 똑바로 차렸다. 한참 밑으로 내려가다가 발이 땅에 닿은 것이다. 힘껏 땅을 차고 몸을 솟구치니 수면 위로 얼굴을 내밀 수 있었다. 그 순간 "살려줘!"라고 소리를 지른 후 숨 한번 쉬고 다시 바닥으로 내려갔다.

두 번째부터는 땅에 닿을 때까지 조금만 참았다가 땅을 박차고 올라가 숨을 쉬면된다는 생각에 마음은 편했다. 두 번째 올라간 순간 밖의 형들은 당황하고 있었다. 내가 물속에 빠져 곧 죽을 것 같이 생각된 모양이다. 대장 형도 당황한 기색이 역력했다. "푸~우~" 숨을 쉬고 다시 물속으로 잠수했다.

세 번째 올라오면서는 비교적 얕은 쪽으로 방향을 잡고 그쪽으로 힘껏 발을 구르며 올라갔다. 올라와서 밖을 보니 역시 모두 당황해서 우왕좌왕 떠들고만 있고 대장 형은 소리만 지르며 물속으로 뛰어들지 못하고 있었다. 속으로 이렇게 몇 번만 하면 더 낮은 곳으로 나아가 혼자 힘으로도 빠져나올 수 있겠다는 생각이 들자 속으로 평온한 마음이 들고 밖에서 어떻게 하나 보는 일도 재미있어졌다.

점점 얕은 곳으로 나아가며 까치발로 서면 한 길 정도 될 만한 곳까지 나왔을 때 대장 형은 물속으로 뛰어들었다. 그리고 나 혼자 걸어 나올 때쯤 내 머리카락을 잡고 밖으로 끄집어내는 모습을 취했다. 실제로는 나 혼자 걸어 나왔지만 모든 이들은 대장 형이 구해 준 것으로 보였고 대장 형의 용맹스런 구출에 경의의 찬사를 보냈다.

나는 괜히 미안한 마음도 있고 해서 기진맥진한 것처럼 눈을 감고 모래사장에 쓰러져 정신없는 것처럼 보이게 했다. 대장 형은 내 배를 마사지하며 위로 밀어 올렸지만 물은 나오지 않았다. 물을 조금밖에 안 먹었으니까. 내가 눈을 뜨고 살아난 것처럼 보이자 모두들 대장 형의 용감함에 감탄했고 그는 영원한 캡틴으로 우리들의 영웅이 되었다.

불과 20~30초 정도의 사이에 일어난 일이었다. 물속에 처음 빠졌을 때 '이렇게 빠져 죽고 마는구나' 하는 두려움이나 공포심은 전혀 느끼지 못하고 그냥 편안한 마음이었던 것으로만 기억되었다. 사실 물에 무지하였고 수영을 전혀 못하는 내가 대단히 급박하고 위험한 상황이었음에도 불구하고 공포심은커녕 평온함을 느낀 것은 무언가 내부 속에서 어떤 작용이 일어난 것임에 틀림없다.

즉, 심리상의 쇼크가 있었지만 위험하다는 생각과 공포심을 느끼지 못하도록 초비상 상황에서 발생하는 엔도르핀이 흘러나와 그 스트레스를 막아냈던 것이다. 그렇지 않았다면 분명 나는 주체할 수 없는 공포심으로 그 물속에서 뻣뻣하게 경직되어 사고로 이어졌을지도 모른다. 어찌 되었든 두 팔을 쓸데없이 허우적거리고 물을 조금 들이마시긴 했지만 나의 사고나 근육들은 굳어버리지 않고 밖으로 여유 있게 나올 수 있게 만들었다. 초비상 사태에서는 엔도르핀이 분비되어 우리 마음과 몸을 보호해 주는 것이다.

친구는 월남전에서 총알이 방탄복을 뚫고 가슴에 박혔는 데도 얼마간 몰랐다고 했다.

리빙스턴은 아프리카 탐험 중 사자에게 물어 뜯겨 상박골이 쪼개지고 어깨를 물린 채 질질 끌려다니며 무섭게 흔들어 댈 때마다 피가 솟구치는 상황을 맞이했지만 고통은 전혀 느끼지 못하고 평온감을 느꼈다고 했다.

"이빨로 나를 물고 전후좌우로 흔들어 대는 사자의 머릿짓에 정신없이 몸이 흔들렸는 데도 전혀 두려움을 느끼지 못했습니다. 사자가 눈

바로 위에 있는 데도 공포감이 전혀 느껴지지 않았습니다. 이상하리만치 평온한 감정은 사나운 짐승에게 죽임을 당해야 하는 모든 동물들에게도 존재할 것이라는 생각이 스쳐갔습니다. 그것은 우리의 창조주께서 죽음의 고통을 덜어주기 위해 내리신 축복 중에 하나일 것입니다."

리빙스턴도 엔도르핀이 초비상시에 분비되어 공포감 대신 평안을 찾을 수 있었던 것이다.

이 축복의 물질 엔도르핀을 비상시 말고 일반적으로 우리 뇌 속에서 가장 신속하게 생산해 낼 수 있는 방법이 웃는 것이다. 15초 정도 웃을 때 생성된 엔도르핀은 우리 머릿속에 약 5분간 잔존한다고 한다. 그래서 10분만 웃으면 2시간 정도의 심한 통증도 잠재울 수 있고 기분을 편안하게 해줄 수 있다. 엔도르핀의 생성은 육체적으로나 정신적으로 다가오는 고통과 공포로부터 인간을 보호해 주는 신체 내부의 고마운 메커니즘이다. 그것은 평온의 축복이며 통증에서 해방되는 축복이며 행복을 가져오는 축복이다.

중국에서는 침으로 엔도르핀을 생성케 하여 마취제를 투여하지 않고 수술을 하기도 한다. 좌뇌 전두엽의 웃음신경회로를 계속 자극하여 계속 웃게 하면 마취 없이 수술도 가능할 것이다. 웃다가 행복하게 수술이 끝날 것이다. 그리고 엔도르핀은 이타적인 행동을 촉진시켜 다른 이들을 잘 돌보는 자비로운 사람으로 변화시킨다.

매일 웃자. 시간을 내어서 계속 웃자. 축복의 물질을 매일 계속해서 생산하자. 행복한 삶이 기다리고 있다. 통증에서 해방되어 세상을 나는 기쁨을 누릴 수 있다. 이웃과 함께 나누는 봉사의 삶을 살게 될 것이다. 신체가 건강하고 장수할 것이다.

# 14

## 하이테크 시대의 리더

"나는 젊은 사람이 아주 결정적인 실수를 해도 그가 계획적으로 사기를 행하지 않는 이상 모두 용서하고 품어주기로 결심하고 그대로 실천해 왔습니다. 사람이 살다보면 아무리 성실하게 노력을 해도 생각지도 못한 일을 당하는 사태가 일어날 수 있습니다. 그것 때문에 젊은 이들의 평생 꿈이 좌절되는 불이익을 주어서는 안 된다는 생각입니다."

미국의 강철왕 앤드류 카네기의 말이다. 그가 이렇게 관용의 마음을 갖게 된 데에는 20대 초반 자신의 실수에서 비롯되었다.

그는 철도회사에서 공금을 큰 가방에 넣어서 전달하는 직무를 수행하였다. 어느 날 그는 너무 피곤해서 열차 난간에 앉아 꾸벅꾸벅 졸기 시작했다. 무언가 허전해서 정신을 차려보니 자신이 붙들고 있던 공금이 들어 있는 큰 가방이 없어진 것이다.

졸다가 열차 밖으로 떨어뜨렸다고 판단한 카네기는 사색이 다 된 얼굴로 열차 기관사에게 뛰어갔다. 그리고 여차지종을 설명한 후 열차를 세운 후 후진을 시켜달라고 부탁했다.

얼마 전 지하철 전동차가 후진해서 지나쳐 온 역으로 다시 되돌아간 몇 번의 사건을 두고 언론 지상에 매우 시끄러웠던 일이 생각난다.

그 후로 지하철 공사 측은 후진할 수 없는 시스템과 장치들을 도입하였지만 그 당시만 해도 사람들의 마음도 순박하였고 후진도 기관사 마음대로 할 수 있었기 때문에 그 기관사는 몇 킬로 미터 정도 후진을 시켜주었다. 뚫어져라 밖을 응시하고 있던 카네기는 개울가에 떨어진 큰 가방을 발견하였다. 안도의 깊은 숨을 쉬고 열차에서 뛰어내려 가방을 열어보았다. 다행히 현금은 그대로 있었다.

달리는 열차 속에서 그는 기관사에게 감사의 마음과 함께 실수에 대한 관용의 마음을 갖기로 매우 중요한 결심을 하였고 평생 실천에 옮기며 살았다. 찔러도 피 한 방울 나오지 않을 것 같은 완벽주의자들 곁에는 사람들이 모이지 않는다. 그러나 카네기가 관용의 마음으로 사람을 대할 때 그의 주변에는 탁월한 인재들이 수없이 몰려들었다.

21세기는 하이테크, 하이터치(High Tech, High Touch) 시대로 표현되고 있다. 미래학자 존 네이스빗이 지은 책 제목에서 유래된 말이다.

과학기술 및 융합기술은 너무 빠르게 진보하고 있다. IT, 나노, 유전공학, 음성인식, 스텔스, SNS 등의 하이테크 산물들은 우리 삶을 매우 빠르게 변화시키고 편리하게 만드는 데는 크게 기여하였다.

그렇다고 우리의 삶이 풍성해지고 가치 있는 삶이 열려진 것은 아니다. 오히려 삶은 더 각박해지고 소통은 일방통행 위주로 변화되어 진정한 소통은 사라지게 되었다. 이런 하이테크 시대의 메마른 마음은 더욱 절실하게 하이터치를 요구하게 되었다.

아름다운 호수나 숲을 바라보며 여유 있게 마시는 커피 한 잔, 야외에서 캠핑을 하며 모닥불 앞에서 나누는 가족, 친구들과의 대화, 강가 갈대숲을 지나며 시원한 바람을 가르고 나가는 사이클, 바닷가 파라솔 아래서 바닷바람을 쐬며 듣는 음악, 분위기 좋은 카페에서 읽는 좋은 책, 어려운 이웃과 함께 나누는 봉사의 훈훈한 마음 등 인간의 품성이 아름다워지고 우리의 삶이 더 맑아져 참으로 인간을 인간되게 하는 영혼의 터치가 필요하게 된 것이다.

그래서 하이테크 시대에 하이터치란 최첨단 기술을 개발하고 융합하는데 고도의 능력이 필요하지만 이것들로 손상되기 쉬운 우리들의 감성을 어루만져 정신적, 주관적 행복을 이루어 낼 수 있는 노력을 하는 것을 의미한다.

미래학자 다니엘 핑크는 21세기를 이끌 미래의 리더들에게는 6가지 항목에 대한 자질이 필요하다고 피력했다.

그 여섯 가지 항목은 디자인Design, 조화Symphony, 공감Empathy, 이야기Story, 놀이Play, 의미Meaning이다.

앤드류 카네기의 용서와 관용의 마음은 이 하이테크 시대에도 매우 필요한 기본 덕목이다. 마음과 마음의 공감을 위해, 세대와 세대의 조화를 위해, 서로 간 삶의 의미를 위해서도 용서와 관용은 중요한 소통의 수단인 것이다. 그러나 카네기 시대의 리더십만으로는 현대 사회의 리더로서 부족한 점이 많다. 즉 하이터치의 감성에는 미치지 못하는 것이다.

다니엘 핑크가 제시한 여섯 가지 덕목을 관통하는 한 가지 코드는 웃음이다. 웃음으로 창조적이고 행복한 삶을 디자인하고 세분화되고 전문화된 일들 간의 조화를 위해 또 사람 간의 공감을 위해 웃음이 꼭 필요한 코드이다.

웃다보니 많은 이야기를 생산하고, 최고의 놀이에는 웃음이 빠질 수 없으며, 상처를 치유하고, 건강을 회복하고, 질병을 치유하고, 행복을 성장시키는 의미 있는 일을 하는데 웃음이 매우 중요한 역할을 감당하고 있다는 것을 웃음을 전파할수록 점점 더 깊이 느끼게 되었다.

21세기 하이테크 시대에는 하이터치가 필요하며 그 리더는 잘 웃는 사람이 중요한 자격 중 하나가 될 것이다.

# 15

## 자기암시 효과

과거 소련의 한 철도국 직원이 냉동차 속에서 일을 하다가 냉동차 문이 닫히는 바람에 차 안에 갇히고 말았다. 안에서는 문을 열 수 없었고 아무리 차문을 두드려도 이미 늦은 밤이라 모두 퇴근해서 열어주는 사람이 없었다. 그의 머릿속은 급격히 공포가 몰려왔고 몸은 점점 얼어 가는 기분을 느꼈다. 그는 그 상황을 냉동차 벽에 이렇게 썼다.

"몸이 차가와 온다. 그래도 기다리는 수밖에 없다. 차츰, 몸이 얼어 온다. 이제 정신마저 몽롱해진다. 이것이 나의 마지막일지도 모른다."

다음날 아침 직원 한 사람이 냉동차 문을 열었을 때 그 사람은 동사한 시체로 발견이 되었다. 담당 부서는 당황했다. 그리고 냉동차를 조사했다. 그랬는데 그 차는 실제로 냉동기가 고장이 나서 가동이 되지 않았음을 발견했고 밤의 냉동고 속 평균온도도 영상 14도이었음이 밝혀졌다. 그리고 환기구도 열려져 있어서 그가 견딜 만큼 충분한 산소도 공급되었다는 것이 조사결과였다.

결국 그는 영상 14도에서 얼어 죽었던 것이다. 냉동차 속에 갇혔으니 자신은 얼어 죽을 것이라는 극심한 공포가 정말 그를 죽음으로 몰고 간 것이다. 이처럼 생각의 힘은 육체를 지배할 만큼 강력하고 영향력이 크다.

미국 매사추세츠 주에서 최초로 시각장애인 전용 요양소를 건립하였다. 건축위원회에서는 경비를 절약할 목적으로 창문을 내지 않았다. 시각장애인들이기 때문에 창밖을 볼 수 없을 것이라는 논리 때문이었다. 창문은 없었지만 환기시설은 매우 좋았다.

그리고 갈 곳 없는 시각장애인들이 이곳에 들어와 살게 되었다. 그리고 얼마 후 시각장애인들은 하나둘씩 병에 걸리고 기력을 잃어갔다. 그들의 마음은 답답하고 불안하고 심리적 갈등을 겪게 되었고 이러다가 죽을 것 같은 생각들을 갖게 되었다. 드디어 입소자 모두 병이 들고 두 사람이 죽었다.

위원회는 곧 회의를 다시 열고 창문들을 내기로 결정했다. 창문이 설치되고 햇볕이 건물 안으로 들어오자 시각장애인들의 마음은 평온을 되찾고 그 얼굴에서 화색이 다시 돌기 시작했다. 햇볕이 그들의 마음에 활기를 불어 넣어주었고 마음속의 불안을 내쫓아 명랑한 마음을 회복하게 된 것이다. 병이 들었던 시각장애인들도 모두 건강하게 되었다. 눈에 보이지는 않지만 햇빛이 그들에게 희망과 건강할 수 있는 믿음을 주었고 그 생각이 육체적 건강을 회복하는 효과로 나타나게 된 것이다. 희망적인 생각의 힘이 육체적 건강에 이르게 하는 원동력이 된 것이다.

미국 오하이오 주 콜럼버스 시의 한 초등학교 6학년을 대상으로 자신의 미래에 대한 질문을 하고 설문을 작성하도록 하였다. 그 결과를 두 부류로 나누어 긍정적인 그룹과 부정적인 그룹으로 나누었다.

그 후 5년 뒤 그 설문지 결과를 가지고 학생들의 생활상을 조사하였다. "열심히 노력해서 대학에 갈 거예요.", "지금은 부족하지만 점점 나아지고 있어요" 등의 긍정적인 모습을 보인 그룹은 모두 평탄하게 자신의 길을 가고 있었다.

그러나 "별로 희망이 안 보여요.", "감방에나 안 가면 다행이죠 뭐." 이렇게 부정적인 모습을 보인 아이들 그룹은 약 40%정도가 평균 3회 이상 소년감호소에 드나들었다. 자신의 생각, 자기암시에 스스로의 앞길이 정해져 있었던 것이다.

지금부터 160여 년 전에 프랑스의 심리학자이며 약제사인 에밀꾸에는 이 자기암시요법으로 약 3,000명의 질병을 고치는 놀라운 사건을 일으켰다.

그가 환자에게 "나는 매일 모든 면에서 점점 더 좋아지고 있다"라고 매일 큰소리로 외치고 자기가 꿈꾸는 일이 이루어지는 것을 상상하며 기뻐하라고 하였다. 반복적인 외침이 뇌에 각인되고 성공으로 견인력을 발휘한 것이다. 반복적으로 생각을 언어화함으로 마음을 정리하고 다짐할 수 있게 한 것이다.

하하웃음행복센터에서는 잠자기 전 항상 이 자기암시요법을 사용하며 웃을 것을 권한다.

"나는 매일 모든 면에서 점점 더 좋아지고 있다!"를 외치고 웃는 것이다. 자신의 꿈, 건강, 성공, 부, 아름다운 삶이 이루어지는 것을 상상하며 외치는 것이다.

에밀꾸에의 지론으로는 아주 구체적인 꿈과 비전을 갖되 말로 표현은 두루뭉술하게 "모든 면에서 더 좋아지고 있다"라고 표현하는 것이 더 효과적이라고 한다.

자기암시를 외치며 웃는 사람은 머지않아 자신의 꿈과 비전이 현실화 되는 것을 볼 수 있다.

다시 한 번 외치며 웃어보자.

"나는 매일 모든 면에서 점점 더 좋아지고 있다. 우하하하……."

# 16

## 웃음 친구

비교적 이름이 알려진 기업의 CEO가 지하철 역 출구에서 갑자기 뇌졸중으로 쓰러졌다. 그는 출구 옆 차도 쪽에 쪼그린 채 쓰러졌지만 사람들은 그냥 지나쳐 갔다. 어떤 사람은 술 취한 사람으로 생각하며 그냥 자기 갈 길을 가느라 바빴고, 어떤 사람은 이상한 점을 느꼈지만 나 말고 많은 이들이 지나다니는 곳이므로 다른 이가 살펴보고 도와주겠지 라고 생각하며 지나쳐 갔다. 그는 20분 이상을 사람이 많이 지나는 곳에 쓰러졌지만 도움을 받지 못했다. 겨우 환경미화원에게 도움을 받아 가까운 병원으로 옮겨졌지만 운명한 뒤였다. 목격한 사람들은 많았지만 많을수록 군중들 간에 책임이 분산되어 개인이 느끼는 책임감이 매우 적어지는 이런 현상을 '방관자 현상'이라고 이름이 붙여졌다.

1964년 봄 뉴욕 주 퀸스 지역의 대로에서 20대 후반의 여성이 필사적으로 소리치며 도움을 요청하고 있었다. 살인범은 35분간이나 폭행을 가했으며 이 살해당하는 광경을 38명이나 목격하였다. 그런데 이상한 것은 그 38명의 목격자 누구도 경찰에 신고하지 않았다는 사실이다. 이 사건으로 인해 뉴욕시는 충격에 휩싸였고 매스컴은 매일 요란하게 보도하며 목격자들이 아무런 조치를 취하지 않은 것에 이해를 할 수 없다고 했다. 그리고 너무나 각박해진 당시 사회인들의 몰인정에 대해 비난을 퍼부었다. 그러나 38명의 목격자들은 그 비난에 대해 진짜 위험인 상황인줄 몰랐다는 이도 있었고 다른 사람이 이미 신고했을 거라고 생각했다고 많은 이들이 대답했다. 다시 이런 일이 일어나면 그런 무책임한 행동은 다시 하지 않겠노라고 했다. 역시 방관자 현상이 그들의 무의식 속에서 작동하며 나 말고도 누군가 도와주겠지 하는 책임감의 분산 영향으로 인해 이런 비극이 발생하게 된 것이다.

이 방관자 현상에 대하여 심리학자가 이 사건과 비슷하게 상황을 설정해서 실험을 했다. 뉴욕대 학생 다수를 선정해서 도시생활에 적응도를 연구하기 위한 실험이라고 알려 주었다. 모두 각자 다른 방에 격리시킨 후 스피커와 마이크를 모든 방에 설치하였다. 그리고 한 사람씩 마이크를 통해 뉴욕대에서 생활하며 어려웠던 점들을 솔직하게 이야기 하도록 하였다.

첫 번째 학생의 목소리가 스피커를 통해 흘러나왔다. 그렇지만 격리되어 있는 피실험 대상학생 중의 한 목소리가 아니라 이 실험을 위해 미리 녹음되었던 것이다. 스피커에서는 얼마간 대학 이야기가 나오더니 돌연 발작 일으키는 소리가 나오기 시작했다. 6분간 발작을 일으키며 도움을 요청하는 소리가 지속되다가 마지막에는 목이 졸리는 듯한 소리가 나고 곧 아무 소리도 들리지 않게 되었다. 이런 상황에서 6분이다 되도록 아무런 조치를 취하지 않고 있는 학생이 70%나 되었다.

그러나 실험방법을 바꾸어 옆방에 있는 피실험자와 둘만이 이야기한다고 설정한 후 똑같은 음성을 들려주었을 때는 85%이상의 피실험자가 3분 이내에 도와주기 위해서 방안을 뛰쳐나왔다.

이들 실험에서도 역시 방관자 현상이 입증되었다. 위기 상황 발생 시 자신 외에도 많은 사람들이 있으면 상황에 대한 책임이 분산되어 제대로 도움을 받을 수 없게 된다는 것이다.

사회가 복잡해지고 개인주의가 팽배해지면서 현대인들은 남의 일에 관심을 갖지 않게 되었다. 옆집에서 무슨 일이 일어나도 별로 관심을 두지 않으며 옆집에 홀로 사시는 노인이 돌아가셔도 방치된 채 한참 후에나 발견되는 경우도 종종 있다. 학생들의 탈선행위를 보고도 직접 나서서 훈계나 야단칠 수도 없는 시대가 되었다. 서로서로가 신뢰하지 못하고 작은 일에도 신경을 날카롭게 곤두세우는 사회가 되었다. 과거 우리나라에서 큰 미덕으로 알고 있던 어른 공경 정신과 공동체 정신은 거의 사라졌다. 우리 스스로가 시대의 방관자가 되어가고 있다.

하하웃음행복센터에서는 웃음친구운동을 펼치고 있다. 나이에 상관없이 웃음 친구가 되면 하루 한 번 이상 전화를 해서 30초 이상 전화로 웃어주는 일이다. 그러면서 서로에게 관심을 가지고 배려하는 마음도 생긴다. 스스로 방관자가 되어가기 쉬운 현실에서 적어도 몇 사람에게는 관심을 가지고 서로 안부를 묻고 함께 웃음을 나누는 건강한 삶의 동행자로 발전해가는 것이다. 대한민국 국민 모두가 누군가의 웃음 친구들이 될 수 있다면 방관자 현상은 사라지지 않을까 한다.

"그냥 웃으라고 전화했어요, 자, 30초 동안 웃읍시다. 우하하하 …."

# 17

## 동행

샌프란시스코에서 대지진이 발생한 후 모든 학교는 휴교령이 내렸으나 한 초등학교는 가정통신을 통해 모든 학생들을 학교로 나오도록 했다. 그리고는 각자가 지진을 겪은 이야기들을 하도록 하였다.

얼마나 무섭고 당황했는지를 이야기했고, 혹시 다음에 지진이 난다면 어떻게 피하는 것이 좋은지 또는 다음 지진을 대비해서 무엇을 준비해두는 것이 좋은지 이야기했다.

한 학생 한 학생 모두 돌아가며 이야기하도록 했으며 공포로 인해 말하지 않는 아이가 없도록 선생님이 말하지 않는 아이는 지적하고 질문해서 모두가 참여하도록 하였다. 그들은 이 일이 자신만이 겪은 불행한 일이 아니라 모두가 똑같이 겪은 일이라는 것을 알게 되었고 모두 같은 처지의 유대감을 가지게 되었다.

대지진 후 많은 외상 후 스트레스장애(PTSD) 환자들이 생겨났으나

이 학교 학생들은 PTSD 증상을 보이는 학생이 없었다. 같은 경험을 공유하며 누군가 옆에 있다는 심리적 위안을 얻은 결과 이런 치유의 효과가 나타난 것이다.

어느 할아버지가 췌장암 선고를 받은 후 분노의 마음을 다스리지 못하고 폭력적으로 변하기 시작했다. 입원실을 방문하는 이들이나 의료진에게까지도 닥치는 대로 집어던지는 바람에 주치의를 빼놓곤 방문하기가 힘들었다. 친구들과 식구들도 증오하고 1인실 입원실 밖으로는 나가지 않았다.

그런데 하나밖에 없는 손자는 예외였다. 손자가 병실에 들어가면 조용하였고 30분이나 1시간 정도 있다가 아이가 나올 때는 웃는 모습으로 나왔다. 매일 손자의 방문은 계속되었고 1주일쯤 지나자 할아버지의 태도도 완전히 달라져서 간호사와도 이야기를 부드럽게 하였고 병실 밖으로 나와서 걸어 다니기도 하였다.

놀란 식구들은 아이에게 물었다.

"할아버지와 도대체 무슨 이야기를 한 거니?"

"아무 이야기도 안 했어."

"아니 지금까지 그렇게 오래 있으면서 할아버지와 이야기를 안 했다구?"

"할아버지가 자꾸 울잖아. 그래서 나도 할아버지와 같이 울었단 말이야."

말없이 같이 있어 주고 또 같이 울어주고 하는 것만으로 할아버지 마음을 움직였던 것이다. 할아버지의 마음은 부정, 분노의 단계를 지나 타협, 수용을 하게 되었다. 감정이 흐르는 대로 마음껏 울고 나면

속이 후련해지고 마음의 힘을 다시 회복할 수 있다.

그래서 사람이 울 때는 천사가 곁에서 함께 슬퍼하고 위로해준다고 한다. 병들었거나 외로워하거나 우울증에 걸렸거나 죽어가는 누군가를 도울 수 있는 가장 좋은 방법이자 가장 먼저 해야 할 것은 무엇보다 그 사람들 찾아주는 일이다. 곁에 있어 주는 것만으로도 그 사람을 정말 소중하게 생각하는 마음이 고스란히 전달되기 때문이다.

일주일 사이에 친구 두 명이 하나님 부름을 받고 하늘나라로 갔다. 한 친구는 신장암이 온 몸에 전이 되었고 또 한 친구는 췌장암으로 진단을 받은 후 한 달도 못 되어 떠난 것이다.

인간의 삶은 내일을 기약할 수 없다. 그래서 오늘을 열심히 최선을 다해서 살아야 한다.

두 친구를 보내며 그들이 고통스럽고 힘들 때 같이 있어 주지 못한 것이 못내 아쉬웠다. 바쁘다는 핑계로 내가 지은 책만 보내주고 위로 받기를 바라는 마음만 가지고 있었다. 한 친구는 책을 다 읽고 이제부터 열심히 웃어보겠다고 나에게 전화를 한 지 보름도 못 되어 떠났고 또 한 친구는 책은 받았지만 통증이 너무 심해 읽을 수가 없었다고 한다. 같이 있어 주지 못한 죄스러움 때문에 잠을 잘 자지 못할 정도였다. 그리고 친구 영전에 이렇게 기도했다.

"당신이 이 세상을 다녀갔기에 이 세상은 좀 더 맑고 밝고 좋아졌습니다. 이젠 천군 천사들 호위 속에 질병의 고통 없는 하늘나라에서 영생복락 하소서."

진작 함께하지 못한 미안한 마음을 이렇게라도 기도를 하고 나니 마음의 위안을 얻는 듯하다. 그리고 나서 다시 한 번 결심해본다. 나도

이 세상에 왔기에 세상을 좀 더 맑고 밝고 좋게 만드는 일을 살아있는 동안 열심히 하여야 한다고…….

생명이라는 살아있는 삶은 최고의 가치를 가지고 있다. 행복, 성공, 사랑, 희망, 긍정… 등의 단어들도 모두 생명이라는 단어 앞에서는 비교의 대상이 되지 못한다. 살아있음의 축복을 생각하면 더 없이 맑고 밝고 착해지고 이 세상 모든 사람을 포용하고 사랑하고 싶은 마음으로 충만해진다. 친구들의 별세로 다시 한 번 생명의 소중함과 그 가치를 생각해 보게 된다.

살아있는 동안 더욱 열심히 웃자.
더 열심히 웃음을 나누어 주자.
그래서 세상을 기쁨과 사랑과 행복이 살아서 춤추는 곳으로 만들자.
웃음으로 더 맑고 더 밝고 더 아름다운 세상을 만들자.
가장 고통스러웠을 때 옆에 있어 주지는 못했지만 당신들이 이루고 싶어 했던 세상을 위해 당신들의 몫까지 열심히 달려갈게.

# 18
## 무서운 인터넷

1880년 여름, 미국의 한 고학생 젊은이가 가가호호를 다니며 방문판매를 하고 다녔다. 하루종일 먹지 못해 배는 몹시 고팠고 몸은 지쳐 쓰러질 지경이었다. 주머니에는 다임(10센트) 동전 하나밖에 없었고 그것으로는 배를 채울 수 있는 것을 사기에는 턱없이 모자랐다. 다음 집에서 먹을 것을 좀 달라고 해야지 하며 발걸음을 옮겼고 그 집 문을 두드렸다.

이윽고 문이 열리고 예쁜 소녀가 나왔다. 젊은이는 부끄러워서 배고프다는 말을 차마 못했고 다만 물 한 잔만 달라고 청했다. 그러나 그 소녀는 젊은이가 지치고 배고픈 것을 알아차렸고 그래서 큰 컵에 우유 한 잔을 내왔다. 젊은이는 그 우유를 단숨에 마셨고 새로운 힘을 얻었다. 그는 얼마나 드려야 하느냐고 물었고 소녀는 그럴 필요가 없다고 하면서 "엄마는 친절을 베풀면서 돈을 받지 말아야 한다"고 말했다.

십수 년이 지난 후 소녀는 중병에 걸렸다. 병원 의사는 큰 종합병원으로 가도록 하였다. 그 소녀는 존스 홉킨스병원 부인과로 가서 진료를 받게 되었다. 그녀를 담당한 의사는 유명한 산부인과 전문의로 정성을 다해 치료해 주었다. 그 전문의의 정성어린 의술로 난치병인 그녀는 완쾌되었다. 그녀는 퇴원하게 되자 엄청나게 나올 치료비를 생각하며 걱정이 태산 같았다. 그러나 그녀에게 제출된 청구서에는 이렇게 쓰여 있었다.

"치료비는 한 잔의 우유로 모두 지불되었음."

이 의사의 이름은 하워드 켈리(Howard. A. Kelly 1858~1943) 박사로 바로 외판원을 했던 젊은 고학생이었다. 130여 년 전의 훈훈하고 따뜻한 작은 사건이 인터넷을 타고 많은 사람들에게 읽혀지고 알려지게 된 것이다.

각종 포털 사이트에서 검색란에 필자 이름을 입력하고 검색을 누르면 필자의 살아온 흔적들이 꽤 많이 나타난다. 필자가 쓴 책들, 쓴 글들, 직업과 관련된 활동 내용, 직무발명특허, 병원에 수술해서 입원했던 사실, 모스크바 러시아 코스타에 참석했던 일, 각종 강연 일정이나 강연 소감, 강연 내용, 강연 동영상 등등 너무 소상히 기록되어 있어 놀라곤 한다. 교회에서 맡은 직분이나 회의에서 결정된 내용, 여행을 갔거나 출국했던 일, 봉사했던 일, 심지어는 교회에서 성경봉독한 일까지 낱낱이 필자 삶의 흔적들이 기록되어 만천하에 공개되고 있다.

IT전공의 한 교수는 1,000년 후 우리 후손들이 이 기록을 모두 찾아볼 수 있을 정도로 삶의 흔적은 그대로 남아 있을 것이란 전망에 전율을 금할 수 없다. 호랑이는 죽어서 가죽을 남기고 사람은 죽어서 이름을 남긴다고 했다.

급속도로 발달한 IT문명은 그 사람의 이름을 통해 그 사람 인생의 흔적들까지 낱낱이 드러내고 있다. 그래서 인터넷은 무섭다. 우리는 준비를 했건 안 했건 지구상의 삶이 끝나는 날이 온다.

내가 소중하게 소장했던 물건은 모두 다른 사람에게 넘겨질 것이고 재산, 명성, 권력, 인기, 미모, 재주 등은 아무런 의미가 없게 될 것이다. 나의 불평, 원망, 좌절, 시기, 걱정, 근심들도 모두 사라질 것이며 나의 욕망, 계획 등도 종료될 것이다. 한 때 그렇게도 중요하게 보였던 성공과 실패, 승리와 패배도 결국 사라진다.

지금 내가 쓰고 있는 것과 가지고 있는 것은 모두 정말 내 것이 아니라 잠시 빌려 쓰고 있을 뿐이다. 빌려 쓰는 것은 언젠가 되돌려 주어야 하기 때문에 너무 집착하지 말아야 한다. 많이 가지려고 너무 욕심 부리다가 모두 다 잃을 수가 있기 때문이다. 그래서 마음을 비우면 이 세상 모두가 나의 빈 마음속으로 들어온다. 의미 있고 가치 있는 것으로 나의 마음속을 채우고 이들을 이웃과 나누는 삶을 살게 되면 한층 더 보람된 삶으로 기록될 것이다.

후대에 우리 삶에서 무엇이 가치 있고 무엇이 의미 있는 것으로 남게 될 것인가? 남는 것은 내가 가진 것들이 아니라 베푼 것들이고 얼마나 배웠는가가 아니라 얼마나 가르쳤는가이다. 얼마나 능력이 있는가가 아니라 얼마나 고상한 인격을 갖췄는가이다. 얼마나 많은 사람을 알고 있는가가 아니라 세상을 떠날 때 얼마나 많은 사람들이 상실감으로 안타까워하느냐이다.

나 자신의 추억이 중요한 것이 아니라 내가 사랑했던 사람들에게 남아 있는 추억들이 더 중요한 것이다. 나를 본받고 싶도록 다른 사람들의 삶을 풍성하게 하고 다른 사람들에게 용기와 희망과 사랑과 감사를 주었던 삶이 중요한 것이다. 이런 의미 있고 가치 있는 삶은 우연히 이루어지는 결과물이 아니다. 그것은 우리가 올바로 선택하고 굳게 결심하고 열심히 실천한 결과인 것이다.

이왕이면 웃음으로 이웃에게 희망과 용기를 주자.

웃음으로 다른 이들에게 사랑과 감사를 보내자.

웃음을 나누겠다는 작은 선택, 작은 결심, 작은 실천은 나를 바꾸고 이웃을 바꾸고 사회를 바꿀 수 있다.

이 세상을 진정으로 산 날은 웃고 산 날 뿐이라는 격언도 있다.

무서운 인터넷에 나의 기록이 한평생 열심히 웃다가 간 사람으로 기록되었으면 좋겠다.

| 부록 |

# 체험담

요즈음 내가 이렇게 도움을 받고 행복한 만큼
웃음의 좋은 가치들을 세상에 널리 알리겠다는
결심을 하고 노인대학, 요양원, 양로원 어르신들께
웃음 바이러스를 전파하며 행복을 함께 나누고 있다.

1분 웃으면 인상이 바뀌고 매일 웃으면 인생이 바뀐다.
웃어서 인생을 바꿔보자. 웃어서 행복해지자.
웃어서 건강을 되찾고, 웃어서 건강을 지키자.

# 1. 거듭난 생명, 귀한 생명(파킨슨 병)

민○식(여, 77세)

우리는 생활 속에서 흔히 "반갑다! 고맙다! 기쁘다!"는 말과 함께 흔하게 듣는 인사성 웃음이 있다. 그런데 나는 기적을 일으키는 웃음을 만났다. 하하웃음행복교실을 통해 웃음을 만나고 나의 병이 낫다보니 나는 기적과 행복을 만난 것이다.

인간의 고통과 생명을 위협하는 질병을 웃음으로 해결하다니 너무도 깜짝 놀라고 감격했고, 특허품도 아니고 어려운 방법도 아닌데 누구나 언제 어디서나 할 수 있는 쉬운 방법임에 다시 한 번 감탄한다. 이 웃음을 모르고 죽은 사람에게 어서 일어나서 웃어보라고 외치고 싶다. "하하하…."

병이 들면 집 팔고, 땅 팔고, 거지가 되고 나중에는 죽는다. 이것이 현실이다. 나는 불치병이라는 파킨슨병 진단을 받고 내 생명이 여기까지뿐이라고 절망을 했다. 이대로 죽어야 하나? 절망했지만 웃음행복교실을 만나 희망과 용기를 갖게 되었다. 나는 새 삶으로 거듭났고 원장님의 아름다운 미소와 다정한 웃음과 말씀이 충분히 나를 변화되게 바꾸어 주셨다.

"살 수 있다! 할 수 있다!" 나의 떨리던 손, 어눌했던 말씨 모두 정상으로 돌아왔다. 그래서 너무도 기쁘고 행복한 마음을 되찾았다. 그래도 처음부터 웃음이 그리 쉽지는 않았다. "노력해 보자! 힘을 내자!" 병명을 알지도 못하고, 질병의 고통은 쌓이고, 그것을 찾으려고 수많은 돈을 썼지만, 검사에 검사는 더 많은 고통으로 다가왔다. 그런데 이런 것을 다 물리치고 웃기만 하면 된다는 처방… 얼마나 감사한가? 누구나 쉽게 찾을 수 있는 명약처방이면서 만병통치약 값도 치르지 않고 사용할 수 있다는 것은 하나님께서 주신 축복이다.

인도에는 6,000여 곳이나 웃음클럽이 있다고 한다. 웃음의 선구자 노만 커즌스는 본인이 웃음으로 강직성 척추염을 치유한 후 웃음 치유 역사를 개척하였다.

캘리포니아 의대 윌리엄 프라이 박사는 40년 간 웃음과 건강관계를 연구한 결과 진실로 웃음은 부작용 없는 최고의 명약이라 했다.

우리는 웃기만 하면 건강과 행복이 보장되는데 이 얼마나 큰 축복인가? 우리 웃음은 누구의 것도 아니니 온누리에 전할 의무가 있다. 나는 2012년 4월 7일 웃음 치유 강사교육에 참여하게 된 것이 너무도 큰 축복이다. 아직은 부족하지만 열심히 노력하고 힘을 다할 것이다. 내 삶에 생명을 다하여 전하겠다. 감사합니다. 사랑합니다. 축복합니다.

## 2. 웃음을 사랑하라

박○영(여, 46세)

지금 생각해 보면, 스무 살 갓 넘어 대학교 다닐 때부터 시작하여 앞도, 뒤도, 옆도 돌아보지 않고… 쉬지 않고 일과 육아는 물론이고 학업을 병행하며 앞으로 내달린 지 25년이다.

눈을 질끈 감은 채… 어떻게 그렇게 장님으로 나아갈 수 있었을까? 결핍이 성공을 낳는다는 말이 있듯이 나 자신의 삶을 있는 그대로 보려하지 않고 늘 열등감을 느끼며 위의 것들만을 향해 발버둥치는 시간들이었다. 단순히 직업적 성취뿐만 아니라 사회적 활동이나 모성적인 측면에서도 그러했다. 돌이켜보면, 그 어느 것 하나도 포기할 수 없었기에 본의 아니게 주변 사람들로부터 질책과 따돌림도 많이 당했던 것 같다. 나는 살면서 다른 사람의 의견 따위는 중요하지 않게 생각하고 살았었다. 왜냐하면 언제나 할 일이 산더미처럼 많았고 항상 바빴으며, 다른 사람의 의견을 들어주고 세심하게 들여다볼 마음의 여유가 없었기 때문이다. 그래서 가족들은 나에게 '타인 배려 불감증'이라는 고칠 수 없다는 병명을 붙여주었고 그것이 별명이 되었다.

늘 이루고자 하는 목표들은 달성하였고, 2009년 마지막으로 목표했던 학위를 끝냈지만 한 번도 느껴보지 못했던 우울증이 밀려왔다. 이제 다 마치고 행복감을 만끽해야 하는데… 이 느낌은 뭐지? 무엇인지 모르는 상실감… 이유 없이 마음이 허전하고 지나간 일들에 대한 후회와 원망이 깊어졌다. 벌써 갱년기인가? 정신적, 신체적인 무기력감으로 인해 일에 대한 집중력이 저하되어 실수가 잦아졌다. 정신지체 장애를 얻은 것 같았다. 자연히 모든 일에 자신감이 없어졌고, 작은 일에 예민하고 소심해지며, 다른 사람의 의견을 듣는 것이 겁이 났다. 그런 내 모습이 싫었으며, 그 스트레스를 음식으로 풀기 시작하여 체중도 급격히 증가했다. 자신감은 더 곤두박질쳤다. 이러한 우울증은 불면증과 함께 찾아왔고, 어떻게 치료받아야 할까를 심각하게 걱정하며 고민하고 있을 때 지인이 웃음치료에 대하여 소개해 주었다. 그 이야기를 듣고 웃음이 마음의 평정뿐 아니라 신체 건강 효과도 있으며 긍정심리와 잠자는 행복의 유전자를 깨운다는 기사와 책들을 접하게 되었다. 그리고 가까운 곳에 위치한 하하웃음행복센터를 소개받고 마침내 웃음강의를 듣게 되었다.

처음에는 억지미소 정도만 가능했던 나에게 마주보고 꼬집으며 억지로 웃는 여인들의 모습이 낯설고 힘들었지만 한 번, 두 번, 세 번… 웃음강의를 들으면서 상처받은 영혼을 다독이는 웃음의 마력에 빠져들 수 있었다. 이런 웃음도 있다니. 그리고 내가 이런 통쾌한 웃음을 웃을 수 있다니. 억지로라도 그렇게 박장대소를 하고 나면 가슴이 후련해졌다.

지금도 자주 되뇌이는 인상 깊었던 강의 내용이 생각난다. 눈을 감고 숨을 들이쉬면서 '나는 지금 도착했다' 숨을 내쉬면서 '나는 집이다'를 심호흡(호흡명상)할 때 비로소 나는 길게 숨을 쉬고 마음이 안정되는 자신을 발견했다. 즉 나는 지금까지 험난했던 인생여정을 마치고 이제 평온한 안식처인 집에 돌아와 쉴 수 있었다. '이제 긴장을 풀어라'고 다른 사람이 아닌 나 스스로 위로할 수 있었다. 또한 '나에게 수치와 모욕감을 준 사람, 나에게 상처를 준 사람, 나에게 스트레스를 준 사람… 그러나 나를 위해 너희를 용서했다'라고 했을 때 가슴 밑바닥에 용서하지 못할 것 같은 미움의 응어리들을 풀고 비로소 아무도 모르게 눈물을 글썽이며 그들을 용서할 마음의 준비를 할 수 있었다. 용서만이 나를 사랑하는 길이라는 말을 믿는다.

웃음강의를 듣고 조금씩 변화해 가는 자신을 느끼며 "웃음을 사랑하라"로 최근 신조를 바꾸었다. 불치병 환자라도 낙천적 사고로 긍정적인 힘을 발휘하면 보다 오래 살고 행복해질 수 있다는 보고가 있다.

웃음은 고통과 싸워 이기게 하는 놀라운 힘이 있다. 이제 나에게 찾아오는 우울감을 박장대소 웃음으로 쾅쾅 부셔버릴 수 있다.

오혜열 원장님의 말씀에서 "우리 삶에 웃음을 도입하고 생활화하면 웬만한 우울증은 모두 사라질 것이며 웃음과 긍정이 우리에게 주는 선물은 건강한 삶이다"라는 말은 진리라는 것을 믿는다.

## 3. 우울증에서 살 가치와 의미 있는 세상으로

김○자(여, 72세)

먼저 나의 환경을 살펴보면 무남독녀 외동딸로 태어나서 부모님의 사랑을 듬뿍 받으면서 자라왔다. 한편으로는 부모님의 기대치에 어긋나지 않는 생활을 하려고 무척 노력하면서 사는 동안에 자꾸만 중압감을 느껴 마음 한구석에는 고독한 마음과 더불어 부모님의 말씀에 순종해야 한다는 책임감이 많이 엄습하였다.

결혼을 하고도 친정 부모님을 모시고 살아야 했기에 항상 시댁 어르신들과 남편에게 미안하여 죄송스러운 마음으로 차 있었고, 또한 친정 부모님께 마음껏 해드릴 수 없는 안타까운 마음에 내 자신의 생활은 뒷켠에 두고 내 자신을 사랑하고 어루만져주지 못하고 항상 능력의 부족감만 느껴지게 되었다.

어느 덧 세월이 흘러가는 동안 뜻밖에 남편의 뇌출혈로 인하여 중환자실에서 한 달 동안 지켜봐야 하는 간호의 생활이 너무나도 뼈저리게 아파와서 견딜 수가 없었다. 매일같이 주님께 기도하며 생명의 위험은 없게 치유해달라고 매달렸더니 다행히 왼쪽 시신경에 풍이 와서 그쪽 방향은 잘 보이지 않으나 다시 일어날 수 있는 기적을 주셨기에 항상 감사한 마음과 많은 눈물로 아픔을 이겨낼 수 있는 용기를 주셨다.

세월이 지나 92세 된 어머님께서 다리에 힘이 약해진다고 하시더니 작년 10월에 고관절이 부러져 수술을 받고 다리 통증은 어느 정도 없어졌으나 면역력이 약해져 병원에서 폐렴으로 고생을 하면서 아직까지도 병원에서 지내고 계신다.

　나는 결국 불면증과 우울증이 같이 와서 그 치료를 내 자신이 이겨내지 못하고 정신과에 입원을 하게 되었다. 약간의 차도는 있으나 모든 의욕이 상실된 상태에서 입맛도 없고 점점 더 깊은 우울증과 불면증으로 괴로웠다. 정신과 병원에 다니면서 나아졌다 또 다시 나빠졌다를 약 4년간 반복하였다. 이런 연유로 완전히 내 마음이 지쳐 쓰러지기 직전에 하하웃음행복센터를 소개 받아 나오게 되었다.

　처음엔 내가 어찌 웃을 수가 있을까? 하는 반문 속에서도 빠지지 않고 계속 교육을 받다보니 나도 모르게 마음의 문이 열리게 되었다. 차차 의욕과 소망이 솟아오르면서 마음껏 웃어야겠다는 마음에 자꾸 자꾸 거울을 보며 크게 웃기 시작하였다. 그러자 효과가 정말 빨리 나타났다. 정신과 약 즉 우울증, 불면증 알약의 숫자가 5~6알이었던 것이 지금은 저녁에만 1개로 줄어들었다.

　마음의 공허감을 채울 수 있으면서 모든 일에 감사한 마음이 생겨났다. 아무런 조건 없이 내가 그냥 행복한 사람이 되면 되는구나 하는 것을 깨닫게 되면서 순간순간 사랑하고 행복하기 위해 노력했다. 그 순간들이 모여 나의 인생이 됨을 알게 된 것이다. 어느 누구에게나 괴로움은 있기 마련이니 내가 찾아야 할 것은 다른 이의 행복이 아니라 온전한 나의 행복을 만들어야 하겠다는 의욕을 갖게 되었다.

　우리가 이 땅에 온 목적은 행복하게 살기 위해서 온 것이니 온전한 나의 행복을 선택하기로 작정한 것이다. 그래서 원장님이 가르쳐 주신 대로 감탄! 감동! 감사! 이 세 가지를 생각하면서 "우와~" 하고 크게 웃기 시작하게 되었다. 그리고 원장님께서 하신 말씀 한 마디 한 마디를 놓치지 않고 열심히 공부하는 마음으로 가득 담았다. 인생은 해석이요, 행복은 선택이기 때문에 일단 웃자! 를 항상 실천해 나가려고 노력한다.

박장대소, 홍선대소, 파안대소를 번갈아 하면서 이젠 월요일이 매우 기다려진다. 우울함이 사라지고 점점 밝아지는 내 모습 너무나도 대견하다. 자아 능력감을 갖기 위해 나는 할 수 있다를 외친다. 어떤 고난이 닥쳐올 때에도 그럼에도 불구하고 나는 얼마든지 웃음으로 이겨낼 수 있는 능력 있는 사람으로 생각하기로 자꾸자꾸 내 마음속으로 다짐하고 있다.

또한 나 자신의 가치감을 찾게 되면서 나는 존귀한 사람, 소중한 사람이라고 나는 이대로가 좋다고 생각을 한다. 그래서 자존감은 더욱 솟아오르고 어떤 사람이 나를 비방할지라도 쏘홧! 그래서 우짤낀데… 하는 마음을 갖고 웃어버린다.

용서해 주세요. 용서합니다. 감사합니다. 사랑합니다. 축복합니다. 하고 내 자신에게 말하는 것을 습관화 하고 있다. 나의 생활은 점점 밝아지고 낙관론자로 변해가면서 다른 사람을 격려하고 배려하는 마음으로 변해가고 있다. 그리고 늘 기도한다. "내 주변 사람들이 모두 평안하길…."

아름다운 세상 정말 살 가치와 의미가 있는 세상이다. 원장님 감사합니다.

## 4. 고통이 사라지다 (방광염, 우울증)

성ㅇ정(여, 71세)

내가 하하웃음행복센터를 다닌 지도 1년이 다 되었다. 처음 갔을 때는 웃는 것이 부끄럽고 쑥스러워 웃는 척하며 건성으로 따라 웃었다. 그런데도 재미있어 한번 더 한번 더 하며 자꾸 나가게 되었다. 원장님의 강의가 좋았고 특히 웃는 얼굴을 보면 웃지 않을 수가 없었다. 그렇게 웃다보니 점점 웃는 것이 익숙해지기 시작했다. 웃을 때 생성되는 엔돌핀은 모르핀의 200배의 진통효과가 있다는 원장님의 말씀, 또 회원님들의 달라졌어요 라는 웃음 체험담 중에 여러 가지 질병으로 고생했는데 웃음으로 치유되었다는 이야기를 듣고 "나도 열심히 웃으면 내 병도 낫겠지?"라고 생각하게 되었다.

원장님 저서에 보면 고창순 박사님은 우리나라에서 제일 알아주는 병원 중 하나인 서울대학병원 부원장이었지만 자기 몸에 세 번씩이나 발병한 암을 치유하는 일등 항암제가 바로 웃음이었다는 내용을 읽고 더욱 용기를 냈다. 그래도 나는 원장님 말씀에 약간의 의문을 가졌다.

"웃음이 어떻게 스트레스를 줄이고, 진통제, 항우울증제, 혈압강하제, 혈당 강하제, 치매예방, 회춘제 등등의 역할을 하며 이렇게 만병통치약 역할을 할 수 있단 말인가?"

그러던 중 하하웃음행복센터에 다닌 지 4개월쯤 되었을까? 주위 분들이 나를 보고 얼굴 표정이 밝아졌다고 무슨 좋은 일이라도 있느냐며 이야기를 해주었다. 그 동안 10여 년을 우울증과 방광염으로 약 아니면 견디기 힘든 세월을 보냈기 때문에 얼굴 표정은 항상 우울해 보였고 졸린 듯한 눈에 힘없어 보이는 내 모습이 보기가 딱했다는 것이다. 생각해 보니 웃음, 하하웃음행복센터가 떠올랐다.

아~ 그럼 나도? 그때부터 관찰하기 시작했다. 나는 방광염이 심해서 밤 12시고 1시고 공휴일도 없이 매일 빈뇨에 시달려 왔다. 병원도 수없이 드나들었다. 오죽하면 의사 선생님께서 고개를 갸우뚱 하시며 너무 잦은데? 하고 혼잣말로 하시는 걸 듣고 나는 잔뜩 겁이 나서 "선생님, 저 방광염으로 죽나요? 암으로도 되나요?"했더니 선생님 말씀이 "죽지도 않고 암도 안 되니 약 열심히 먹고 치료 받으라"라고 하셨다.

하하웃음행복센터를 열심히 다니는 중에 같이 봉사하는 친구가 어느 날 "언니, 요즘 방광염이 안 아픈가봐? 약도 안 먹는 거 같아"하고 물었다. 그 친구 말을 듣고 생각해 보았다. 그러고 보니 '맞아! 약 안 먹고 병원 안 간 지가 언제였던가?', '그럼 나도 웃음으로 기적이 나타났다는 건가?', '이럴 수가…' 나는 너무 좋았다.

따지고 보니 4개월쯤 병원을 안 간 것 같았다. 그렇다면 금년에는 우울증 치유에 도전해 보자고 다짐을 했다. 그리고 나도 열심히 웃고 배워서 나처럼 고생하는 사람들을 위해 봉사 활동을 해보기로 결심을 하게 되었다. 나는 많이 부족하지만 열심히 배우고 노력해 보자. 우울하고 외로웠던 젊은 시절의 슬픔은 웃어서 다 씻어버리고 이제는 내 나이 71세지만 도전해 보리라! 나이는 숫자에 불과하다라고 하지 않았던가? 나도 희망을 가지고 남은 인생 행복한 삶으로 살아가리라 다짐해 본다. 하하. 하하하. 하하하하. 원장님 감사합니다.

## 5. 평생 얹혀 있던 마음의 병을 고치다

이○순(여, 71세)

나는 어려서부터 마음이 약해서 늘 참으며 살았다. 그런데 어른이 되어서도 하고 싶은 말을 못하고 늘 참으며 살았다. 친척이나 형제간이나 가족 간에도 너무 참다 보니 마음의 병이 온몸을 아프게 하고 나 자신도 힘이 들고 마음 고생을 많이 했다. 마음 상할 때마다 속 시원히 할 말 하고 표현을 했으면 깊은 상처로 남는 일은 덜했을 텐데…. 꾹꾹 눌러 참은 것이 가슴에 답답증이 되고 가슴속 묵직하게 쌓인 상처들은 치유 받지 못한 채 칠십 평생을 지내왔다.

나는 2013년 1월 7일 하하웃음행복센터에 처음 방문했다. 2년 전에 버스타고 지나가다 현수막을 보고 알고는 있었는데 가볼 용기가 나지 않았다. 그러던 중 아는 분이 이곳에 다니고 있다고 해서 같이 다니기로 하고 방문하게 되었다. 처음 내가 들어가서 본 장면은 모두가 기쁨에 차서 환하게 웃는 모습이었다. 뭔가 희망이 있고 기쁨이 있다는 생각이 들었다. 여러 사례들과 체험담도 좋았지만 원장님 강의 내용 중에 원장님 자신도 5시간을 웃어 통증이 가셨다는 말씀과 웃으면 인생이 달라지고 긍정적인 생각으로 바뀌어 행복하게 살 수 있다는 말씀에 희망과 용기가 생겼다.

나는 마음의 치유를 받기 위해서 이곳에 왔다. 지나간 세월 동안 마음이 답답하고 상처가 깊었다. 마음이 치유되기 위해 나름대로 온갖 방법을 다 해보았지만 잘 되지 않았다. 정말 괴롭고 힘들었다. 오장육부는 약을 먹든지 수술을 해서 고칠 수 있지만 마음의 병은 그렇게 해서 고쳐지는 게 아니니 늘 마음이 편치 않았다.

하하웃음행복센터에 나가면서 웃는 연습을 했다. 처음에는 어색하고 웃음이 잘 안 나왔지만 두 달이 지나면서 이래서는 안 되겠다 생각하고 운동할 때나 산책할 때나 열심히 웃었다. 하루는 집에 혼자 있는 날이었는데 이때 정말 많이 웃었다. 3개월 15일이 되었을 때 뭔가 이상한 느낌이 들었다. 가만히 생각해 보니 마음에 얹혀 있던 묵직함이 사라지고 내 마음이 치유가 됐다는 것을 알았다. 정말 기뻤다. 그렇게도 나를 괴롭히고 힘들게 했던 답답증이 한순간에 없어졌다고 생각하니 너무 기뻤다.

이제 웃음센터에 다닌 지도 1년이 넘었다. 그 1년 동안 정말 기쁘고 행복한 시간이었다. 원장님 강의를 들을 때면 힘이 넘친다. 희망과 용기가 넘쳐나 무엇이든지 할 수 있을 것 같다. 그 동안 저희들을 위해 수고해 주신 원장님과 총무님께 감사드린다. 지금은 웃음센터 가는 월요일만 기다려진다. 함께 웃을 수 있는 사람들을 만날 수 있다. 그래서 행복하고 감사하다.

## 6. 인생의 숙제를 풀다(불면증, 우울증)

김○원(여, 50세)

어릴 때부터(초교 5년) 우울증세가 있어 왔다. 8명의 자매를 키우느라 어머니는 항상 일을 하셨고 아버지도 열심히 일하셨지만 퇴근길에 늘 술을 드시고 귀가하셨다. 사춘기가 일찍 시작된 나는 현실과 이상이 상당히 동떨어져 있어서 많은 갈등을 한 것 같다. 여고 시절에는 미술학도의 꿈을 접고 상고에 진학한 것이 결정적 갈등의 계기가 되어 불면증에 시달리기도 했다. 겉으로는 밝은 모습을 보이면서도 늘 내면에 갈등이 우울증을 증가시키고 있었다.

결혼을 하면 상태가 좋아질 것이라고 생각했지만 큰 변화는 없었다. 남들보다 경제적으로 어려운 것도 아닌데 늘 마음속에 끓어오르는 분노와 수치 같은 것이 있었다. 동시에 꿈을 이룰 수 없는 현실에 또 다시 우울감을 해소하지 못하고 우울한 날을 보내왔다. 신경이 예민할 때는 가슴이 두근거리는 증세까지 생겨서 정신과에서 주사를 맞기도 하고 약을 먹기도 했다. 그러던 중 하하웃음행복교실을 알게 되었다.

평소에 아주 어둡게 지내는 편도 아닌 데 처음엔 웃음이 어색하고 잘 웃어지지 않았다. 그러나 지금은 무작정 웃는 웃음이 자연스럽게 나온다. 두근거림이나 불안감이 없어지고 행복감마저 들기 시작했다. 세상이 이렇게 행복한데 그 동안 왜 불행한 마음과 부정적인 마음으로 가까운 주변 사람들을 미워하고 원망을 했는지…. 나는 참 바보같이 살았었구나 하는 마음이 들었다. 웃음행복교실에 오시는 다른 회원 분들을 보니 암수술을 하신 분, 당뇨나 그 외 여러 가지 지병이 있으신

분들이 꽤 많았다. 그리고 난 건강한 것만 해도 축복받았다는 생각을 하게 되었다. 강의 내용 중에 장애가 있는 사람들도 자신 있고 밝게 살아가며, 자신의 꿈을 향해 도전하는 모습에 그동안의 내 자신의 부끄러운 삶과 나도 꿈을 위해 도전해야겠다는 자신감이 생겼다. 그리고 원장님의 전문적인 의학 강의를 들으며 웃음이 얼마나 인체에 보약과 같은 것인가를 깨닫게 되었다.

지금은 우울증약을 전혀 먹지 않아도 가슴 두근거림이나 불안증이 거짓말처럼 사라졌다. 내가 우울증과 관절의 통증까지 사라진 것을 보고 유방암 수술을 한 언니도 하하웃음교실에 오게 되었다. 임파선까지 절제한 언니는 통증에 상당히 시달리고 있다. 이제 여기서 웃음 치료로 밝은 얼굴로 통증이 사라지는 날이 올 것이라고 믿는다. 웃음 치료 봉사를 하시는 조ㅇ정 강사님의 사례를 듣고 용기를 갖게 되었다고 고백하는 언니를 보니 웃음치료교실은 우리 자매에게 정말 큰 행운을 가져다준 것 같다. 강사님을 따라서 웃음 치료 봉사를 가보니 정말 난 행복한 사람이라는 생각을 더 하게 되었다. 웃음과 건강을 잃은 노인 분들에게 율동과 즐거운 강의를 하시는 강사님이 너무 위대하고 존경스러웠다. 웃음 치료 봉사 날만을 기다리게 된다는 환자분들에게 웃음을 드릴 수 있다는 것이 얼마나 보람 있는 일인가? 나도 누군가를 위해 봉사할 수 있다는 사실에 나의 우울감은 하늘 높이 날아가 버린 것 같다.

올해는 인생의 긴 숙제를 풀어버린 행운의 시간이었다. 30년 이상 시달려왔고 약을 먹어도 좋아지지 않았던 우울증이 거짓말처럼 사라졌다는 사실에 하늘을 날아갈 것 같은 기쁨으로 충만해졌다.

하하웃음행복센터 원장님께 무한한 감사의 말씀을 드리고 싶다.

## 7. 새로운 삶으로 출발하며 (유방암)

윤○옥(여, 56세)

웃음이 좋다는 것은 옛 속담에서도 알고 있었다. 웃는 얼굴에 침 못 뱉는다, 일소일소, 일노일노, 웃으면 복이 온다… 등등 평소 긍정적이고 낙천적 성격이라 미소는 잘 표현하고 지내왔지만 소리내어 웃을 일은 별로 없었던 것 같다. 웃음교실에 나오기 시작하면서 처음부터 소리내어 웃는다는 것이 그리 쉽지는 않았지만 원장님의 강의를 들으면서 실천하지 않는다면 아무 소용이 없다고 느꼈다.

집안에선 웃음라인을 설정해서 주방이나 화장실, 거실 등 행동을 바꿀 때마다 웃음의 끈인 하하하…를 시도했다. 하… 하하… 하하하… 하하하하… 혼자서 이렇게 시동을 걸면 처음엔 어색하게 출발하다가 점점 진짜 웃음을 웃게 됐다. (남이 보면 미쳤다 그러겠지. 그 생각에 또 웃고, 원장님의 모습(눈웃음과 개구쟁이)을 생각하며 또 웃고, 혼자 깔깔대며 웃는 내 모습이 우스워 또 웃고…) 이렇게 하다 보니 지금은 자연스레 진짜 웃음까지 웃으면서 마음과 몸이 깨끗해지는 걸 느꼈다. 그래서 지금은 평소 생활 속에서 조그마한 일에도 오버해서 박장대소하는 습관으로 바뀌어가고 있다.

작년 11월 유방암 1기 수술을 시작해서 올 3월 29일 방사선 치료까지 힘든 시간이었지만 새로운 삶을 살게 된다는 마음에 여태 살아온 테두리에서 벗어나 의욕적이고 열정적인 삶에 도전해 보고 싶었다. 조용히 책상에 앉아 있길 좋아하는 내 성격을 활동적으로 밖으로 표출해서 행동적인 삶으로 남들에게도 봉사하며 헌신하고 싶은 생각에 요즈음 웃음교실 강의에 열심히 참석한다. 나도 많은 사람 앞에서 그들의 근심과 걱정들을 한바탕 웃음으로 날려주고 싶고 또 마음으로 위로하고 사랑하여 그들을 감동적인 삶으로 또 평온한 마음으로 안내하고 싶다. 사실 두렵기도 하지만 노력하면서 기도드린다면 하나님께선 분명히 제2의 삶을 나에게 주시리라 믿는다. 모든 것에 감사한다.

사람들이 많은 곳에선 늘 미소(나는 미소를 웃음의 동생이라 표현한다.)를 띄우며 나로 인하여 내 주변이 밝아지기를 기도한다. 진정한 웃음이란 긍정적인 마음에서 우러나온다고 생각한다. 만사를 좋게 생각하면서 내가 조금 손해보고 내가 조금 양보한다면 언제 어디서든 미소와 함께 진정한 웃음을 웃을 수 있으리라 믿는다.

원장님, 감사합니다. 노력하겠습니다. 대한민국이 떠들썩하게 웃는 그 날까지… 하하하 하하하….

# 8. 희망이라는 입구에 도달하다(우울증)

유○자(여, 61세)

　사람은 평생 행복하게 사는 것을 추구하지만 현실은 그렇지 않았다. 부러울 것 없이 풍족하고 남의 부러움을 받으며 50대 중반까지 재미있게 살았다. 그러나 IMF라는 세계적인 불안한 경기가 시작되면서 불행은 시작되었다. 외국에 나가는 모든 물품의 납품이 어려워지면서 우리 가정은 수렁으로 빠져들기 시작했다.

　너무 힘들어지자 남편은 사업을 접고 모든 빚과 사채를 정리하고 쉬기로 했다. 그때부터 남편은 술을 입에 달고 살기 시작했고 주위 사람들과 단절되면서 점점 난폭해지고 식구들을 괴롭히기 시작했다. 그러다가 결국 피를 입과 밑으로 토하면서 쓰러졌다. 간경화가 많이 진행되어서 치료를 받고 있던 중 또 대장암이 많이 진행되어서 대장 수술까지 받게 되었다.

　남편의 병 수발을 들고 어느 정도 숨을 고르려 하는데 이젠 내가 우울증이 시작되면서 정신과에 입원·퇴원을 반복하게 되었고 나도 모르게 의욕을 잃고 죽음을 생각하게 되었다. 그렇지만 애들 생각에 실행으로 옮길 수 없었다. 남편을 두고 죽으면 아이들이 고생할까봐 함께 가기로 결심하고 길을 걷고 있는데… 우연히 웃음센터 플랜카드를 보게 되었고 한번 가보고 싶은 마음이 생겼다. 그리고 며칠을 벼르다가 올라갔다.

　센터에는 100명 정도가 박장대소하고 있었는데 내가 잘못 온 것 같았다. 나가려했지만 사람들 틈이 좁아 비집고 나가기 힘들어 그냥 앉아 억지로 따라 웃어보았다. 강의 시간 중에 강사님이 웃지 않는 사람이 웃는 사람 중에는 이상한 사람이라는 말에 억지로 웃는 흉내를 냈다. 그런데 그날 끝나고 돌아가는데 머리가 덜 아프고 가슴도 덜 울리는 걸 느꼈다.

그래서 다음주 또 한 번 억지로 가보자 하고 센터로 갔다. 그런지 벌써 9개월 정도 되었다. 불안, 초조, 우울증이 사라지면서 이젠 제 일을 열심히 하면서 희망이라는 입구에 도달했다. 그리고 앞으로 나 같은 사람을 위해 나도 힘닿는 데까지 봉사하려고 결심했다. 세상일은 참으로 알 수 없다. 아름다운 세상이다.

## 9. 조금씩 변하는 내 모습(우울증)

홍○정(여, 48세)

한해를 넘기고 있는데 우울한 기분이 나를 찾아왔다. 하루 이틀… 꼼짝도 하기 싫고 사람을 만나기도 싫고 의욕이 떨어지기 시작했다. 그때 문득, 하하교실이 생각나서 그곳으로 발길을 돌렸다. 가서는 너무도 놀라웠다. 모든 사람들의 모습이 밝고 에너지가 넘쳤다. 아~ 맞다. 이곳이 바로 나의 우울함을 치유해 줄 수 있겠다. 또한 저분의 에너지를 받을 수 있겠다 싶어서 등록을 하고 바로 교실로 들어갔다.

하지만 몇 주는 그냥 그냥 별 재미를 느끼지 못했다. 저절로 웃음이 나오는 것도 아니고 박장대소, 책상대소… 모든 게 좀 낯설고 왠지 공유가 안 됐다. 계속 이러면 어쩌나 했는데 마침 나를 반겨주고 아는 체 해주는 분을 만나게 되면서 재미를 느꼈다. 물론 그 후로 원장님의 말씀은 귀에 쏙쏙 들어왔고 많은 것을 느끼게 해주었지만 적응하는 데는 시간이 조금 걸렸다.

이젠 월요일이 기다려진다. 하하하 웃고 싶어서… 요즘은 우울함이 사라지고 밝아진 내 모습이 넘~ 보기 좋다. 이젠 다시 우울이 온다면 안 받아! 웃음으로 웃어넘길 수 있을 것 같다. 조금씩 변하는 내 모습을 보면서 하하웃음행복교실에 감사의 말씀을 전한다.

## 10. 행복한 인생은 웃음으로

이○진(여, 69세)

나는 약골로 태어나 평생을 위장, 대장, 간, 폐, 신장으로 고생했다. 17년 전엔 혹 2개 제거 수술을 받았다. '혹부리 마누라'라는 별명도 들었고, 백만인 암 퇴치 클럽에 가입하며 건강에 대한 공부와 예방관리 등 닥치는 대로 다 해봤다.

왜냐하면 암으로 갑자기 동생(유방암), 아버지(위암), 고모(췌장암)가 투병생활을 하시다 하늘나라로 가셨기 때문이다. 암은 상당 부분 유전이니 조심하라는 주치의 말에 암에 대한 두려움이 늘 나를 따라다녔다. 그러던 차에 작년 여름 친구 소개로 하하웃음행복센터에 등록했다. 익숙하지 않은 내 웃음은 좀 어색했지만 일단 웃기 시작하고 원장님의 웃음 교육에 마음이 아주 시원했다. 마음에 상처가 많았던 나에게 큰 위로와 힘이 됐다. 매주 월요일이 기다려지고 원장님의 말씀은 내면의 웃음이 중요하다고 가르쳐 주셨다.

나를 먼저 껴안아주고 사랑해야 자존감이 회복되어 마음의 상처가 치유된다는 좋은 교육을 적극적으로 배웠다. 관계 소통에 어려운 문제가 닥쳐와도 이젠 감사와 사랑으로 웃어버린다. 이렇게 나를 위해서 많이 웃다보면 통증도 날아가는 경험을 하면서 어느새 내 몸과 마음은 사랑의 에너지로 자신감이 넘치며 행복해진다.

이제 내가 변화된 삶을 쓰려고 하니까 원장님의 감동적인 교육과 좋은 글들이 너무 많아서 무엇부터 써야 할지 모르겠다. 건강에 관련된 많은 책들을 접했지만 『웃음에 희망을 걸다』를 읽으면서 죽음의 고통 가운데에서 내면의 웃음을 통하여 성공하고 행복한 인생을 사는 주인공들을 보면서 뜻깊은 감명과 도전을 받았다.

　감사할 조건과 사랑할 의무가 있음에도 감사할 줄 모르고 불평하며 일상을 살아온 내 자신이 부끄럽다는 생각이 들었다. 힘들 때 입꼬리만 올려도 부정적인 마음이 이완되는 것을 느낀다. 웃음이 최고의 항암제요, 면역력을 증가시켜주고 NK세포의 활동성을 높여 암세포만 살해하여 우리 몸을 지켜준다는 "웃음의 면역세계"를 읽고 더 많이 웃고 있다. 웃음으로 건강의 자유를 누리며 살고 있다.

　요즈음 내가 이렇게 도움을 받고 행복한 만큼 웃음의 좋은 가치들을 세상에 널리 알리겠다는 결심을 하고 노인대학, 요양원, 양로원 어르신들께 웃음 바이러스를 전파하며 행복을 함께 나누고 있다. 소외된 이들과 함께 울고 웃을 줄 아는 따뜻한 여자로 새롭게 살고 있다.

　곳곳에서 어르신들께 기적 같은 일이 일어난다며 나를 많이 기다리신다는 말씀에 내가 얼마나 보람 있고 행복한지 모른다. 나이 먹으면 자기 일만 잘해도 내 몫은 충분히 하고 성공했다고 하는데 웃다보니 이○진 이렇게 달라졌다. 대박이다. 이 모두가 원장님께 배운 행복의 비결이다. 원장님 진심으로 감사드립니다.

## 11. 웃음은 행복의 문(통증으로 인한 우울증)

박○숙(여, 69세)

세상이 내 것이 된 것 같은 착각. 아니다. 착각이 아닌 현실을 나는 문득문득 느낄 수 있다. 웃음의 위력을 느낄 수 있다는 말이다.

6년 전 커다란 금전적 손실로 생긴 쇼크로 꽃 한 송이, 풀 한 포기, 바람소리, 별, 달, 모든 자연이 다 쓸쓸하고 슬펐고 지병인 다리와 허리 통증이 더욱 심해졌다. 그것 때문에 우울증이 심해져 오는 줄 몰랐고 그것을 극복하기 위해 무진 노력했지만 쉽게 나아지지 않았다. 다리로 눌리는 통증을 참을 수 없어 허리는 수술을 했다.

그 후 3여 년 우울증에 시달려 잠을 못자 미친 사람이 되다시피 됐고 음식을 못 먹어 병원에 입·퇴원하는 게 내 일과였다. 어지럼증에 밖에는 마음대로 다닐 수도 없었다. 이 시기에 웃음이 우울증과 소화기능에 좋다는 단순한 상식을 알게 되었다. 억지로라도 또 수시로 웃었다. 많이 좋아졌다. 그러나 혼자의 웃음은 반쪽 웃음이었다. 하하웃음행복센터에 와서 반쪽이 아닌 둥근 보름달 같은 하나의 원의 웃음을 나는 찾아가고 있다. 웃음은 나 혼자만의 웃음이 아닌 모두 함께 할 수 있는 웃음이 나를 진정으로 '행복의 문'으로 들어갈 수 있게 한다는 것을 알았다. 요즈음 두 아들에게 걱정이 생겼다고 해서 난 긍정적으로 "잘 될 것이다", "너희는 젊어. 한 번의 실패는 인생의 좋은 밑거름이다"라고 말해 주니 나 자신 너무 많이 성숙된 것 같다.

이것이 원장님이 늘 강조하는 긍정적 힘, 바로 웃음에서 나온다는 것을 또또또 각인한다. 하하하 호호호…….

## 12. 내 인생의 활력소 (류마티스관절염)

박○옥(여, 55세)

양주에 살면서 교회를 다니며 하나님을 믿는다. 24년 전 결혼한 후 딸, 아들 남매를 낳고 18년째 류마티스관절염으로 서울대병원을 두 달에 한 번씩 다니며 약을 복용하고 있다. 류마티스관절염으로 3개월 동안 못 걸어 다닐 때도 있었다. 지금도 손, 무릎, 어깨 등이 많이 아프지만 하나님의 은혜로 많이 좋아진 상태이다. 맨 처음 관절염 때문에 너무 마음과 몸이 아파서 힘들 때, 잘 웃던 내가 웃음이 없어지고 항상 불평과 원망, 짜증 등 부정적 생각을 가지고 살았다. 하나님을 믿었지만 너무 아프니까 모든 게 싫었다. 아이들이 크고 남편이 직장에 가서 혼자 아파트에 있으면 외롭고, 슬프고, 우울할 때가 지금도 있다.

어느 날 같이 신앙생활하던 김○직 집사와 점심 식사를 하며 이야기하던 중 웃음치료교실 이야기를 듣게 되었다. 집사님은 예전에도 잘 웃고 인상이 좋으셨지만 나와 만난 그날은 유난히 얼굴이 환하고 웃음이 밝아보였다. 나도 웃음치료교실에 가보고 싶다고 하니 집사님이 월요일날 만나자고 약속을 하고 한 주가 지나 6월 20일에 처음으로 웃음교실에 오게 되었다. 벌써 5개월이 되었다. 양주에 살면서도 의정부에 웃음치료교실이 있는지 몰랐다.

첫날 웃음교실에 들어왔을 때 서먹하고 원장님이 일단 웃어봅시다 할 때 나는 웃음이 나오지 않고 웃는 사람 얼굴만 쳐다보았다. 30분쯤 지났을까 내 마음도 조금씩 열리는 것 같았다. 웃음은 나오지 않았지만 원장님 웃는 얼굴을 보니 웃음이 나온다. 원장님의 웃는 모습이 나에게 자신감을 주었다.

　요즘엔 평소에도 잘 웃기는 하지만 웃음교실에 와서 웃는 두 시간이 일주일 동안 내가 웃는 것보다 더 많이 웃는 것 같다. 1분 웃으면 인상이 바뀌고 매일 웃으면 인생이 바뀐다는 말씀이 나에게 꼭 적용되는 말이라 생각하고 교회나 집이나 어떤 모임에서라도 항상 호탕하게 웃으려고 노력한다.

　웃음교실에 와서 내 인생이 다시 활력소를 얻은 것 같아서 좋다. 원장님의 강의와 즐거운 웃음 치료 노래들을 부르면서 내가 예전보다 훨씬 더 많이 웃으면서 인상을 밝은 미소로 바꾸려고 노력하고 있다. 웃음교실에 오는 날은 아픔과 걱정 근심 모두 내려놓고 한바탕 웃고 가니 정말 즐겁다.

　수고하시는 원장님과 총무님 웃음교실에 데리고 온 분께도 감사드린다. 하하웃음행복교실 화이팅!

## 13. 행복한 가정은 웃음으로

김○회(여, 66세)

　의정부 1동 성당에 다니는 아녜스이며 의학적으로는 병이 많다. 그래서 서울 성모병원에서 순환기 내과 박사님 처방에 따라 혈압약, 협심증약을 복용한 지 17년이 되었고, 내분비 내과 박사님의 처방에 따라 당뇨약을 복용한 지 7년차 된다. 그렇지만 평상시에는 아무 불편 없이 잘 조절되어 질병들과 마치 친구처럼 지내고 있으며 항상 단순하게 마음먹고 기쁜 마음으로 활발하게 살고 있다.

　그러던 중 하느님의 이끄심으로 친구의 권유에 따라 지난 3월 11일 처음으로 웃음행복교실에 오게 되었다. 웃으면 복이 온다는 속담도 잘 알고 있고 또 호스피스 교육을 받고 성모병원에서 호스피스 봉사를 하면서 웃음이 좋다는 것을 알고 있었지만 그렇게 세밀히 상세하게 우리 몸 구석구석 질병에 많은 치유가 일어난다는 것을 원장님의 좋은 강의를 듣고 쓰신 책을 몇 번이고 읽으면서 깊이 알게 되었다.

　내가 웃음 공부를 하면서 달라진 것이 있다. 평상시 나의 환경과 생활이 편하고, 성격이 긍정적이고 단순해서 잘 웃고 행복하게 산다고 자부하지만 가족들과 약속해서 눈 맞춤 웃음으로 함께 웃어본 적은 없었는데 웃음을 배운 후 눈 맞춤 웃음이 가족 간에 약속으로 이루어졌다. 남편이 나를 보고 웃을 땐 참으로 어린아이 같이 순진한 모습이다. 일곱 살 된 손녀딸은 나하고 눈이 맞으면 아주 예쁘게 잘 웃는다. 손녀딸은 배를 움켜쥐고 웃고 또 웃는다. 세 살 된 손자도 따라서 웃는다. 나는 그 모습이 사랑스러워 웃음이 폭발한다. 아들과 며느리는 그 모습을 보고 웃고 또 웃는다. 참으로 웃음은 좋다. 가족들에게 많은 변화를 가져왔으며 한층 더 끈끈한 정과 사랑으로 묶어준다. 또한 나는 개인적으로 성서말씀 데살로니카전서 5장 16~18절 말씀을 좋아하고 마음에 새기며, 그대로 지키면서 살려고 노력하고 있다.

"항상 기뻐하십시오. 늘 기도하십시오. 어떤 처지에서든 감사하십시오."

원장님! 총무님! 감사합니다. 모두모두 사랑합니다.

박장대소 우하하하하하하하하하!!

## 14. 점점 좋아지고 있다

이ㅇ희(여, 68세)

나는 별로 웃음이 없는 편이었다. 어디 나서서 얘기하는 것도 정말 쑥스러워서 나서질 못했다. 남편의 사업실패와 모든 어려움을 겪으면서 몸도 마음도 우울할 때 몸에 이상이 생겨 몇 차례 수술도 했다. 그러던 어느 날 경로당에서 하하웃음행복센터 총무님을 만나 웃음을 통해, 몸도 건강해지고 암의 고통도 이겨내고, 이렇게 봉사하며 행복하게 지내노라는 말씀을 듣게 되었다. 나도 한순간 마음이 끌려서 2월에 웃음교실에 등록을 하게 되었다. 처음엔 너무 웃는 것이 쑥스럽고, 어색하고, 원장님의 웃는 모습에 그냥 따라 웃긴 했지만 그래도 노력해서 웃어보자 하고 따라 웃어보려고 애를 썼다.

그런데 이젠 월요일 웃음교실 가는 날이 기다려지면서 웃음교실 오는 날엔 행복한 마음으로 오게 되었다. 지금은 원장님의 강의와 웃는 그 모습이 그리워지면서 나도 저렇게 열심히 웃고 배우고 봉사하면서 나도 행복하고 남에게 더욱 행복과 기쁨을 나누며 살아야겠다고 결심을 했다. 지금껏 여러 가지 형태로 봉사를 즐겨하면서 보람과 기쁨을 느꼈지만 웃음은 정말 더한 기쁨과 행복을 더 아름답게 공유할 수 있다고 믿는다. 그리고 나 자신도 더 행복해질 수 있음을 알게 되었다. 나는 지금 건강도 더 회복되고 마음도 더 여유롭고 날로 날로 더 좋아지고 있음을 느낀다. 그래서 자신 있게 "나는 점점 더 좋아지고 있다!", "오늘은 내 인생의 최고의 날이다!"라고 외치면서 웃을 수 있다.

## 15. 감사하는 마음으로(불면증, 위장병)

이○희(여, 64세)

웃음교실 1년이 다 되어간다. 많은 이웃도 만나고 좀 더 일찍 알았더라면 하는 아쉬움도 마음속으로 생각하고 있다. 가슴에 그리움과 후회스러운 마음 그리고 우울함이 있었는데 웃다보니 모든 것을 운명처럼 받아들이게 되었고 나도 누군가에게 작은 힘이라도 도움이 될 수 있었으면 좋겠다는 마음이 부쩍 들기 시작했다.

하하웃음행복교실을 만나 자신감도 생기고 명랑하게 생활하고 상대방을 좀 더 포용할 수 있는 마음이 생겨서 감사하다. 원장님께 감사하고 주변 사람들에게도 감사. 감사. 감사…….

원장님 말씀 중 남하고 비교하지 말라. 불행한 순간마다 주어진 삶에 감사하면 나도 무언가 하고 싶어진다라고 하셨다. 그래서 그런지 봉사를 하고 싶어진다. 불면증, 위장병으로 고생하고 있는데 웃다보니 마음에 평화를 얻어 조금씩 좋아지고 있다. 모든 것이 정신적인 평화가 중요하다.

월요일 강의는 열심히 참석하려고 노력하고 있다. 많은 이웃도 만나고 인간관계가 좋아지고 싶다. 나도 누군가에게 필요한 사람이 되고 싶어 노력 중이다.

사랑해요. 감사해요. 진심으로 가슴으로 느끼고 있어요…!

## 16. 자포자기에서 웃음강사로

윤ㅇ옥(여, 44세)

어느새 2014년 갑오년 새해가 밝았다. 벌써 하하센터와 맺은 인연이 4년이 넘었다. 불현듯 이곳을 처음 방문했던 때가 생각이 난다. 그 당시 차라리 죽었으면 좋았겠다 싶을 만큼 힘든 시기였다. 내 몸은 담낭과 간에 문제가 와서 담낭은 절제수술을 했고 간은 회생하기 힘들었다. 지독한 우울증까지 온 상태에서 남편과는 이혼을 한 상태였고 네 살짜리 아이를 혼자 감당해야 했는데 살 집도 없어 친정에 부탁했더니 어렵다고 했다. 할 수 없이 아는 집에서 그 집 아이들 밥을 해주는 조건으로 더부살이를 시작했다.

지금 생각해 보니 어떻게 헤쳐 왔나 싶다. 그 시절만 생각하면 자꾸 눈물이 난다. 사실 하하센터를 찾기 전에 도저히 살 수 없어서 몇 번이나 죽어야겠다고 생각하면서 포천 성당 뒷산을 돌며 목을 매달 나무를 물색하기도 했었다. 그러다 우연히 이 센터를 알게 되었다. 처음 방문한 날 계단을 오르는데 뭐가 그리도 즐거운지 생전 듣지도 보지도 못한 큰 웃음소리가 들려왔다. 사람들은 저렇게 기뻐서 주체를 못하는구나! 그런 생각을 하면서 교실에 들어갔다. 제일 먼저 사람들의 얼굴을 살펴봤다. 그리 잘 살아 보이는 것 같지도 않은 얼굴색과 어떤 이는 까까머리에 모자를 쓰고 있고 또 어떤 이는 목에 손수건을 두르고 목이 쉬어서인지 쇳소리가 나는 데도 웃는데 정신이 팔려 있는 것이었다.

나는 그때 사이비 종교집단인가? 하는 생각이 슬며시 들었는데 잠시 웃음을 멈추더니 진행자가 때마침 '달라졌어요' 라는 시간이라면서 조

ㅇ정 님이 자신의 유방암을 웃음으로 극복했다는 이야기를 했다. 이분 역시 인생 마지막 끝자락에서 이곳을 찾았다는데 그 당시 참 편안해 보였고 무척 행복해 보였다. 주위를 둘러보니 아픈 병색이 역력한 사람들이 눈에 들어왔다. 모두 현실은 심각하고 불행한데 다시 살아보려고 여기 오게 되었다는 것을 한참 뒤에 알게 되었다.

"최소한 이 엄동설한에 자기 집은 있을 거 아니냔 말이야…. 그래서 이 세상에서 내가 제일 불행하고 불쌍한 사람이 맞아."

이렇게 굳게 믿으며 자포자기하기에 바빴다. 그런 생각을 하면서도 이곳을 간간히 다녔고 그러면서 세월 또한 흘러갔다. 웃음이란 것이 참으로 놀라웠다. 하루하루는 변하는 것을 몰랐는데 어느새 뒤돌아보니 병이 다 나아 있었고 그 당시 의사 선생님이 절대로 혼자 있지 말라고 당부했던 우울증도 깨끗이 씻은 듯이 나았다. 물론 웃으니 좋은 남자도 내게 다가왔고 새로운 출발과 함께 참으로 행복한 생활을 하고 있다. 그리고 웃음 덕분에 너무나 바쁜 생활을 하게 되었다.

웃음강사로 여기저기 포천 전 지역을 다니고 있다. 상상도 못했다. 내가 웃음강사로 거듭나게 될 줄은 정말 몰랐다. 또 하나, 죽으려고 터까지 잡았던 그 성당 앞에 성당이 주관하는 모현센터에 강의하러 나간다. 이제는 입장이 바뀌어 왜 살아야 하는지를 역설하고 있다. 참으로 아이러니한 우연이 아닐 수가 없다. 인생은 당최 알 수가 없나 보다.

혹, 살면서 행복하고 싶은데 행복을 잘 모르거나 알고 싶은 분이 계시다면 이곳으로 와 보시라. 아무리 힘든 삶이라 하여도 하늘 향해 웃음 한 번 짓고 나면 반드시 풀리게 되어 있다. 왠지 아는가? 왜냐하면 인생은 해석이요! 행복은 선택이기 때문이다.

## 17. 통증이 많이 줄었어요

김○옥(여, 59세)

　의정부 하하웃음센터를 찾은 건 지금부터 약 6, 7개월 전쯤 된다. 간호학원 건물 벽에 걸려 있는 현수막을 보고 한번 가 봐야겠다 했는데 갈 때마다 요일과 시간을 못 맞춰 헛걸음을 몇 번 쳤다. 그런데 우연히 포천에 사는 윤○옥이란 후배가 거기 다닌다 해서 따라 나오게 된 게 계기가 되었다. 건물이 떠나갈 듯 웃음소리가 진동하고 엄청난 일이 벌어진 듯… 즐거운 현장이었다. 이렇게 접하게 된 웃음교실에서 함께 웃고 원장님의 강의를 들으며 웃음을 웃어야 되는 이유와 그 효험을 배우게 되었다.

　나는 병이 있다든가 하는 상태는 아니지만 웃음교실을 다니면서 나의 삶이 확연히 달라지고 있음을 느끼고 있다. 신앙생활을 통해 긍정적 삶, 낙관적 삶을 지향하고는 있었지만, 그렇게 생각되어졌을 뿐… 실행으로 옮기는 건 쉽지 않았는데, 웃음교실 다니면서 실제로 웃음을 적용하며 삶이 달라지고 있음을 느끼고 있다.

　어떻게? 왠지 모를 불안한 기분이 들 때가 많았고 우울증까지는 아니겠지만 항상 걱정 근심이 떠나지 않는 그런 삶의 연속이었는데… 자꾸 웃다보니 나는 행복한 사람이라는 자부심이 들고 불행과는 거리가 먼 삶으로 바뀐 것이었다. 정말 놀라운 변화라고 느낀다. 때로 화가 나는 일이 생겨도 문제에 빠져 들지 않고 객관적으로 바라 볼 여유가 생긴다.

　원장님께서 들려주셨던 "인생은 해석, 행복은 선택"이라는 의견에

동의한다. 또 어려운 난관에 봉착했을 때는 "다 지나가리라" 하며 문제가 지나가기를 기다리며 대처하는 여유를 배우게 됐다. 인생 후반에 귀한 삶의 자세를 배웠다는 게 좀 늦은 감이 있지만 그래도 이제라도 체득했으니 얼마나 다행한 일인지 모른다.

원장님께서는 바쁜 상황에서도 다른 자동차가 받았을 때 그냥 웃었더니 받은 차 임자가 어이없기도 하고 어리둥절해 했다는 얘기가 참으로 잊을 수 없다. 이미 벌어진 일이기에 핏대를 올리기보다 이렇게 호탕하게 웃음으로 순간의 화를 이기고 상대에게도 좋게 되는 방향으로 웃어서 사건을 처리하다니… 그 상황이 상상만 해도 우습기도 하고 참으로 현명한 처사였음을 느낀다.

나도 웃음마니아 웃음 전도사가 되기를 희망하고 있는데 원장님 같은 경지에 이를 수 있기를… 꿈꿔 본다.

웃음센터를 알고 찾게 됨으로써 정신적 변화와 함께 또 하나 놀라운 일은 무릎이 아팠는데 웃음교실에서 실컷 웃고 나니 통증이 많이 줄어드는 것을 느낄 수 있었다. 신기했다.

이제는 거의 아프지 않게 되었으니 웃음의 위력을 체험하게 되었다. 주위에 암투병 중인 분들께 권하고 있지만 실천이 쉽지 않은 걸 보며 안타까움을 금치 못 한다. 좀더 적극적인 웃음 전도사가 되어 웃음을 전파하려고 한다.